DANTE Y QUEVEDO

LA *DIVINA COMMEDIA* EN LOS *SUEÑOS*

Rodrigo Cacho Casal

London
Spanish, Portuguese and Latin American Studies in the Humanities
2020

Dante y Quevedo: la Divina Commedia *en los* Sueños, by Rodrigo Cacho Casal.

The rights of the author in this work have been asserted by him in accordance with the Copyright, Designs and Patents Act, 1988.

© Rodrigo Cacho Casal, 2003.

First published in 2003 by Manchester Spanish and Portuguese Studies and the Cañada Blanch Centre for Advanced Hispanic Studies, Manchester, with the generous support of the Fundación Cañada Blanch, Valencia.

Republished with corrections by SPLASH Editions, 2020.

SPLASH Editions is an imprint of *Jet*stone Publishers Ltd.

All unauthorised reproduction is hereby prohibited. This work is protected by law. It should not be duplicated or distributed, in whole or in part, in soft or hard copy, by any means whatsoever, without the prior and conditional permission of the Publisher, SPLASH Editions.

All rights reserved.

The cover shows a detail from the title page, with Quevedo's handwriting, of Landino and Vellutello's commentary on Dante's works (dated 1578). The full image is reproduced as the frontispiece. Cover design by Hannibal.

ISBN 9781912399116

A mis padres, Gabriel y Margarita, que me enseñaron el amor y la magia de las palabras

Lámina 1: *Dante con l'Espositioni di Christoforo Landino, et d'Alessandro Vellutello*, Venetia, Giovambattista Marchio Sessa & Fratelli, 1578 (University of Illinois at Urbana-Champaign, RBSC Library, Q.851 D23 Od.s 1578), sign. A1r: portada, con la rúbrica y *ex-libris* de Francisco de Quevedo.

Índice

Prólogo a la segunda edición — vii
Proemio — ix
Abreviaturas — xi

1. Introducción — 1

2. Quevedo lector de Dante — 7
    i. El ejemplar de la *Commedia* de Quevedo — 7
    ii. Quevedo cita a Dante — 31

3. Dante en los Sueños *de Quevedo* — 41
    i. El sueño — 47
    ii. El escenario infernal — 52
    iii. Ordenación del infierno — 63
    iv. Personajes — 69
    v. Penas y castigos — 84
    vi. Técnica narrativa — 90
    vii. Neologismos parasintéticos — 96

4. Conclusiones — 109

Bibliografía — 110
Índice onomástico — 123

Láminas:

1. *Dante con l'Espositioni di Landino et Vellutello*, sign. A1r (portada) — iv
2. *DCQ*, fol. 1r — x
3. *DCQ*, fol. 364r — 6
4–15. Anotaciones de Quevedo en *DCQ* — 12–20
16. *DCQ*, fol. 65r — 40

Prólogo a la segunda edición

Aunque publicado en 2003, este libro fue escrito hace ya más de veinte años. Regresar a él ahora, después de tanto tiempo, produce un mixto de sorpresa y pudor, como el que tropieza en el fondo de un cajón con una vieja foto de su pasado en la que ya no se reconoce y donde, sin embargo, sigue siendo el mismo. Este trabajo inició mi carrera académica, marcando algunas de sus pautas fundamentales, especialmente el análisis de las relaciones culturales y literarias entre Italia y España. Dicha senda no es casual, y se debe sobre todo a mi formación y experiencias personales: nacido en Roma, hijo de padres argentinos y educado en un colegio español, luego continué mis estudios en la Universidad de Santiago de Compostela. En sus páginas se recoge el fruto de mis primeros años de investigaciones, alentados ya por la voluntad de ir más allá de las fronteras lingüísticas y geográficas, por la curiosidad de no dar nada por sentado y de reconstruir fragmentos del pasado, diálogos y estridencias que, a mi entender, nos permiten comprender mejor quiénes somos.

Los objetivos de *Dante y Quevedo: la 'Divina Commedia' en los 'Sueños'* son múltiples. En primer lugar, ofrece la transcripción y comentario filológico de las anotaciones autógrafas de Quevedo en un ejemplar de la *Divina Commedia* de Dante que había sido de su propiedad. En segundo lugar, utiliza este volumen de su biblioteca personal para deducir el tipo de conocimiento que el madrileño tenía de la obra dantesca, adentrándose luego en su influjo sobre los *Sueños*.

Nunca olvidaré la emoción que experimenté cuando me senté por vez primera delante del ejemplar quevediano de la *Commedia* en la biblioteca de la Universidad de Illinois. Hojear aquel abultado tomo y recorrer con la mirada sus versos tan maravillosos, reclinado sobre él como lo hiciera Quevedo cuatro siglos antes, me acercó a él de una forma inédita, desconocida. Adentrarse de este modo en el ejemplar que manejó el autor de los *Sueños*, escrutando sus hábitos como lector y comparando sus notas y escolios marginales con los de otros libros que habían sido suyos, me permitió apreciar mejor la complejidad y la riqueza de sus obras. En ellas aflora tal densidad de referencias intertextuales que hacen imposible, si no inútil, obsesionarse con la búsqueda de una fuente única o principal. Lo que mi estudio pone de relieve es que Dante fue admirado y bien conocido por Quevedo, y que el *Inferno* emerge, sin duda, como uno de los varios modelos que siguió en sus *Sueños*, además de otros textos de la tradición medieval, la *Eneida* de Virgilio y las sátiras de Luciano y sus imitadores renacentistas, por citar solo las fuentes más evidentes.

Mi libro aspiraba no tanto a demostrar la privilegiada presencia de Dante en Quevedo, como —sobre todo— a ofrecer un método para acercarse a la lectura y comprensión de sus obras. Pese a que con el tiempo mis propias investigaciones me hayan alejado de algunos de los presupuestos en los que se asentaba, aquella primera monografía no oculta el entusiasmo y la pasión por el conocimiento que sigue animando mis estudios: esa duda constante que me certifica cada día que lo que cimienta mi trabajo son las preguntas y no las certezas.

Deseo agradecer a la editorial SPLASH (Spanish, Portuguese and Latin American Studies in the Humanities) y a su consejo editorial, Catherine Davies, Jeremy Lawrance y Bernard McGuirk, su interés por volver a publicar mi libro, y a Macdonald Daly su ayuda en la composición y revisión de esta segunda edición de *Dante y Quevedo: la 'Divina Commedia' en los 'Sueños'*. He optado por no actualizar la bibliografía, dado que ello me hubiese obligado a reescribir el texto, por lo menos en parte. Ha pasado demasiado tiempo, y no tendría sentido alterar su enfoque y su metodología. He corregido erratas e introducido cambios muy menores, incluyendo imágenes de mayor calidad de las glosas quevedianas a la *Commedia*. Hoy, como entonces, este libro está dedicado a mis padres.

Romsey Town, 25 de marzo de 2020

Proemio

Este trabajo quiere ser una aportación al estudio de la cultura y de las fuentes literarias de Francisco de Quevedo. El tema de la investigación surgió, en parte, debido al azar y al hallazgo de un ejemplar de la *Divina Commedia* anotado por el poeta español. El escritorio de un autor es un punto de partida privilegiado para investigar sobre su obra. Los libros de su biblioteca nos hablan de sus gustos, de sus hábitos de lectura y de su formación intelectual. Por un momento, los cuatro siglos que nos separan de Quevedo se diluyen. Tomamos prestado su libro, nos sentamos a su lado y conversamos. El camino que recorremos es inverso al de sus anotaciones: partimos de ellas para llegar al autor. El estudio del ejemplar de la *Commedia* y de la influencia dantesca en los *Sueños* puede ayudar a conocer mejor el arte literario de ese escritor tan complejo y escurridizo que fue Quevedo.

Deseo expresar todo mi agradecimiento al profesor Alfonso Rey, que con sabiduría y afecto ha guiado los pasos de mi trabajo. Quiero también agradecer sus sugerencias y correcciones a los profesores Antonio Azaustre Galiana, Juan José Moralejo, Javier Gutiérrez Carou y Anthony Lappin. Gracias también a los amigos de la Universidad de Illinois en Urbana: a los bibliotecarios Nancy Romero y Bruce Swann, y especialmente a la profesora Nelly González. A la profesora Soledad Pérez-Abadín Barro y al profesor Jeremy Lawrance, que creyeron desde el principio en mi proyecto y me permitieron llevarlo a cabo; a mi hermana Marta, por su apoyo y su aportación bibliográfica; y a mi gran amigo Marcos Escudeiro, experto informático.

Finalmente, el autor y los editores agradecen a la Universidad de Illinois el haber concedido el permiso para publicar las reproducciones de las anotaciones quevedianas en el ejemplar de la *Divina Commedia* conservado en su Biblioteca.

R. C.

DELLA COMEDIA
DI DANTE ALIGIERI,
Primo Canto
DELLA PRIMA CANTICA DETTA INFERNO.

ALLEGORIA.

F. SANSOVINO.

Er lo mezzo del camino s'intende la metà della uita nostra. Per la selua oscura il uitio, nel qual l'huomo uigorosamente preuale in quel l'età. Per gl'animali, i tre uitij capitali, cioè, l'auaritia, la superbia, & la lussuria, i quali non lasciano, che noi possiamo salire il monte della virtù, ch'è difficile, & aspro. Per Virgilio mandato da Lucia si comprende la dottrina dataci da Dio, accioche col suo mezzo conosciamo, & n'astegnamo da' uitij, & che con la sua guida s'indirizziamo a buona uia, secondo che possono le forze nostre.

LAND.

Abbiamo narrato non solamente la uita del poeta, & il titolo del libro & che cosa sia poeta, ma quáto del libro & le & uaria: quáto utile cor tal dottrina, quáto efficace a mouere l'humana mère, & quáto diletti ogni liberale ingegno. Nè giudichiamo di tacere quáto in sì diuina disciplina sia stata la eccellétia dell'ingegno del nostro poeta. In che se io sono state breui: cósideri chi legge che la ínfinita copia delle cose, delle quali è necessario trattare, mi sforza, nó volendo che il uolume cresca, a inuilupparre piu tosto che distédere molte cose: & massime quelle, che quando bè tacessi, nó però ne resterà oscura la espositione del testo. Verremo adúque a qlla. Ma pche siamo nó essere lettore alcuno, di sì poco giudicio, che hauendo inteso quanto sia la profondità della dottrina, & la eccellentia dell'ingegno del nostro Fiorentino poeta: non si persuada che

ARGOMENTO.

Auendo Dante smarrita la uia diritta in una oscurissima selua, mostra di trouar Virgilio, dal quale, raccomandatosi a lui, fu tolto in protettione, & difendendolo dalle fiere, che lo haneuano assalito, promette di fargli ueder l'Inferno, & il Purgatorio, & che in ultimo sarebbe poi guidato da Beatrice nel Paradiso.

EL MEZZO del camin
di nostra uita
Mi ritrouai per una selua oscura;
Che la diritta via era smarrita;
Et quanto a dir qual era, è cosa dura
Esta selua seluaggia, & aspra, & forte;
Che nel pensier rinoua la paura.
Tant'è amara, che poco è piu morte,
Ma per trattar del ben ch'i ui trouai,
Dirò de l'altre cose, ch'io v'ho scorte.

delle cose da lui scritte in queste tre comedie. Dicono adunque che imita Giouanni Euangelista, il quale dormendo sul petto di Christo hebbe uision delle cose celesti, oneramente ponga la notte dimostrando hauer cominciato il suo poema di notte, nella qua'e raccogliédosi l'animo in se medesimo, & liberádosi da ogni cura meg lo intenda. Ma benche tal sfia quadri al poeta, nondimeno le parle non la dimettano se non con tanta ambiguità, che no par degna della elegátia di tanto poeta. Prima perche non seguita, che benche nelle reuolutioni del tépo tanto spacio occupino le notti, quáto i di, per questo dicédo io scritti di notte s'intéda io scrissi nel mezzo della mia età, pche & nel principio & nel fine dell'età humana sono le notti, come nel mezzo, & finalmente i di. Perche p la medesima ragione si potrebbe fare tale interpretatione pel di, come p la notte. Altri

A dicono

Lámina 2: *Dante con l'Espositioni di Landino et Vellutello*, fol. 1r.

Abreviaturas

Las anotaciones de Quevedo a su ejemplar de la *Commedia* se citan bajo la forma '*Dante* Anot. 14', donde la cifra remite a la numeración en mi transcripción (pp. 21–23 *infra*). Los *Sueños* se citan de acuerdo con el texto de la *princeps* (*Sueños y discursos*, Barcelona, Esteban Liberós, 1627) editado por I. Arellano (Quevedo 1996), con los títulos abreviados que aparecen abajo; de emplear alguna otra versión, será indicado en el lugar correspondiente. Por lo que respecta al *Discurso de todos los diablos*, se utiliza el texto de *Obras en prosa*, I, 220–253, que sigue la edición de Valencia de 1629 y la completa con la de *Juguetes de la niñez* (1631). Las poesías se citan de la edición de J.M. Blecua bajo la forma *Poesía original* §537:5–6 (§ indica el número del poema y, tras dos puntos, los versos correspondientes). Las ediciones de las otras obras quevedianas manejadas se reseñan en la 'Bibliografía' final, donde se encontrarán los detalles de todos los estudios citados en mi texto.

AHN	Archivo Histórico Nacional
Alguacil	Francisco de Quevedo, *El alguacil endemoniado*, en Quevedo 1996, 134–169
BAE	Biblioteca de Autores Españoles
BAV	Biblioteca Apostolica Vaticana
BNM	Biblioteca Nacional de Madrid
BNN	Biblioteca Nazionale di Napoli
BRH	Biblioteca Románica Hispánica
BUSC	Biblioteca Universitaria de Santiago de Compostela
DCQ	Ejemplar de la *Commedia* propiedad de Francisco de Quevedo: *Dante con l'Espositioni di Christoforo Landino, et d'Alessandro Vellutello. Sopra la sua Comedia dell'Inferno, del Purgatorio, et del Paradiso. Con Tavole, Argomenti, & Allegorie, & riformato, riveduto, & ridotto alla sua vera Lettura, per Francesco Sansovino Fiorentino.* Venetia, Giovambattista Marchio Sessa & Fratelli, 1578 (University of Illinois at Urbana-Champaign, RBSC Library, Q.851 D23 Od.s 1578)
Diccionario de Autoridades	Real Academia Española, *Diccionario de la lengua castellana, en que se explica el verdadero sentido de las voces, su naturaleza y calidad, con las phrases o modos de hablar, los proverbios o refranes, y otras cosas convenientes al uso de la lengua*, 6 tomos, Madrid, Francisco de Hierro, 1726–39; reimpr. en 3 vols., *Diccionario de Autoridades: edición facsímil*, Madrid, Gredos, 1984 (BRH, 5.3)
Discurso de todos los diablos	Francisco de Quevedo, *Discurso de todos los diablos*, en *Obras en prosa*, I, 220–253

Enciclopedia dantesca	*Enciclopedia dantesca*, ed. Umberto Bosco, 2ª ed, 6 vols., Roma, Istituto della Enciclopedia Italiana, 1984
Ep.	Francisco de Quevedo, *Epistolario completo*, ed. Luis Astrana Marín, Madrid, Instituto Editorial Reus, 1946
Hora de todos	Francisco de Quevedo, *La Hora de todos y la Fortuna con seso*, eds. Jean Bourg, Pierre Dupont & Pierre Geneste, Madrid, Cátedra, 1987 (Letras Hispánicas, 276)
Inf.	Dante Alighieri, *La Divina Commedia*, I: *Inferno*, ed. Tommaso Di Salvo, Bologna, Zanichelli, 1985.
Juicio Final	Francisco de Quevedo, *El sueño del Juicio Final*, en Quevedo 1996, 89–133
Mundo por de dentro	Francisco de Quevedo, *El mundo por de dentro*, en Quevedo 1996, 270–306
Obras en prosa	Francisco de Quevedo, *Obras completas*, I: *Obras en prosa*, ed. Felicidad Buendía, 2 vols., Madrid, Aguilar, 1958
Obras en verso	Francisco de Quevedo, *Obras completas*, II: *Obras en verso*, ed. Felicidad Buendía, Madrid, Aguilar, 1960
Parad.	Dante Alighieri, *La Divina Commedia*, III: *Paradiso*, ed. Natalino Sapegno, 2ª ed., Firenze, Nuova Italia, 1968
Poema de Orlando	Francisco de Quevedo, *Poema heroico de las necedades y locuras de Orlando el enamorado*, ed. Maria E. Malfatti, Barcelona, Sociedad Alianza de Artes Gráficas, 1964
Poesía original	Francisco de Quevedo, *Poesía original completa*, ed. José Manuel Blecua, Barcelona, Planeta, 1981 (Clásicos universales, 22)
Prosa festiva	Francisco de Quevedo, *Prosa festiva completa*, ed. Celsa Carmen García Valdés, Madrid, Cátedra, 1993 (Letras Hispánicas, 363)
Purg.	Dante Alighieri, *La Divina Commedia*, II: *Purgatorio*, ed. Tommaso Di Salvo, Bologna, Zanichelli, 1985
RAH	Real Academia de la Historia
Sueño de la Muerte	Francisco de Quevedo, *Sueño de la muerte*, en Quevedo 1996, 307–405
Sueño del infierno	Francisco de Quevedo, *Sueño del infierno*, en Quevedo 1996, 170–269

1
Introducción

La fortuna literaria de Dante en la España del Siglo de Oro fue bastante limitada y desigual. Los autores más prestigiosos como Garcilaso, Lope de Vega o Góngora no parecen haberse sentido demasiado atraídos por la *Commedia*. La poesía dantesca, tras el parcial éxito que conoció en el siglo XV, había pasado de moda[1]. Su variedad, su estilo irregular que combina vulgarismos con imágenes sublimes y su arte alegórico habían dejado de interesar a los escritores renacentistas y barrocos. La lírica petrarquista ofrecía un modelo mejor definido y más fácil de imitar. De hecho, varias obras de Petrarca fueron vertidas al castellano y publicadas en el Siglo de Oro, mientras que la única versión en español de una obra de Dante que se imprimió hasta el siglo XIX fue la de la *Commedia* de Pedro Fernández de Villegas, limitada al *Inferno*: *La traducción del Dante de lengua toscana en verso castellano* (Burgos, Fadrique Alemán de Basilea, 1515)[2]. La mayoría de los lectores españoles, pues, pudo acceder sólo a la primera *cantica* de la obra dantesca.

El rechazo de Dante parte de Italia, donde Bembo con su *Prose della volgar lingua* (1525) se había decantado decididamente por la poesía de Petrarca. El estilo del *Canzoniere* cumplía mucho mejor con su ideal aristocrático de lengua que el de la *Commedia*. La obra dantesca es atacada claramente (*Prose*, II, en Bembo 1967, 89):

> Con ciò sia cosa che a fine di poter di qualunque cosa scrivere che ad animo gli veniva, quantunque poco acconcia e malagevole a caper nel verso, egli molto spesso ora le latine voci, ora le straniere che non sono state dalla Toscana ricevute, ora le vecchie del tutto e tralasciate, ora le non usate e rozze, ora le immonde e brutte, ora le durissime usando, e allo 'ncontro le pure e gentili alcuna volta mutando e guastando, e talora, senza alcuna scelta o regola, da sé formandone e fingendone, ha in maniera operato che si può la sua *Comedia* giustamente rassomigliare ad un bello e spazioso campo di grano, che sia tutto d'avene e di logli e d'erbe sterili e dannose mescolato.

España heredó estos prejuicios sobre la tosquedad dantesca. Luis Zapata (1526–1594/95) lo deja bien claro en su *Miscelánea*: 'Dante es tan pesado que jamás pude leer una hoja entera de él' (1999, 250). La poesía de Petrarca ocupaba un lugar de honor difícilmente superable. Las palabras de Hernando de Hoces, traductor de sus *Triunfos* al castellano, son muy explícitas al respecto: 'bien que a mi parescer el estilo del Dante sea menos polido que el de nuestro Petrarcha' (1554, fol. 40v).

La difusión de la agudeza barroca y del conceptismo en el siglo XVII hizo que la obra de Dante quedara relegada a un olvido aún mayor[3]. El caso de Baltasar

---

[1] Resumo aquí las conclusiones de Cacho Casal 2003a. Sobre Dante en España ver también Sanvisenti 1902, 33–287; Hutton 1907–08; Boza Masvidal 1920; Farinelli 1922; Friederich 1946 & 1950; González de Amezúa 1951; Morreale 1966 & 1967; Samonà 1966; Schiff 1905, 308–17; *Enciclopedia dantesca*, s.v. 'Spagna'; Arce 1965, 1981 & 1984; Gutiérrez Carou 1995 & 1998.

[2] Ver Seco Santos 1985; Simón Díaz 1980; López Vidriero & Santiago Páez 1992.

[3] Sobre el contexto italiano ver Tavani 1976; Cosmo 1946 & 1967, 208-13.

Gracián merece ser destacado especialmente. El moralista y teórico del siglo XVII representa la culminación del descrédito y del arrinconamiento de Dante en el Siglo de Oro. Sus juicios sobre la obra del florentino en sus escasas alusiones a Dante resumen y aúnan los problemas de recepción que desde el siglo XVI acompañaron la difusión de la *Divina Commedia* en España, y que llegaron a sus últimas consecuencias en el XVII. Lo primero que llama la atención es el rechazo estético que le suscita la obra dantesca. Fijémonos en esta sentencia recogida en *El Criticón* II, 4:

> —Éstas [vihuelas] más se suspenden que suspenden.
> Y en secreto confessóles eran del Dante Alígero y del español Boscán. (1980, 364)

Junto con este rechazo encontramos en los libros de Gracián más referencias interesantes a Dante. El Discurso XLI de la *Agudeza y arte de ingenio*, donde se dan ejemplos de respuestas ingeniosas, recoge una anécdota que tiene al florentino por protagonista; la misma historia, ampliada, se encuentra en *El Criticón* III, 9 (1980, 735):

> Assí, que yo siempre me contenté mucho de aquella bella prontitud del Dante (al fin Alígero, por su alado ingenio); tuvo mucho vivo aquella saçonada respuesta cuando, habiéndose disfraçado en uno de los días carnavales y mandándole buscar el Médicis, su gran patrón y Mecenas, para poderle conocer entre tanta multitud de personados, ordenó que los que le buscassen fuessen preguntando a unos y a otros: '¿Quién sabe del bien?', y desatinando todos, cuando llegaron a él y le preguntaron: *Qui sà del bene?*, prontamente respondió: *Qui sà del male*. Con que al punto dixeron: 'Tú eres el Dante'.

Gracián demuestra desconocer el contexto histórico en el que se movió Dante. Colocarle en la corte de los Medici, cuando el autor de la *Commedia* había nacido en 1265 y dicha familia toscana no se iba a hacer con la Signoria de Florencia hasta el siglo XV, es un evidente anacronismo.

En el Discurso LVI de la *Agudeza y arte de ingenio* Gracián vuelve a mencionar a Dante. Hablando de los artificios de las alegorías dice (1969, II, 201–02):

> Los ingenios italianos los han autorizado y practicado con eminencia. El Petrarca en sus *Triunfos*, el Dante en sus *Infiernos*.

Dante se recuerda por sus 'infiernos' y no por su 'comedia', lo cual parece confirmar que el florentino en el XVII debió ser conocido fundamentalmente por su *Inferno*, única parte traducida e impresa de la *Divina Commedia* en la España del Siglo de Oro. Que un hombre tan erudito y estudioso de las literaturas clásica y romance como Gracián parezca no haber accedido directamente a la mayor obra del medievo italiano puede servir de indicador para señalar su escasa difusión en el Barroco español[4]. Si ésta es la situación de Gracián, poco más cabe esperar de la mayoría de sus contemporáneos.

Junto con los factores estéticos, el olvido de Dante en el Siglo de Oro se debe también a la dificultad que supone acercarse a su obra, sobre todo para un lector extranjero. Además de términos vulgares, giros dialectales o neologismos, la *Commedia* contiene también abundantes referencias eruditas relacionadas con la literatura

---

[4] Correa opina que Gracián no dominaba con soltura el italiano (Gracián 1969, I, 22).

latina, la astronomía, la óptica, la Biblia, la teología y la filosofía[5]. Para leer la obra dantesca se requiere un buen dominio del italiano y una importante formación cultural. Y, en general, los poetas españoles no disponían de una preparación humanística profunda (Chevalier 1995).

De hecho, Dante es citado con frecuencia en tratados eruditos o pseudo-eruditos. Herrera lo menciona en sus *Anotaciones* a Garcilaso, así como Sánchez de Viana en el comentario a su traducción de las *Metamorfosis* de Ovidio (1589). También el historiador Gonzalo Fernández de Oviedo recuerda al poeta florentino en alguna de sus obras, por ejemplo, en las *Quinquagenas de la nobleza española* (1556). El nombre de Alighieri recurre a su vez en dos mitógrafos: Juan Pérez de Moya y Baltasar de Vitoria. Sin embargo, la mayoría de estas citas se basan en las anotaciones de Cristoforo Landino, que fue uno de los comentaristas más prestigiosos y conocidos de la *Commedia*. Casi todos estos autores se demuestran más interesados por las referencias eruditas de Landino que por la poesía dantesca.

Dante es sólo un nombre para la gran mayoría de los escritores del Siglo de Oro. Puede citarse vagamente, hacerse referencia a sus obras o a su figura, pero las lecturas directas de su poema parecen haber sido escasas. El lector ideal de la *Commedia*, pues, no ha de buscarse entre los autores de literatura de entretenimiento, sino entre los 'humanistas vulgares', como los definió Toffanin (1960): intelectuales preparados en cultura clásica, pero que se interesan también por las letras en romance (un ejemplo paradigmático en España es Fernando de Herrera). La *Commedia* es un texto reservado a ciertas minorías culturales que acceden a él con unos propósitos diferentes a los del escritor profesional; en los tercetos dantescos buscan sobre todo erudición y no pasajes para ser imitados. La obra de Dante no fue olvidada del todo, sino que pasó a interesar a un público restringido de especialistas.

Francisco de Quevedo, por su formación intelectual y sus preferencias estéticas, supone una excepción en el panorama del Siglo de Oro. Su dominio de la lengua italiana y su cultura humanística le permitieron acceder a la poesía de Dante con mayor facilidad que otros escritores españoles[6]. Posiblemente, Quevedo empezó a estudiar italiano desde niño en el Palacio Real. Más tarde, sus lecturas personales y su estancia en Italia (1613-19) terminaron de consolidar su dominio del idioma. Efectivamente, entre las numerosas lecturas quevedianas destacan los libros italianos. Se han encontrado distintos ejemplares de obras italianas anotados por Quevedo que confirman su buen conocimiento de la lengua[7]. Su dominio del

---

[5] Sobre el influjo de la Biblia en Dante consúltense Barblan 1988; Higgins 1992; Hawkins 1993. De sus fuentes filosóficas y patrísticas se ocupan Nardi 1966; Getto 1972; Placella 1972; Ryan 1993. Sobre la relación de Dante con los clásicos ver Mustard 1924; Paratore 1972; Hollander 1983; Martellotti 1983; Brownlee 1993. Highet 1954, I, 132–33 ofrece un listado de los *auctores* dantescos. Sobre su cultura científica ver Pecoraro 1972; Gutmann 1977; Pasquini 1991.

[6] Ver Gregores 1953–54; López Poza 1995 & 1997.

[7] En su ejemplar de la *Eracleide* de Zinano, Quevedo corrige erratas, comenta pasajes y los compara con la *Gerusalemme liberata*, demostrando conocer bien el idioma y estar familiarizado con la obra de Tasso (Gendreau-Massaloux 1975). Véanse también Aström 1959; Maldonado 1975, 406 n.6; López Poza 1995, 91 n.25. De la reconstrucción de la ideal biblioteca italiana de Quevedo se ha ocupado Martinengo 1983, 178–79.

italiano debió crecer con los años, como demuestra su adaptación al castellano del *Romolo* de Virgilio Malvezzi (1632). En el *Rómulo* el escritor español lleva a cabo una traducción exacta y, a su vez, se permite retocar desde un punto de vista estilístico algunos detalles de la obra[8].

Superado el escollo lingüístico, la *Commedia* de Dante sigue poniendo muchas trabas a sus lectores. El entramado cultural sobre el que se sustenta el poema dantesco es amplio y complejo. Sin embargo, Quevedo tuvo una formación profunda que le permitió solventar estos problemas. El escritor español se había educado desde joven en el conocimiento de la Biblia, de la escolástica y de la patrística. Frecuentó la universidad de Alcalá de Henares donde recibió el título de licenciado y, casi seguramente, también se licenció en teología en la universidad de Valladolid[9]. Además, se interesó por ciertas materias como la astronomía o las matemáticas que tienen una importante cabida en la *Commedia*[10].

Por otro lado, el escritor español construye su obra literaria, en gran medida, a partir de unas fuentes que imita, amalgama y reelabora de forma muy original. Esta práctica enlaza seguramente con su formación humanística, pero se explica también por el afán de superación con el que Quevedo concibió muchos de sus escritos. El autor se esforzó por ir más allá de sus modelos, por ser más original que ellos y, sobre todo, que sus seguidores. Pero la búsqueda de originalidad no acaba aquí y le lleva a buscar, a leer y a reutilizar en sus obras fuentes poco conocidas y difíciles de conseguir[11]. En Quevedo, muchas veces, el amor por el libro raro se resuelve en imitaciones y citas ocultas en sus propias creaciones literarias, dignas de su elitismo cultural. La *Commedia* en el siglo XVII español era un texto poco frecuentado; eso quiere decir que en el poema dantesco el satírico español halló también una vía de originalidad.

Por todo ello, se puede concluir que Quevedo no sólo tuvo más fácil acceso que otros escritores de su tiempo a la lectura y comprensión de la *Commedia*, sino que además ésta debió despertar no poco interés en él; como demuestra el ejemplar de la *Commedia* que anotó y del que me ocupo en el siguiente apartado. El perfil del Quevedo lector de Dante se completa con el estudio de los pasajes de las obras del escritor español donde citó al poeta toscano.

En la segunda parte del libro analizo las huellas de Dante en los *Sueños*. La influencia del poeta toscano en las visiones quevedianas se da habitualmente por

---

[8] Isasi 1992. Menéndez Pelayo (1952–53, IV, 108) elogió a Quevedo por su buena traducción; por otro lado, Gendreau-Massaloux (1977, 222–24) se mostró muy crítica con ella. Jaurelde Pou (1998, 613) ha vuelto a valorarla positivamente. Además, Quevedo escribió dos sonetos en italiano (*Poesía original* §227, §326), uno de ellos quizá fruto de sus años en Italia (Juárez 1990, 135).

[9] Ver O'Connell 1972; Martín Pérez 1980; López Poza 1992; Chiappini 1997.

[10] Ver Martinengo 1967 & 1983; Balcells 1979; Gendreau-Massaloux 1979. Muchos de los libros citados o conocidos por Dante parecen haber formado parte de la biblioteca de Quevedo o, por lo menos, de sus lecturas. Por ejemplo, Dante cita a Guido Bonatti en *Inf.* XX, 118, y se conoce un ejemplar anotado de su tratado de astronomía que fue propiedad de Quevedo (Maldonado 1975, 406 n.6).

[11] Jaurelde Pou 1997, 55–56; 1998, 112 & 181.

sentada, pero las aproximaciones que ha habido hasta ahora no han sido todo lo rigurosas y profundas que cabría esperar. La relación entre la *Commedia* y Quevedo se ha convertido casi en un hecho aceptado por todos y del que, sin embargo, no se conoce con precisión la real entidad.

La presencia del poema dantesco en las visiones quevedianas atañe a varios aspectos: temas, motivos, técnica narrativa y estilo. Quevedo no pretendió en ningún momento escribir otra *Commedia* ni imitarla servilmente. En los *Sueños* reaprovechó aquellos elementos que más le atrajeron de la obra italiana, adaptándolos a su arte conceptista y, a menudo, parodiándolos. Pero antes de llegar a esta imitación leyó y estudió con detenimiento a Dante, como se deduce del ejemplar de la *Commedia* que lleva sus anotaciones.

CANTO VENTESIMOQUINTO.

ALLEGORIA.

SANS. Si cóprede quanto sia necessaria la speranza, senza la quale non si puo salire a beni di vita eterna, & doe nell'huomo essere ardentissima, & viua.

LAND. Ha il nostro Poeta nel pcedète cāto trattato della fede. Et al presente in questo xxv. tratta della seconda virtù theologica, che è Speranza. Adunque prima, poue la sua speranza di tornar nella patria, & in qlla essere coronato. Dipoi induce Iacopo Apostolo, che l'essamina di qsta virtù. Dipoi gli propone tre dubbi circa qsta virtù, & Beat. risponde al primo, & il Poeta al secondo, & finalmente è domandato l'autore da Iacopo, onde gli venga questa virtù. ma accioche il proemio sia conueniente alla materia della speranza dimostra sperare, & dice. Se mai continga, cioè, auuenga, che questo mio poema sacro, alquale ha posto mano cioè, porto aiuto, cielo, & terra. Perciche tratta della natura del vitio, & della purgatione di quello, tratta delle virtù morali, & speculatiue. Siche m'ha fatto per molti anni macro, perche chi assiduamente contempla, & compone, diuenta magro. Onde l'imagini de poeti si faccā magre. Giouenale p questo disse. Vt dignus venias hederis & imagine macra. Vinca la crudeltà de miei cittadini, laquale è cagione, che io sia rele...or. Del bello ouile, della bella città, la chiama ouile a dimostrare l'innocétia, & mansuetudine del popolo mal gouernato da principali cittadini, iquali erano al popolo, come i lupi alle pecore. Vitupera adunque non la città, & il popolo, ma i gouernatori, i quali egli come innocente, come immaculato agnello, dice esser stato inimico. Con altra voce, quasi dica con piu eleganti versi, con altro vello, stette nella trasslatione, quasi dica, non con vello d'agnello, ma di robusto moltone. Ritornerò Poeta, & prenderò il capello, cioè, la laurea in sul fonte del mio battesimo, cioè, nel tempio di Gionanni Battista, nel quale mi battezzai, & meritamente hauendo cantato della fede, si vuol fare Poeta, in quel luogo, do-

ARGOMENTO.

S'INTRODVCE in questo canto Sā Iacomo a essaminar Dāte della speranza, proponendoli tre dubbij, de quali Bea. solue il primo, & esso gli altri. Alla fine strroduce Sā Giouāni Euāg. a manifestargli, ch'el suo corpo morédo era rimaso in terra.

E mai continga, che'l poema sacro,
Alqual ha posto mano & cielo & terra,
Sì che m'ha fatto per piu anni macro,
Vinca la crudeltà, che fuor mi serra
Del bell'ouile, ou'io dormì agnello
Nimico a lupi, che li danno guerra;
Con altra voce homai, con altro vello
Ritornerò poeta; & in sul fonte
Del mio battesimo prenderò'l capello:
Però che ne la fede, che fa conte
L'anime a Dio, quini entra'io; & poi
Pietro per lei sì mi girò la fronte.

ue prese la sede christiana. Onde di ce: perche io entrai nella fede, laquale fa conte, cioè, pronte, & manifeste l'anime a Dio in quel luogo. Et la fe le è quella, che m'ha indotto a scriner questo poema, & per essere i vera sede Pietro, come puoco di sopra dimostrò, gli girò tre volte la fronte.

Ha il Poeta nel VELL. precedente canto introdotto S. Piero ad essaminarlo de la fede, prima de le tre virtù teologiche, hora in questo dopo'l proemio, introduce S. Iacomo ad essaminarlo de la seconda d'esse teologiche virtù, proponédogli sopra di quella tre dubbi, de' quali Bea. solue il primo, & egli poi gli altri due, & vltimamente introduce Giou. Euāg. a manifestarli, ch'el suo corpo, morédo era rimaso in terra, e nō salito a qlla gloria, come era opinione di molti, e che solamente Christo, e Maria Verg. vi son possuti con quel salire. Se mai continga, Dā cōuent ente principio a la materia, de laqual intende volerla trattare. Perche douendo trattar de la speranza, mostra sperar mediāte la sua virtù conosciuta per lo presente poema, d'esser restituito in patria, onde dice, Se mai continga cioè, Se qualche volta auenga, pche cōtingenti son le cose, che possono essere, e non essere, com'era il suo esser renocato da l'essilio, Ch'el poema sacro, perche tratta di cose spirituali, e diuine, Alqual poema, Ha posto mano, Ha dato materia, e soggetto, E cielo e terra, Rispetto a le diuine, & humane cose, Si che m'ha fatto per piu anni macro, Laqual cosa è propria de gli scrittori per le lunghe vigilie fatte ne gli studi, iperando conseguirne honore, e fama, come afferma ancor il Pet. ne la quarta stāza di quella Canz. to uo pēsando, e nel pē fier m'assale, oue parlando del pensiero, che a tal fama sperar l'induceua, dice, Chi tol per fama gloriosa, & alma, Non sente, quand'io agghiaccio, e quand'io flagro, Si son palsido, e magro, &c. Vinca la crudeltà de miei cittadini che mi serra fuori, tenendomi in essilio. Del bello ouile, Chiama ouile la città di Firenze, e per star ne la similitudine, ie stesso

Lámina 3: *Dante con l'Espositioni di Landino et Vellutello*, fol. 364r.

2
Quevedo lector de Dante

Quevedo estudió detenidamente la *Divina Commedia*. Su conocimiento de la poesía dantesca parte de una labor previa como lector, que puede ser abordada siguiendo dos vías de investigación. Ante todo, examinando el ejemplar del poema italiano que fue de su propiedad y que lleva sus anotaciones personales. El libro ofrece muchas pistas sobre la cultura de Quevedo y su interés por Dante. Por otro lado, también las alusiones al poeta florentino desperdigadas en las obras del escritor español suponen una fuente de información valiosa. Las citas dantescas implican una lectura minuciosa y una valoración personal de la *Divina Commedia*.

2.i. El ejemplar de la *Commedia* de Quevedo

Quevedo fue un lector atento y tuvo una rica biblioteca. Algunos de los ejemplares poseídos y anotados por él se han ido gradualmente encontrando y estudiando[1]. Dentro de su colección, cabe destacar 'la enorme cantidad de libros extranjeros que poseyó'[2]. Entre estos libros, los títulos italianos tenían un lugar importante. En sus años al servicio del Duque de Osuna en Palermo y Nápoles pudo seguramente enriquecer su biblioteca y profundizar en el conocimiento de la literatura italiana.

Felipe Maldonado (1975, 406 n.6) reseñó entre las obras poseídas y firmadas por Quevedo un ejemplar de la *Divina Commedia* de Dante. Tras una breve indicación bibliográfica, daba noticia de que dicho ejemplar se conservaba en la biblioteca de la Universidad de Illinois (Urbana). Además, el libro tiene varias anotaciones de su puño y letra en los márgenes, con lo cual poseemos un útil punto de partida para poder empezar a conocer más a fondo los contactos de Quevedo con el poeta florentino[3].

A continuación, mi análisis se va a desarrollar en dos direcciones: primero me ocuparé del ejemplar de la *Commedia* y de la transcripción de sus anotaciones, luego, a partir de ellas y de la demás información que pueda proporcionar el libro, intentaré formular diferentes interpretaciones e hipótesis.

El ejemplar de la *Divina Commedia* que poseyó Quevedo corresponde a la siguiente edición:

> *Dante con l'Espositioni di Christoforo Landino, et d'Alessandro Vellvtello. Sopra la sua Comedia dell'Inferno, del Purgatorio, et del Paradiso. Con Tauole, Argomenti, & Allegorie, & riformato,*

---

[1] Una lista de las obras anotadas por Quevedo conocidas hasta hoy puede verse en Quevedo 1985, 64–65; Maldonado 1975, 406 n.6; López Poza 1995, 91 n.25; López Grigera 1998, 24–25. A esta lista hay que añadir ahora la *Retórica* de Aristóteles (López Grigera 1996 & 1998; y Quevedo 1997), la *Varia Historia* de Eliano, el *Ex Heraclide. De politiis Atheniensium* (Schwartz Lerner & Pérez Cuenca 1999) y las obras de Estacio (H. & C. Kallendorf 2000).

[2] Maldonado 1975, 409. Para las cuestiones relacionadas con la biblioteca de Quevedo véase también Martinengo 1983, 173–79.

[3] Di a conocer estas anotaciones quevedianas en Cacho Casal 1998.

riueduto, & ridotto alla sua vera Lettura, per Francesco Sansovino Fiorentino, Venetia, Giovambattista Marchio Sessa & Fratelli, 1578[4].

El hallazgo de este libro permite constatar que Quevedo, en un determinado momento de su vida, leyó la *Divina Commedia* de Dante en italiano (lo cual confirma su competencia lingüística en dicho idioma) y, además, comentada. Es una edición que recoge los comentarios de Landino y los de Vellutello, junto con las adiciones y enmiendas de Sansovino, y que tiene un lugar muy destacado dentro de la historia de la exégesis del poema dantesco. La exposición de Landino se publicó por primera vez en 1481 y la de Vellutello en 1544[5]. El primero sigue, en sus anotaciones, el comentario en latín de Benvenuto de' Rambaldi da Imola (s. XIV) y el segundo, a su vez, sigue a Landino. Se da así una especie de cadena crítica que parte del siglo XIV y llega hasta el siglo XVI. Una cadena que representa un hito fundamental en la interpretación de la *Commedia*[6].

Haber leído la obra de Dante comentada tuvo, desde luego, que facilitarle mucho a Quevedo la cabal comprensión de sus versos: la edición de 1578 ofrece numerosos apoyos al lector. Ya en sus preliminares se encuentra una 'Dichiaratione delle voci difficili che si trovano in questa opera del Sansovino' (*DCQ*, signs. A3r-4v). En este glosario se recogen y se explican, organizadas por orden alfabético, las voces de más difícil comprensión de la *Commedia*. Por otro lado, el análisis que hacen los dos comentaristas es sin duda muy completo y detallista.

En el poema dantesco abundan las alegorías y las referencias a cuestiones relacionadas con la teología, la filosofía, la astronomía o la óptica; y a esto debemos sumar la importancia del contexto de la época de Dante en el mundo de la *Commedia*, cargado de alusiones a hechos y personajes históricos contemporáneos al poeta toscano. Todo ello conlleva una evidente dificultad de la que se hacen eco las exposiciones de Landino y Vellutello. El primero se propone desentrañar los significados 'occulti' de la *Commedia* a través de un erudito análisis de corte neoplatónico. El segundo adopta un tono mucho más didáctico, teniendo en mayor consideración las posibles limitaciones del lector (y las suyas), con el que llega a entablar un verdadero diálogo. Además, las ilustraciones que adornan muchos folios de la edición le sirven a menudo de apoyo para facilitar la comprensión de los pasajes dantescos[7]. Cito un fragmento tomado de Vellutello para ejemplificar su gran capacidad gráfica de explicación. Así describe la 'geografía' del *Purgatorio*:

---

[4] University of Illinois at Urbana-Champaign, Rare Book and Special Collections Library, Q.851 D23 Od.s 1578; véase Lámina 1 (p. iv *supra*). Se trata de una reedición; la *princeps* es de 1564. Hubo una tercera edición en 1596. Sobre los fondos quevedianos en la Biblioteca de Urbana véase Porqueras-Mayo & Laurenti 1980, aunque no reseñan el ejemplar de la *Commedia*.

[5] *Comento di Christophoro Landino Fiorentino sopra la Comedia di Danthe Alighieri Poeta Fiorentino*, Firenze, Nicolò di Lorenzo, 1481; *La Comedia di D. Aligieri con la nova espositione di Alessandro Vellutello*, Venezia, Francesco Marcolini, 1544.

[6] 'Benvenuto, Landino e Vellutello possono considerarsi il momento, in tre fasi, più decisivo dell'interpretazione di Dante' (Vallone 1966, 283).

[7] 'Questa adunque, quanto è possibile a noi, cercheremo di esplicare, & in quello che potessimo mancare, c'ingegneremo di supplir col disegno' ('Descrittione de lo Inferno, di M. Alessandro Vellutelli', *DCQ*, sign. D1r).

> Habbiamo adunque ad imaginarci nel mezzo de l'altro hemisferio su la terra una isola circondata da l'Oceano, tutta tonda, che giri 1100. miglia, & in mezzo di quella uno altissimo monte, che a retta linea perpendicolare volga le sue radici a quelle del monte Sion. (*DCQ*, sign. X4r)

Quevedo tuvo así a su disposición un medio privilegiado, claro y erudito a la vez, para asimilar la obra de Dante Alighieri.

En el texto de la *Commedia* que poseyó Quevedo se pueden encontrar notas, por lo menos, de tres manos diferentes. La mayoría de ellas pertenecen a Quevedo, pero hay también otras que se deben probablemente a miembros de la Inquisición. De hecho, el ejemplar está expurgado en los pasajes previstos por el *Index* de 1612 (censura que perdura en los índices posteriores). Algunos versos de la *Commedia* y parte de los comentarios de Landino y Vellutello aparecen tachados o cubiertos por trozos de papel que alguien les ha pegado encima.

La caligrafía de Quevedo ha sido objeto de varios análisis[8]. Con la ayuda de estos estudios, y tras comparar la firma y las dos rúbricas de la portada con otras tenidas seguramente por quevedianas, no quedan dudas sobre su autenticidad[9]. Otro tanto vale para la casi totalidad de las anotaciones en el ejemplar, salvo en dos casos. En la portada, debajo de la inscripción de Quevedo, hay otra debida a un censor de la Inquisición. Su interpretación es muy dificultosa a causa de una mancha de humedad. Transcribo lo que me ha sido posible deducir con los medios que tenía a disposición: 'espurgado | conforme al espurga | torio del año de | 1709 | fr. luis taboada [*su rúbrica*]'. La otra nota ajena a Quevedo se encuentra en el fol. 17v, al principio de *Inf.* III, donde se lee: 'anatema'[10].

El texto parece haber pasado por dos fases diferentes de censura. La primera fue llevada a cabo por el censor responsable de la nota en el fol. 17v ('anatema'): las líneas con las que raya ciertos versos tienen el mismo grosor y son de la misma tinta que los de dicha nota. Éste, además de los pasajes incluidos en el *Index*, tacha también versos y comentarios que no aparecen allí recogidos (fols. 8r, 17v & 20v).

---

[8] Astrana Marín en Quevedo 1932, II, 1181–83; Quevedo 1966, 339–41; Quevedo 1985, 14–20; Crosby 1967, 73–94; Ettinghausen 1972.

[9] He visto en la BNM las cartas de Quevedo a Sancho de Sandoval (MS/21883); las correcciones al MS trasladado por un copista de su *Carta a Luis XIII* (MS/6156); las anotaciones en sus ejemplares de *Lvcii Annaei Flori, vel potivs Lvcii Annaei Senecae, Rervm Romanarvm, Ex Tito Livio, Epitoma*, Parisiis, Hieronymus de Marnef & Gulielmus Cauellat, 1576 (R/30070), *Pindari Poetae Vetvstissimi, Lyricorum facile principis, Olympia Pythia Nemea Isthmia*, Basileae, Andreas Cratander, 1535 (R/642), *Yvonis Villiomari Aremorici* [pseud. de J.J. Escalígero], *In Locos Controversos Roberti Titii*, s.l., Hieronymus Commelinus, 1597 (R/23842), Tomás Moro, *De optimo Reipv. Statv, deqve nova Insvla Vtopia*, Lovanii, Seruatius Sassenus, 1548 (R/20494) y *Petri Antonij Beuter Valentini Sacrae Theologiae Professoris, Prothonotarij Apostolici Annotationes Decem ad Sacram Scripturam*, Valentiae, Ioannes Mey, 1547 (R/3693); el autógrafo de la *España defendida* (RAH MS 9/805); las cartas del 21.xi.1615 y del 13.iv.1616 enviadas por Quevedo al Duque de Osuna (AHN Consejos, legajo 49868, carta 7 & legajo 49866, carta 45); y el manuscrito de las silvas en la BNN XIV.E.46. Reproducciones más accesibles de la firma y letra de Quevedo pueden verse en los trabajos reseñados en la n. anterior, y también en *Ep.*, entre las pp. 22 y 23.

[10] La letra no me parece de Quevedo: la *a* final, sobre todo, tiene una terminación marcadamente descendente, cuando en él suele ser ascendente (Quevedo 1985, 15). A su vez, el tipo de tinta y el grosor del trazado son diferentes a los de las demás anotaciones de Quevedo en el libro.

Su labor es imprecisa e ineficaz, dado que las partes supuestamente expurgadas pueden leerse sin demasiada dificultad. Este censor se muestra más disgustado con las irreverencias de Dante que riguroso.

Muy distinta es la intervención del segundo censor, al que se debe casi seguramente la inscripción de la portada. Su trabajo se ciñe exclusivamente a lo prescrito por el índice. Con sumo cuidado se dedica a pegar pedazos de papel sobre los pasajes prohibidos y sobre las correspondientes tachaduras de su predecesor[11]. Además, se muestra muy respetuoso con las notas de Quevedo: en el fol. 65r, pega un pedazo de papel y lo recorta por un lado para no cubrir *Dante* Anot. 25.

Una vez distinguidas las diferentes manos que intervinieron en él, pasemos ahora a reconstruir la que pudo haber sido la historia del ejemplar de la *Commedia* de 1578.

No es posible precisar cuándo se hizo Quevedo con su ejemplar de la *Divina Commedia*. Sin embargo, la inscripción de la portada permite fijar con bastante seguridad las fechas en las que se realizaron las anotaciones. Tras su firma, Quevedo especifica que es 'caballero del hábito de Santiago'. Consigue el título de caballero del hábito de Santiago el 29 de diciembre de 1617, que no es despachado hasta el 8 de febrero de 1618 (Riandière La Roche 1986). En una carta del 1 de enero de 1618 (*Ep.* 82), el poeta informa al Parlamento de Nápoles que ha entrado a formar parte de dicha orden militar. Podemos concluir, luego, que Quevedo se consideró caballero ya a principios del mes de enero de 1618, con lo cual queda fijado el término *a quo* para la datación de las notas.

Por otro lado, Quevedo no se hizo definitivamente con el señorío de La Torre de Juan Abad hasta el verano de 1621 (Jauralde Pou 1998, 418). A partir de entonces, siempre se denominó a sí mismo en sus obras como caballero del hábito y señor de La Torre. Lo más plausible es que, si las anotaciones hubieran sido hechas posteriormente a esta última fecha, la firma de la portada hubiera incluido ambos títulos. Muy probablemente, pues, Quevedo anotó el libro entre 1618 y 1621. Hasta 1619 estuvo al servicio del Duque de Osuna en Nápoles, y lo más razonable es suponer que debió adquirirlo justamente por esos años. Si esto fuera cierto, permitiría precisar más la datación: hasta septiembre de 1618 Quevedo no deja Madrid para volver a Nápoles, y su regreso definitivo a España es en junio de 1619 (Juárez 1990, 43).

Hay un dato que podría ser importante para averiguar si realmente el libro entró en poder de Quevedo en Italia o si ya lo tenía antes de marchar y lo anotó posteriormente: el ejemplar está expurgado. La lista completa de pasajes censurados de la edición de la *Commedia* con los comentarios de Landino y Vellutello aparece por primera vez en el índice de Sandoval (1612). En el expurgatorio de Quiroga (1584) sólo se mandan corregir algunos versos y pasajes de los comentarios de Landino. Por lo tanto, de haber adquirido en España su ejemplar ya expurgado, Quevedo lo hubiera hecho entre 1612 y 1613. Ahora bien, la censura del libro fue

---

[11] En el fol. 102v hay un trozo de papel pegado y arrancado posteriormente que nos deja ver por debajo las tachaduras del primer censor; en el fol. 17v el recorte de papel cubre las rayas del anterior censor.

casi seguramente posterior a la muerte del poeta español (1645). El año de 1709 que aparece en la inscripción de la portada y que he transcrito arriba resulta muy contradictorio: no existe ningún índice o apéndice inquisitorial con esa fecha[12]. La mancha de humedad no permite distinguir el pasaje con suficiente claridad. Lo más plausible es que en lugar de ese año haya que leer 1707, cuando sí se publica un expurgatorio que incluye la censura de Dante.

Resumiendo, la historia de la *Commedia* de Quevedo podría ser la siguiente: pasó a ser de su propiedad en Italia y la anotó entre octubre de 1618 y junio de 1619, coincidiendo con una etapa en la que dispuso de más tiempo libre al haber sido destituido de su puesto diplomático por el Duque de Osuna (Juárez 1990, 44). Aunque no puede descartarse tampoco la posibilidad de que las anotaciones se realizaran una vez vuelto a España, entre mediados de 1619 y la primera mitad de 1621. Sin embargo, creo más acertada la primera hipótesis. Tras su estancia en Italia Quevedo desarrolló una intensa actividad creadora. Obras como el comentario a la *Carta del rey don Fernando el Católico*, el *Mundo caduco*, los *Grandes anales* o el *Lince de Italia* son directa consecuencia de sus vivencias en su etapa italiana: la lectura, el estudio y la política enriquecieron su personalidad, preparando el camino para nuevas obras literarias. La profundización en el conocimiento de Dante, en este sentido, debió ser realmente importante para Quevedo. Recordemos sólo que, por aquel entonces, le quedaban todavía por escribir el *Sueño de la Muerte* y el *Discurso de todos los diablos*.

Tras la muerte del poeta, la *Commedia* pasó a la biblioteca del Duque de Medinaceli, gran amigo de Quevedo que heredó un buen número de sus libros. Una vez fallecido el Duque, fue vendida en 1697 junto con más de 1400 volúmenes suyos al convento de San Martín de Madrid. Por lo menos hasta finales del siglo XVIII permaneció allí. De hecho, consta entre las obras incluidas en el índice de libros del convento redactado en 1788 que se conserva en la Real Academia de la Historia (MS 9/2099). La primera censura del ejemplar (y quizá también la segunda) pudo llevarse a cabo en el convento. Hasta mediados del siglo XX se pierde su pista. En mayo de 1963 pasa a formar parte de los fondos de la Universidad de Illinois: el profesor James Crosby, con la mediación de Felipe Maldonado en Madrid, tramita su compra a Concepción Amunátegui, su propietaria en aquel entonces. Doce años más tarde, Maldonado publica su artículo sobre la biblioteca de Quevedo.

Las siguientes láminas reproducen los folios de *DCQ* que contienen anotaciones quevedianas. A continuación transcribo las anotaciones, intentando, en lo posible, reflejar la distribución que tienen en el libro[13]. En la primera línea copio los versos que aparecen en el texto impreso de la *Commedia* (las rayas superiores que marcan algunas palabras y los números y paréntesis que señalo en cursiva se deben a Quevedo); en la segunda línea reproduzco sus notas marginales.

---

[12] En el AHN se conserva el manuscrito de una *Bibliotheca librorum prohibitorum* de 1709 (Inquisición, libro 1318), que contiene también un breve índice expurgatorio. Pero el texto está incompleto y no he encontrado citado a Dante entre los autores que recoge.

[13] En sign. A2r señalo una anotación moderna a lápiz debida al servicio de adquisiciones de la Universidad de Illinois: '13 May 63 Felipe Maldonado'.

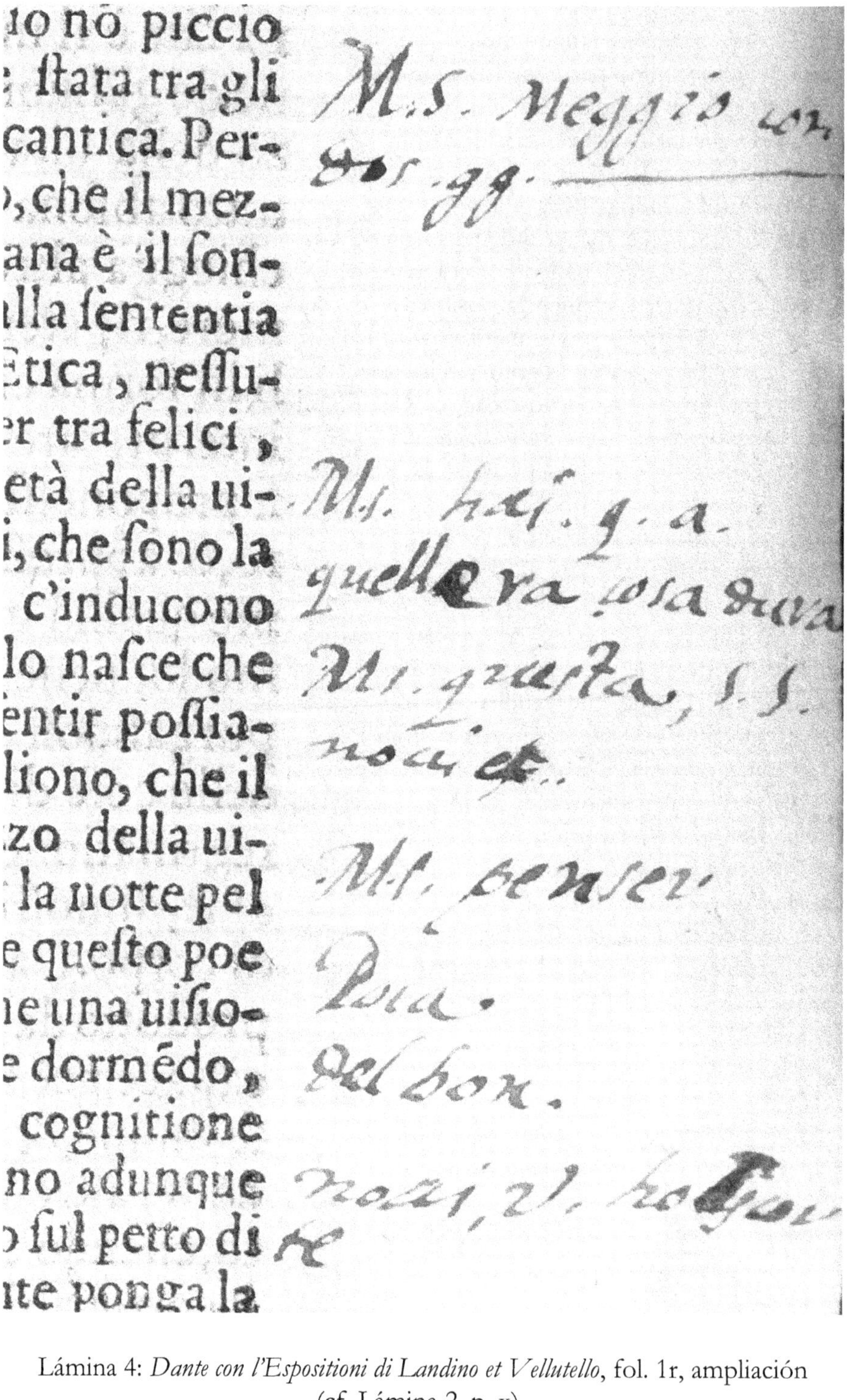

Lámina 4: *Dante con l'Espositioni di Landino et Vellutello*, fol. 1r, ampliación (cf. Lámina 2, p. x).

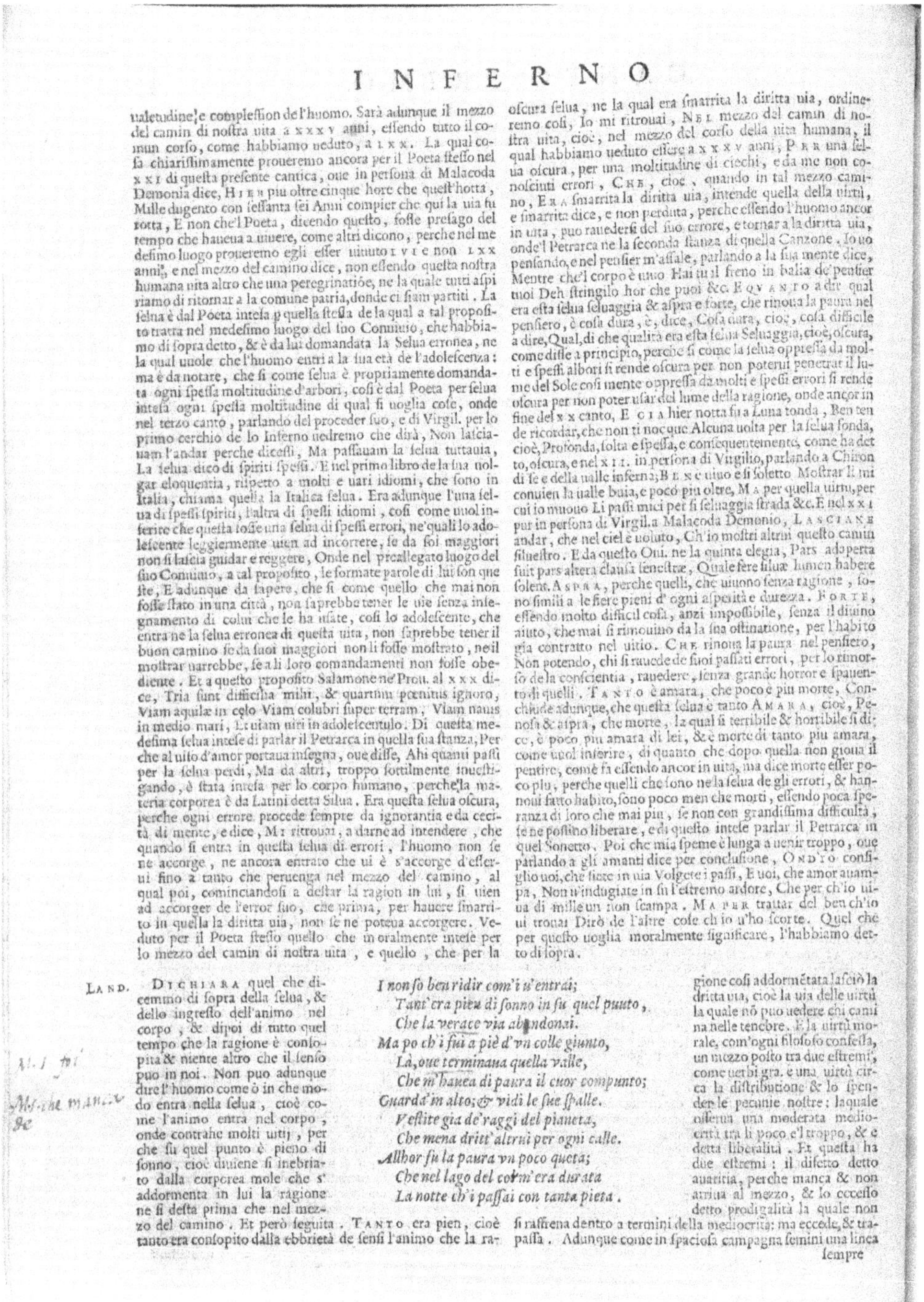

INFERNO

ualetudine, e complession de l'huomo. Sarà adunque il mezzo del camin di nostra uita a xxxv anni, essendo tutto il comun corso, come habbiamo ueduto, a lxx. La qual cosa chiarissimamente proueremo ancora per il Poeta stesso nel xxi di questa presente cantica, oue in persona di Malacoda Demonia dice, Hier piu oltre cinque hore che quest'hotta, Mille dugento con sessanta sei Anni compier che qui la uia fu rotta, E non che'l Poeta, dicendo questo, fosse presago del tempo che haueua a uiuere, come altri dicono, perche nel medesimo luogo proueremo egli esser uiuuto lvi e non lxx anni, e nel mezzo del camino dice, non essendo questa nostra humana uita altro che una peregrinatiõe, ne la quale tutti aspiriamo di ritornar a la comune patria, donde ci siam partiti. La selua è dal Poeta intesa p quella stessa de la qual a tal proposito tratta nel medesimo luogo del suo Conuiuio, che habbiamo di sopra detto, & è da lui domandata la Selua erronea, ne la qual uuole che l'huomo entri a la sua età de l'adolescenza: ma è da notare, che si come selua è propriamente domandata ogni spessa moltitudine d'arbori, cosi è dal Poeta per selua intesa ogni spessa moltitudine di qual si uoglia cose, onde nel terzo canto, parlando del proceder suo, e di Virgil. per lo primo cerchio de lo Inferno uedremo che dirà, Non lasciauam l'andar perche dicessi, Ma passauam la selua tuttauia, La selua dico di spiriti spessi. E nel primo libro de la sua uolgar eloquentia, rispetto a molti e uari idiomi, che sono in Italia, chiama quella la Italica selua. Era adunque l'una selua di spessi spiriti, l'altra di spessi idiomi, cosi come uuol inferire che questa fosse una selua di spessi errori, ne' quali lo adolescente leggiermente uien ad incorrere, se da soi maggiori non si lascia guidar e reggere, Onde nel preallegato luogo del suo Conuiuio, a tal proposito, le formate parole di lui son queste, E adunque da sapere, che si come quello che mai non fosse stato in una città, non saprebbe tener le uie senza insegnamento di colui che le ha usate, cosi lo adolescente, che entra ne la selua erronea di questa uita, non saprebbe tener il buon camino se da suoi maggiori non li fosse mostrato, ne il mostrar uarrebbe, se a li loro comandamenti non fosse obediente. Et a questo proposito Salamone ne' Prou. al xxx dice, Tria sunt difficilia mihi, & quartum pœnitus ignoro, Viam aquilæ in cęlo Viam colubri super terram, Viam nauis in medio mari, Et uiam uiri in adolescentulo. Di questa medesima selua intese di parlar il Petrarca in quella sua stanza, Perche al uiso d'amor portaua insegna, oue disse, Ahi quanti passi per la selua perdi, Ma da altri, troppo sottilmente inuestigando, è stata intesa per lo corpo humano, perche la materia corporea è da Latini detta Silua. Era questa selua oscura, perche ogni errore procede sempre da ignorantia e da cecità di mente, e dice, Mi ritrouai, a darne ad intendere, che quando si entra in questa selua di errori, l'huomo non se ne accorge, ne ancora entrato che ui è s'accorge d'esserui fino a tanto che peruenga nel mezzo del camino, al qual poi, cominciandosi a destar la ragion in lui, si uien ad accorger de l'error suo, che prima, per hauere smarrito in quella la diritta uia, non se ne poteua accorgere. Veduto per il Poeta stesso quello che moralmente intese per lo mezzo del camin di nostra uita, e quello, che per la oscura selua, ne la qual era smarrita la diritta uia, ordineremo cosi, Io mi ritrouai, Nel mezzo del camin di nostra uita, cioè, nel mezzo del corso della uita humana, il qual habbiamo ueduto essere a xxxv anni, Per una selua oscura, per una moltitudine di ciechi, e da me non conosciuti errori, Che, cioè, quando in tal mezzo camino, Era smarrita la diritta uia, intende quella della uirtù, e smarrita dice, e non perduta, perche essendo l'huomo ancor in uita, puo rauedersi del suo errore, e tornar a la diritta uia, onde'l Petrarca ne la seconda stanza di quella Canzone, Io uo pensando, e nel pensier m'assale, parlando a la sua mente dice, Mentre che'l corpo è uiuo Hai tu il freno in balia de' pensier tuoi Deh stringilo hor che puoi &c. E quanto a dir qual era esta selua seluaggia & aspra e forte, che rinoua la paura nel pensiero, è cosa dura, è, dice, Cosa dura, cioè, cosa difficile a dire, Qual, di che qualità era esta selua Seluaggia, cioè, oscura, come disse a principio, perche si come la selua oppressa da molti e spessi albori si rende oscura per non poterui penetrar il lume del Sole cosi mente oppressa da molti e spessi errori si rende oscura per non poter usar del lume della ragione, onde ancor in fine del xx canto, E gia hier notta fu a Luna tonda, Ben ten de ricordar, che non ti nocque Alcuna uolta per la selua fonda, cioè, Profonda, folta e spessa, e consequentemente, come ha detto, oscura, e nel xii. in persona di Virgilio, parlando a Chiron di se e della ualle inferna; Ben e uiuo e si soletto Mostrar li mi conuien la ualle buia, e poco piu oltre, Ma per quella uirtu, per cui io muouo Li passi miei per si seluaggia strada &c. E nel xxi pur in persona di Virgil. a Malacoda Demonio, Lasciane andar, che nel ciel è uoluto, Ch'io mostri altrui questo camin siluestro. E da questo Oui. ne la quinta elegia, Pars adaperta fuit pars altera clausa fenestræ, Quale fere siluæ lumen habere solent. Aspra, perche quelli, che uiuono senza ragione, sono simili a le fiere pieni d'ogni asperità e durezza. Forte, essendo molto difficil cosa, anzi impossibile, senza il diuino aiuto, che mai si rimouino da la sua ostinatione, per l'habito gia contratto nel uitio. Che rinoua la paura nel pensiero, Non potendo, chi si rauede de suoi passati errori, per lo rimorso de la conscientia, rauedere, senza grande horror e spauento di quelli. Tanto è amara, che poco è piu morte, Conchiude adunque, che questa selua è tanto Amara, cioè, Penosa & aspra, che morte, la qual si terribile & horribile si dice, è poco piu amara di lei, & è morte di tanto piu amara, come uuol inferire, di quanto che dopo quella non gioua il pentire, come fa essendo ancor in uita, ma dice morte esser poco piu, perche quelli che sono ne la selua de gli errori, & hannoui fatto habito, sono poco men che morti, essendo poca speranza di loro che mai piu, se non con grandissima difficultà, se ne possino liberare, e di questo intese parlar il Petrarca in quel Sonetto, Poi che mia speme è lunga a uenir troppo, oue parlando a gli amanti dice per conclusione, Ond'io consiglio uoi, che siete in uia Volgete i passi, E uoi, che amor auampa, Non u'indugiate in su l'estremo ardore, Che per ch'io uiua di mille un non scampa. Ma per trattar del ben ch'io ui trouai Dirò de l'altre cose ch'io u'ho scorte. Quel che per questo uoglia moralmente significare, l'habbiamo detto di sopra.

I non so ben ridir com'i u'entrai;
Tant'era pien di sonno in su quel punto,
Che la uerace via abandonai.
Ma po ch'i fui a piè d'vn colle giunto,
Là, oue terminaua quella valle,
Che m'hauea di paura il cuor compunto;
Guarda'in alto; & vidi le sue spalle.
Vestite gia de'raggi del pianeta,
Che mena dritt'altrui per ogni calle.
Allhor fu la paura vn poco queta;
Che nel lago del cor m'era durata
La notte ch'i passai con tanta pieta.

LAND. Dichiara quel che dicemmo di sopra della selua, & dello ingresso dell'animo nel corpo, & dipoi di tutto quel tempo che la ragione è consopita & niente altro che il senso puo in noi. Non puo adunque dire l'huomo come ò in che modo entra nella selua, cioè come l'animo entra nel corpo, onde contrahe molti uitij, per che su quel punto è pieno di sonno, cioè diuiene si inebriato dalla corporea mole che s'addormenta in lui la ragione ne si desta prima che nel mezzo del camino. Et però seguita. Tanto era pien, cioè tanto era consopito dalla ebbrietà de sensi l'animo che la ragione cosi addormẽtata lasciò la dritta uia, cioè la uia delle uirtù la quale nõ puo uedere chi camina nelle tenebre. E la uirtù morale, com'ogni filosofo confessa, un mezzo posto tra due estremi, come uerbi gra. è una uirtù circa la distributione & lo spender le pecunie nostre: laquale osserua una moderata mediocrità tra li poco e'l troppo, & è detta liberalità. Et questa ha due estremi: il difetto detto auaritia, perche manca & non arriua al mezzo, & lo eccesso detto prodigalità la quale non si raffrena dentro a termini della mediocrità: ma eccede, & trapassa. Adunque come in spaciosa campagna semini una linea sempre

Lámina 5: *Dante con l'Espositioni di Landino et Vellutello*, fol. 2v.

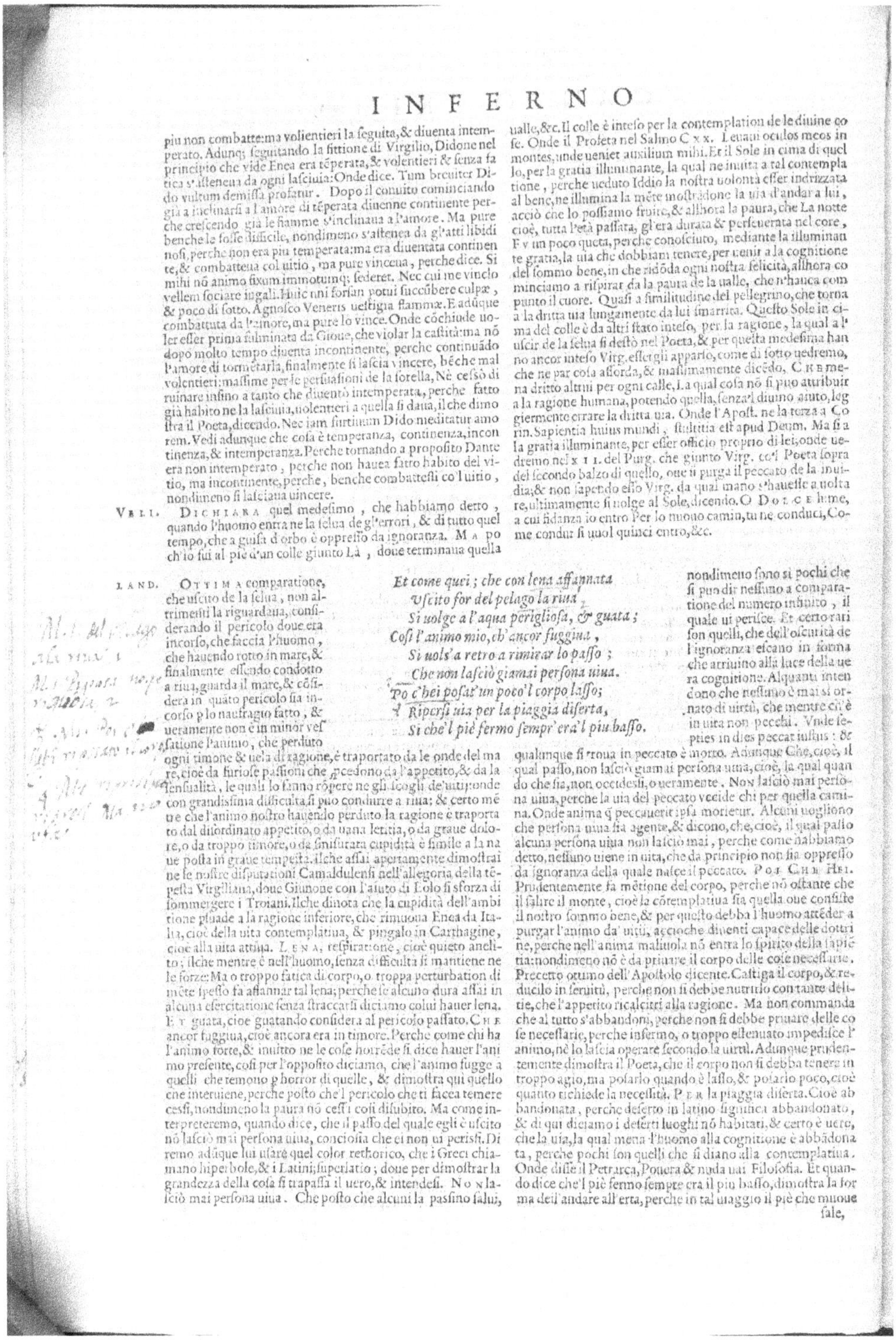

INFERNO

piu non combatte:ma volentieri la seguita,& diuenta intemperato. Adunq; seguitando la fittione di Virgilio, Didone nel principio che vide Enea era tẽperata,& volentieri & senza fatica s'asteneua da ogni lasciuia:Onde dice. Tum breuiter Dido vultum demissa profatur. Dopo il conuito cominciando già a inclinarsi a l'amore di tẽperata diuenne continente pergiche crescendo già le fiamme s'inclinaua a l'amore. Ma pure benche le fosse difficile, nondimeno s'astenea da gl'atti libidinosi,perche non era piu temperata:ma era diuentata continente,& combatteua col uitio, ma pure vinceua, perche dice. Si mihi nõ animo fixum immotumq; sederet. Nec cui me vinclo vellem sociare iugali.Huic uni forsan potui succũbere culpæ, & poco di sotto. Agnosco Veneris uestigia flammæ.E adũque combattuta da l'amore,ma pure lo vince.Onde cõchiude uoler esser prima fulminata da Gioue,che violar la castità:ma nõ dopo molto tempo diuenta incontinente, perche continuãdo l'amore di tormẽtarla,finalmente si lascia vincere, bẽche mal volentieri:massime per le persuasioni de la sorella,Nè cessò di ruinare insino a tanto che diuentò intemperata, perche fatto già habito ne la lasciuia,uolentieri a quella si daua,il che dimostra il Poeta,dicendo. Nec iam furtiuum Dido meditatur amorem. Vedi adunque che cosa è temperanza, continenza,incontinenza,& intemperanza.Perche tornando a proposito Dante era non intemperato, perche non hauea fatto habito del vitio, ma incontinente,perche, benche combattessi co'l uitio, nondimeno si lasciaua uincere.

VELL. DICHIARA quel medesimo, che habbiamo detto, quando l'huomo entra ne la selua de gl'errori, & di tutto quel tempo,che a guisa d'orbo è oppresso da ignoranza. MA poch'io fui al piè d'un colle giunto Là, doue terminaua quella ualle,&c.Il colle è inteso per la contemplation de le diuine cose. Onde il Profeta nel Salmo C XX. Leuaui oculos meos in montes,unde ueniet auxilium mihi.Et il Sole in cima di quel lo,per la gratia illuminante, la qual ne inuita a tal contemplatione, perche ueduto Iddio la nostra uolontà esser indrizzata al bene,ne illumina la mẽte mostrãdone la uia d'andar a lui, acciò che lo possiamo fruire,& allhora la paura,che La notte cioè, tutta l'età passata, gl'era durata & perseuerata nel core, FV un poco queta,perche conosciuto, mediante la illuminante gratia,la uia che dobbiam tenere,per uenir a la cognitione del sommo bene,in che ridõda ogni nostra felicità,allhora cominciamo a rispirar da la paura de la ualle, che n'hauea compunto il cuore. Quasi a similitudine del pellegrino,che torna a la dritta uia lungamente da lui smarrita. Questo Sole in cima del colle è da altri stato inteso, per la ragione, la qual al'uscir de la selua si destò nel Poeta,& per questa medesima hanno ancor inteso Virg.essergli appario,come di sotto uedremo, che ne par cosa assorda,& massimamente dicẽdo, CHE mena dritto altrui per ogni calle,La qual cosa nõ si puo attribuir a la ragione humana,potendo quella,senza'l diuino aiuto,leggiermente errare la dritta uia. Onde l'Apost. ne la terza a Corin.Sapientia huius mundi, stultitia est apud Deum. Ma si a la gratia illuminante,per esser officio proprio di lei,onde uedremo nel XII.del Purg. che giunto Virg. co'l Poeta sopra del secondo balzo di quello, oue si purga il peccato de la inuidia;& non sapendo esso Virg. da qual mano s'hauesse a uoltare,ultimamente si uolge al Sole,dicendo.O DOLCE lume, a cui fidanza io entro Per lo nuouo camin,tu ne conduci,Come condur si uuol quinci entro,&c.

Et come quei; che con lena affannata
Vscito for del pelago la riua
Si uolge a l'aqua perigliosa, & guata;
Cosi l'animo mio,ch'ancor fuggiua,
Si uols'a retro a rimirar lo passo;
Che non lasciò giamai persona uiua.
Po c'hei posat'un poco'l corpo lasso;
Ripersi uia per la piaggia diserta,
Si che'l piè fermo sempr'era'l piu basso.

LAND. OTTIMA comparatione, che uscito de la selua, non altrimenti la riguardaua, considerando il pericolo doue era incorso,che faccia l'huomo, che hauendo rotto in mare,& finalmente essendo condotto a riua,guarda il mare,& cõsidera in quãto pericolo sia incorso p lo naufragio fatto, & ueramente non è in minor vessatione l'animo, che perduto ogni timone & uela di ragione,è traportato da le onde del mare,cioè da furiose passioni che pcedono da l'appetito,& da la sensualità, le quali lo fanno rõpere ne gli scogli de'uitij:onde con grandissima difficulta si puo condurre a riua: & certo mẽtre che l'animo nostro hauendo perduto la ragione è traportato dal disordinato appetito,o da uana letitia,o da graue dolore,o da troppo timore,o da smisurata cupidità è simile a la naue posta in graue tempesta.Ilche assai apertamente dimostrai ne le nostre disputationi Camaldulensi nell'allegoria della tẽpesta Virgiliana,doue Giunone con l'aiuto di Eolo si sforza di sommergere i Troiani.Ilche dinota che la cupidità dell'ambitione psuade a la ragione inferiore,che rimuoua Enea da Italia, cioè della uita contemplatiua, & pingalo in Carthagine, cioè alla uita attiua. LENA, respiratione, cioè quieto anelito; ilche mentre è nell'huomo,senza difficulta si mantiene ne le forze:Ma o troppo fatica di corpo,o troppa perturbation di mẽte spesso fa affannar tal lena;perche se alcuno dura assai in alcuna essercitatione senza straccarsi diciamo colui hauer lena. ET guata,cioe guatando considera al pericolo passato.CHE ancor fuggiua,cioè ancora era in timore.Perche come chi ha l'animo forte,& inuitto ne le cose horrẽde si dice hauer l'animo presente,cosi per l'opposito diciamo, che l'animo fugge a quelli che temono p horror di quelle, & dimostra qui quello che interuiene,perche posto che'l pericolo che ti facea temere cessi,nondimeno la paura nõ cessi cosi disubito. Ma come interpreteremo, quando dice, che il passo del quale egli è uscito nõ lasciò mai persona uiua, conciosia che ei non ui perissi.Diremo adũque lui usare quel color rethorico, che i Greci chiamano hiperbole,& i Latini;superlatio; doue per dimostrar la grandezza della cosa si trapassa il uero,& intendesi. NON lasciò mai persona uiua. Che posto che alcuni la passino salui, nondimeno sono si pochi che si puo dir nessuno a comparatione del numero infinito, il quale ui perisce. Et certo rari son quelli, che dell'oscurità de l'ignoranza escano in forma che arriuino alla luce della uera cognitione. Alquanti intendono che nessuno è mai si ornato di uirtù, che mentre ch'è in uita non pecchi. Vnde septies in dies peccat iustus: & qualunque si troua in peccato è morto. Adunque Che, cioè, il qual passo, non lasciò giamai persona uiua, cioè, la qual quando che sia, non occidessi, o ueramente. NON lasciò mai persona uiua, perche la uia del peccato uccide chi per quella camina. Onde anima q̃ peccauerit ipsa morietur. Alcuni uogliono che persona uiua sia agente,& dicono,che,cioè, il qual passo alcuna persona uiua non lasciò mai, perche come habbiamo detto, nessuno uiene in uita,che da principio non sia oppresso da ignoranza della quale nasce il peccato. POI CHE HEI. Prudentemente fa mẽtione del corpo, perche nõ ostante che il salire il monte, cioè la cõtemplatiua sia quella oue consiste il nostro sommo bene,& per questo debba l'huomo attẽder a purgar l'animo da' uitij, accioche diuenti capace delle dottrine,perche nell'anima maliuola nõ entra lo spirito della sapiẽtia:nondimeno nõ è da priuare il corpo delle cose necessarie. Precetto ottimo dell'Apostolo dicente.Castiga il corpo,& reducilo in seruitù, perche non si debbe nutrirlo con tante delitie,che l'appetito ricalcitri alla ragione. Ma non commanda che al tutto s'abbandoni,perche non si debbe priuare delle cose necessarie, perche infermo, o troppo estenuato impedisce l'animo,nè lo lascia operare secondo la uirtù. Adunque prudentemente dimostra il Poeta,che il corpo non si debba tenere in troppo agio,ma posarlo quando è lasso,& posarlo poco,cioè quanto richiede la necessità. PER la piaggia diserta.Cioè abbandonata, perche deserto in latino significa abbandonato, & di qui diciamo i deserti luoghi nõ habitati.& certo è uero, che la uia,la qual mena l'huomo alla cognitione è abbãdonata, perche pochi son quelli che si diano alla contemplatiua. Onde disse il Petrarca,Pouera & nuda uai Filosofia. Et quando dice che'l piè fermo sempre era il piu basso,dimostra la forma dell'andare all'erta,perche in tal uiaggio il piè che muoue sale,

Lámina 6: *Dante con l'Espositioni di Landino et Vellutello*, fol. 3v.

CANTO PRIMO. 4

sale, & quel che è fermo rimane piu basso, & allegoricamente mostra, che la cogitation nostra debba procedere per ordine, & non alzar l'un piè, se l'altro nõ è prima fermo, ilche significa che non procediamo auanti nel cõtemplar cose piu alte, se prima non siamo ben confermati nella scienza delle piu basse. Possiamo anco dire che il piè significa l'amore, & l'appetito delle cose, perche come il corpo è portato da' piedi, cosi l'anima dall'appetito. Onde nel capit. XVIII. del Purgatorio disse, Che se amor è di fuori a noi offerto, Et l'anima non uà con altro piede, Se dritta o torta uà non per suo merto. Adunq; il piè piu basso significa l'amor delle cose inferiori, & questo era fermo, perche poteua ancora piu in lui, che'l piè piu alto, idest l'amor delle cose celesti, perche nõ era ancor purgato da' uitij.

VELL. FA comparatione da lui uscito dell'oscurità della selua uolgendosi a mirar quella, a chi hauendo rotto in mare, & nondimeno condotto a riua, si uolge a mirar l'acqua, considerando il gran pericolo, nel qual era incorso. IL passo, cioè, il transito della qual selua dice, CHE non lasciò giamai persona uiua perche mentre che l'huomo è sommerso nel uitio, è, quanto all'anima, morto. Quia mors animi uitium, & stimulus peccati mors, & S. Hieronimo al secondo. Peccatum cum consumatum fuerit generat mortem. POI che posato, Poi che respirato alquanto dalla paura, che di sopra ha detto hauergli compunto il cuore, RIPRESI uia per la piaggia diserta, cioe, abbandonata, perche pochi sono quelli, che a tal contemplatione si diano. SI che'l piè fermo sempre era'l piu basso, A dinotare, quanto alla lettera, la salita del corpo al colle, perche l'un piede di chi sale riman sempre basso, & fermo, & l'altro si moue salendo. Et quanto al senso mistico, quella dell'animo alla contemplation delle diuine cose.

Et ecco quasi al cominciar de l'erta
Vna lonza leggera & presta molto;
Che di pel maculato era coperta.
Et non mi si partia dinanz'al uolto:
Anz'impediua tanto'l mio camino
Ch'i fui per ritornar piu uolte uolto.

LAND. E SENZA fallo profonda dottrina quella del nostro Poeta, il qual nõ senza cagione si propone per guida, & duce Virgilio, perche quello uà imitãdo in ogni parte bẽche si copertamẽte che pochi se n'accorgono. Vuole Virgilio per Enea dimostrar come l'huomo possa arriuare al sommo bene & pone tre esser i principali incommodi, i quali impediscono che non possiamo conseguire il nostro fine. De' quali il primo è la lussuria, intendendo per lussuria ogni lasciuia, & ogni sfrenato piacere della sensualità, ilqual regna in noi, quando l'animo nostro non è ritenuto sotto il freno della temperanza, & questo configurò per Troia, la quale non uoleua lasciare in nessun modo Enea, se Venere posta pe'l diuino amore, nõ l'hauessi spirato a partirsi, come nelle nostre allegorie dimostrai. Il secondo è l'auaritia, la quale esprime, & per Thracia, & per l'Isole Strophade, & per molte altre cose. Il terzo è l'ambitione de gl'honori, il qual uitio massime dimostra per le immortali inimicitie di Giunone contro à Troiani. Adunque l'huomo il qual di sua natura ama la uirtù, & ha in odio il uitio, & desidera il sommo suo bene, & fugge la miseria, sempre procederebbe per diritta uia se tre cose non lo impediscono, cioè piacere, utile, & honore, & per conseguir questi spesso torciamo dalla diritta strada. Questo medesimo adũq; significa al presente Dãte per tre fiere: Leonza è il piacere: Lupa è l'utile: Leone è l'honore. Egli era già uscito della selua, & ueduta la sommità del colle illuminata dal Sole, s'apparecchiaua mõtando l'erta arriuare a quella, ilche di sopra allegoricamente habbiamo esposto. Et cosi interuiene, che arriuato l'huomo a gl'anni della discretione eccitandosi in lui la ragione si prepara a uoler conseguir il sommo bene. Ma questa buona uoglia è impedita da' sopradetti uitij, & prima dalla uoluttà: perche ne gl'anni puerili, & giouanili, sono ardentissime le uoluttà dell'huomo, & difficilmente nel feruor del sangue ui si pon freno. Onde infinita è la turba de gl'incontinenti, perche rari sono in quell'età che allettati dalle lusinghe della uita lasciua, non lassino il salir del monte. Questo ci significa il Poeta per la Leonza, la qual fu la prima fiera, che tentasse impedirli la montata. Molti dubitano che animale sia Leonza, & certo tre specie di fiere trouiamo hauer la pelle distinta de uarie macule; Lupo ceruiero da' Greci detto Lince, Pardo, & Panthera. Vogliono dunq; alcuni che per Leonza s'intenda il ceruiero, & perche Virgilio induce, che Venere domandando nella caccia delle sorelle dimostra quelle essere uestite di pelle di tal animale, & perche questa fiera è molto obliuiosa. Nè è uitio ch'in maggiore obliuione c'induca delle cose eccellenti, corporea uoluttà; se Leonza, & Pardo sara la medesima significatione, perche questo animale è della medesima pelle, & molto acceso nella libidine. Perche non solamente con la sua specie: ma ancora come pone Plinio, si mescola con il Leone; oltra di ciò, non uuole esser ueduto quãdo si pasce: & nel pascere si succia il sangue, ilche è proprio della libidine, perche piu ch'altra cosa ci uacua il sangue. Onde Virgilio. Carpit enim uires paulatim, uritq; uidendo fęmina. Et iuuenale. Accipiat sane mercedem sanguinis, & sic paleat, ut nudis pressit, qui calcibus anguem. Questo credo mouesse Homero a indurre Parride, huomo libidinoso uestito di pelle di Pardo. Vaglia ancora in questo l'auttorità di Giouan Boccaccio, il qual scriue, che i Fiorentini fanciulli uedendo il Pardo gridauano, uedi la Leonza. Possiamo ancora molto conuenientemente intendere della Panthera, laqual molti non fanno differente dal Pardo, se non nell'hauer piu bianco colore. Alquanti uogliono la Panthera esser la femina tra' Pardi. Plinio afferma esser tanto bella, & di tanta gratia la sua pelle, che ogni fiera la desidera, ma temono della fierezza che dimostra nella testa. Onde la Panthera occultãdo il capo, & mostrando il dosso alletta con la bellezza della pelle uarie fiere, & dopo con subito empito le prende, & diuora. Ilche molto simile a questo uitio, nel quale la bellezza ci lusinga, & tira: poi ci diuora, perche ui si consuma il tempo, la pecunia, la fama, il corpo, & l'anima. Questa medesima fiera pone pe'l medesimo uitio della lussuria nel 16. cap. Io haueuo una corda intorno cinta, Et con essa pensai alcuna uolta, Prender la Lonza alla pelle dipinta. Et ottimamente disse. ET ecco quasi, perciochè questa dittione, Ecco, la quale i Latini dicono ecce, non è mai posta da' Poeti, se non quando dimostrano interuenir cosa improuisa, & non aspettata, & cosi la uoluttà è tanto amica all'appetito sensitiuo, che prima occupa l'huomo, che se n'accorga. Era la Leonza leggiera, & presta, perche gran mobilità è nella uita uoluttuosa, onde gl'antichi Poeti dipingono l'amore alato, perche Propertio, Idem non frustra uentosas addidit alas, Fecit & humano corde uolare Deum. Scilicet alterna quoniã iactamur in unda; Nostraq; non ullis permanet aura locis, & si puo in un momento esser preso dall'amore. Et certo è difficile non solamente a dire, ma ancor a pẽsare quanta sia la leggierezza, & instabilità dell'amãte. Per la pelle maculata cioè distinta di uari colori dimostra, che l'amor lasciuo cõsiste nella pelle, cioè nella superficie del corpo. Nè altro si cerca, che la bellezza estrinseca, & la uarietà de' colori suoi, & odori, per contẽtare il uiso, l'audito, & l'olfato; ma piu delle cose che dilettano, e il gusto, & il tatto; i quali due sensi sono piu corporei, & cercano piu infame uoluttà. ET non mi si partia dinanzi al uolto: perche sempre stà fisso nella mẽte la forma della cosa amata. Questo dimostra Virg. in Didone, la qual dice che uedea & udiua Enea, benche absente. Questa molto impedisce il camino, perche nessuna cosa è, che tanto ci ritragga dalla speculatione, quãto il lasciuo amore: in forma che gl'alti ingegni ancora, & i marauigliosi huomini spesso torce dal uero camino. Et chi fu alla cognitiõe della diuinità piu eleuato, che Dauid Re, & Salamone suo figliuolo? & nõdimeno l'uno & l'altro fu tãto molestato dall'amore, che Dauid Re benche hauesse tãte mogli, & tante cõcubine: nondimeno preso dalle bellezze di Barsabe, nõ dubitò mandare Vria suo marito in tal modo in battaglia, che fusse occiso. Adunq; un tanto Re, e tanto Profeta, del quale disse Iddio, Inueni hominem secũdum cor meum: per godersi una feminella, sostenne di far uccidere il gouernatore, & duce del suo esercito, nõ senza sommo dãno publico, & se maculò di tre grauissimi delitti, homicidio, tradimẽto, & adulterio. Potrei raccõtare molti Filosofi, ma basti il Principe de peripatetici Aristotole, il quale uinto dall'amore, fece ad Hermia sua concubina, quei medesimi sacrificij, ch'il popolo

A 4 Atheniese

Lámina 7: *Dante con l'Espositioni di Landino et Vellutello*, fol. 4r.

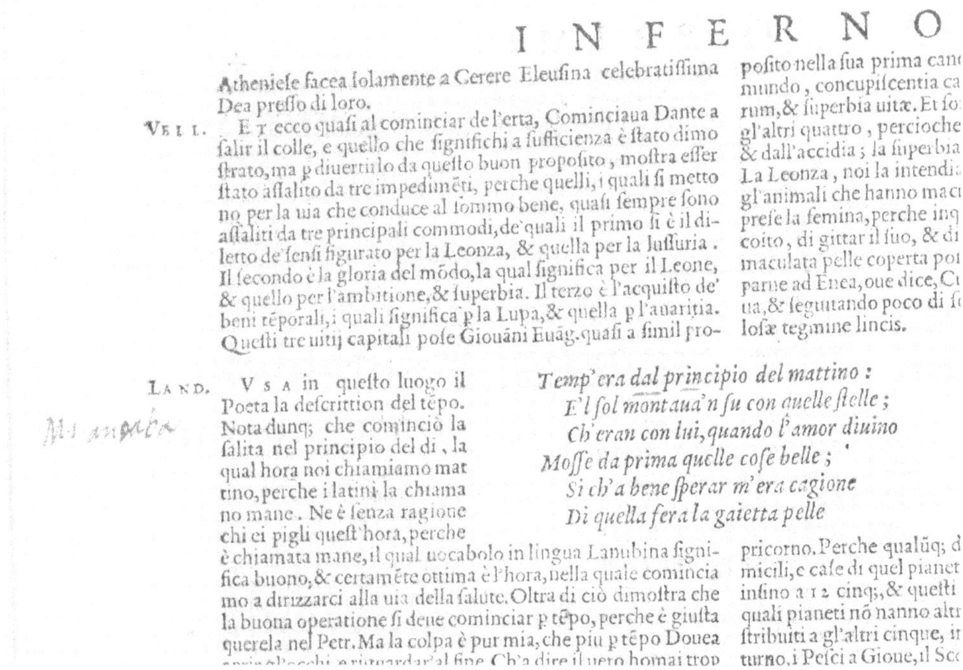

INFERNO

Atheniese facea folamente a Cerere Eleufina celebratiffima Dea preffo di loro.

VELL. Et ecco quafi al cominciar de l'erta, Cominciaua Dante a falir il colle, e quello che fignifichi a fufficienza è ftato dimoftrato, ma p diuertirlo da quefto buon propofito, moftra effer ftato affalito da tre impedimẽti, perche quelli, i quali fi metto no per la uia che conduce al fommo bene, quafi fempre fono affaliti da tre principali commodi, de'quali il primo fi è il diletto de'fenfi figurato per la Leonza, & quella per la luffuria. Il fecondo è la gloria del mõdo, la qual fignifica per il Leone, & quello per l'ambitione, & fuperbia. Il terzo è l'acquifto de' beni tẽporali, i quali fignifica p la Lupa, & quella p l'auaritia. Quefti tre uitij capitali pofe Giouãni Euãg. quafi a fimil pro-

pofito nella fua prima can[…] mundo, concupifcentia ca[…] rum, & fuperbia uitæ. Et fo[…] gl'altri quattro, percioche & dall'accidia; la fuperbia La Leonza, noi la intendi[…] gl'animali che hanno mac[…] prefe la femina, perche inq[…] coito, di gittar il fuo, & di[…] maculata pelle coperta poi parue ad Enea, oue dice, C[…] ua, & feguitando poco di f[…] lofæ tegmine lincis.

LAND. Vsa in quefto luogo il Poeta la defcrittion del tẽpo. Nota dunq; che cominciò la falita nel principio del dì, la qual hora noi chiamiamo mattino, perche i latini la chiamano mane. Ne è fenza ragione chi ei pigli queft'hora, perche è chiamata mane, il qual uocabolo in lingua Lanubina fignifica buono, & certamẽte ottima è l'hora, nella quale comincia mo a drizzarci alla uia della falute. Oltra di ciò dimoftra che la buona operatione fi deue cominciar p tẽpo, perche è giufta querela nel Petr. Ma la colpa è pur mia, che piu p tẽpo Douea […]

Temp'era dal principio del mattino:
E'l fol montaua'n fu con quelle ftelle;
Ch'eran con lui, quando l'amor diuino
Moffe da prima quelle cofe belle;
Si ch'a bene fperar m'era cagione
Di quella fera la gaietta pelle

pricorno. Perche qualũq; d[…] micili, e cafe di quel pianet[…] infino a 12 cinq;, & quefti quali pianeti nõ hanno altr[…] ftribuiti a gl'altri cinque, i[…] turno, i Pefci a Gioue, il Sc[…]

Lámina 8: *Dante con l'Espositioni di Landino et Vellutello*, fol. 4v.

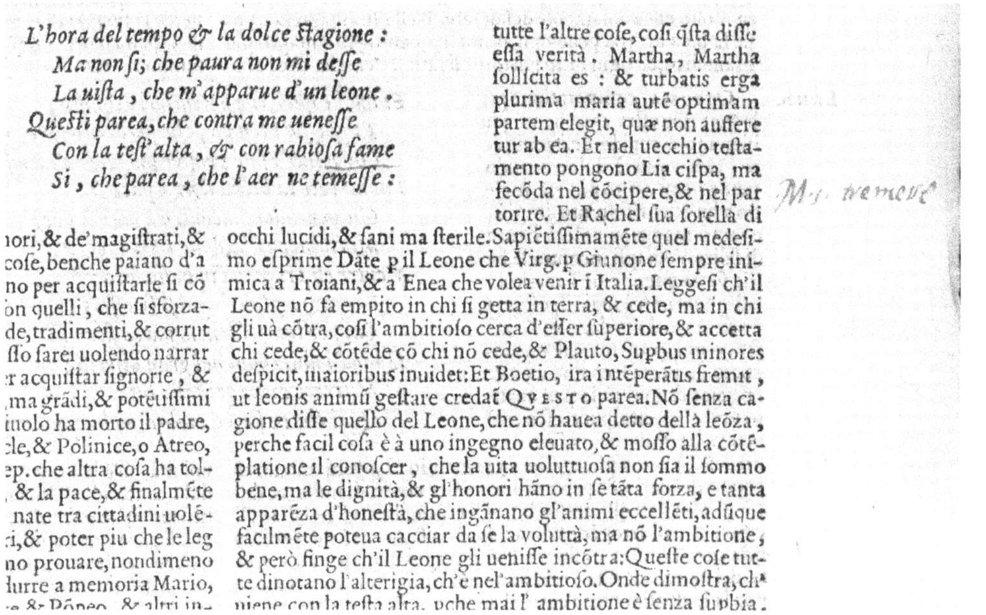

L'hora del tempo & la dolce ftagione:
Ma non fi; che paura non mi deffe
La uifta, che m'apparue d'un leone.
Quefti parea, che contra me ueneffe
Con la teft'alta, & con rabiofa fame
Si, che parea, che l'aer ne temeffe:

tutte l'altre cofe, cofi qſta diffe effa verità. Martha, Martha follicita es: & turbatis erga plurima maria autẽ optimam partem elegit, quæ non auffere tur ab ea. Et nel uecchio teftamento pongono Lia cifpa, ma fecõda nel cõcipere, & nel par torire. Et Rachel fua forella di occhi lucidi, & fani ma fterile. Sapiẽtiffimamẽte quel medefimo efprime Dãte p il Leone che Virg. p Giunone fempre inimica a Troiani, & a Enea che volea venir ĩ Italia. Leggefi ch'il Leone nõ fa empito in chi fi getta in terra, & cede, ma in chi gli uà cõtra, cofi l'ambitiofo cerca d'effer fuperiore, & accetta chi cede, & cõtẽde cõ chi nõ cede, & Plauto, Supbus minores defpicit, maioribus inuidet: Et Boetio, ira intẽperãtis fremit, ut leonis animũ geftare credaf. QVESTO parea. Nõ fenza cagione diffe quello del Leone, che nõ hauea detto della leõza, perche facil cofa è à uno ingegno eleuato, & moffo alla cõtẽplatione il conofcer, che la uita uoluttuofa non fia il fommo bene, ma le dignità, & gl'honori hãno in fe tãta forza, e tanta apparẽza d'honeftà, che ingãnano gl'animi eccellẽti, adũque facilmẽte poteua cacciar da fe la uoluttà, ma nõ l'ambitione, & però finge ch'il Leone gli ueniffe incõtra: Quefte cofe tutte dinotano l'alterigia, ch'è nel'ambitiofo. Onde dimoftra, ch[…] uiene con la tefta alta, pche mai l' ambitione è fenza fupbia.

[…]ori, & de'magiftrati, & […]cofe, benche paiano d'a[…] no per acquiftarle fi cõ […]on quelli, che fi sforza[…] de, tradimenti, & corrut[…] ffo farei uolendo narrar […]r acquiftar fignorie, & […]ma grãdi, & potẽtiffimi […]tuolo ha morto il padre, […]le, & Polinice, o Atreo, […]p. che altra cofa ha tol[…] & la pace, & finalmẽte […]nate tra cittadini uolẽ[…] […]i, & poter piu che le leg[…] no prouare, nondimeno […]lurre a memoria Mario, […]

Lámina 9: *Dante con l'Espositioni di Landino et Vellutello*, fol. 5r.

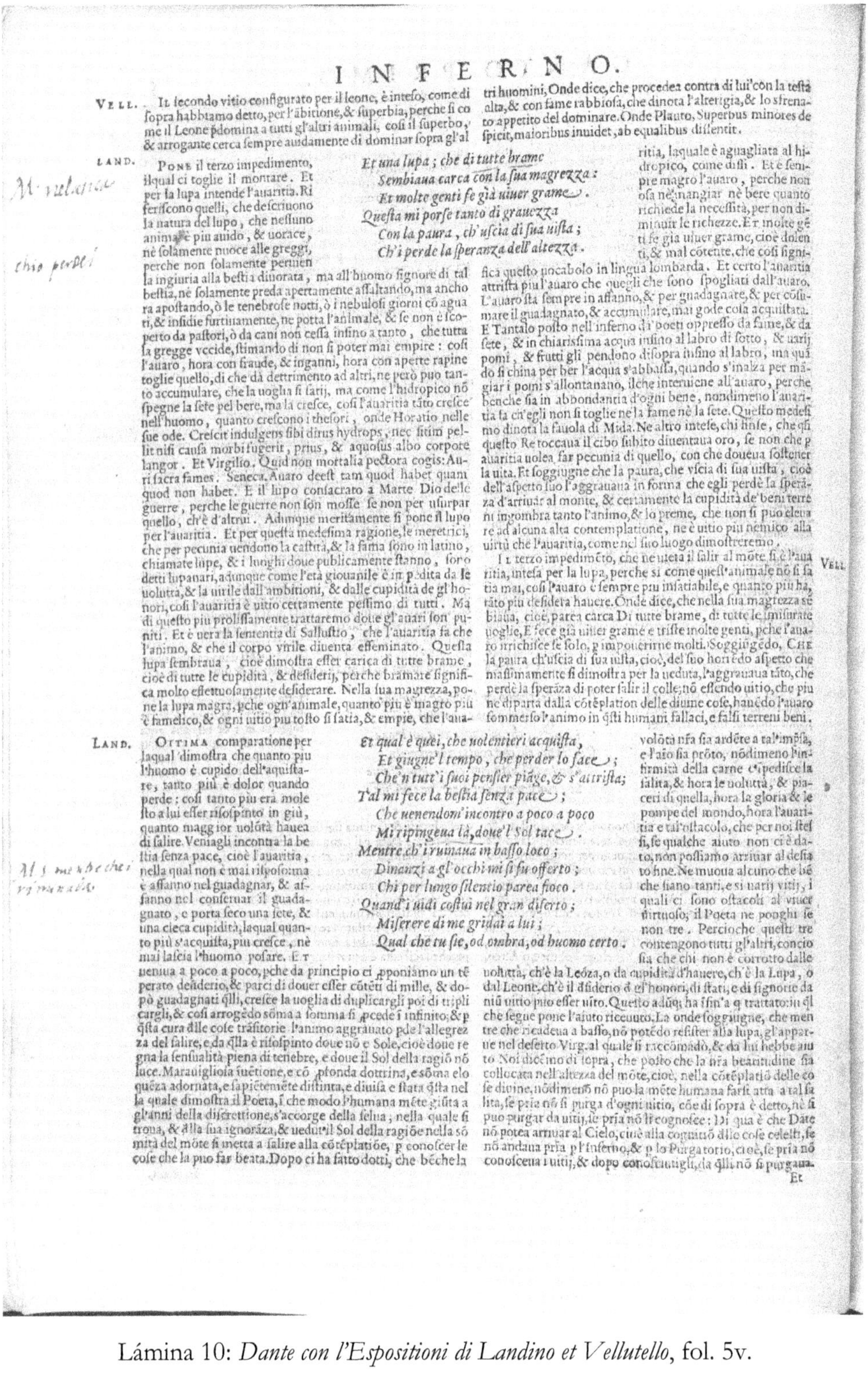

INFERNO.

VELL. IL ſecondo vitio configurato per il leone, è inteſo, come di ſopra habbiamo detto, per l'ābitione, & ſuperbia, perche ſi come il Leone ꝑdomina a tutti gl'altri animali, coſi il ſuperbo, & arrogante cerca ſempre audamente di dominar ſopra gl'altri huomini, Onde dice, che procedea contra di lui con la teſtà alta, & con fame rabbioſa, che dinota l'altergia, & lo sfrenato appetito del dominare. Onde Plauto, Superbus minores deſpicit, maioribus inuidet, ab equalibus diſſentit.

Et una lupa; che di tutte brame
Sembiaua carca con la ſua magrezza:
Et molte genti fe già uiuer grame.
Queſta mi porſe tanto di grauezza
Con la paura, ch'uſcia di ſua uiſta;
Ch'i perde la ſperanza dell'altezza.

LAND. PONE il terzo impedimento, ilqual ci toglie il montare. Et per la lupa intende l'auaritia. Riferiſcono quelli, che deſcriuono la natura del lupo, che neſſuno animale è piu auido, & uorace, nè ſolamente nuoce alle greggi, perche non ſolamente peruien la ingiuria alla beſtia diuorata, ma all'huomo ſignore di tal beſtia, nè ſolamente preda apertamente aſſaltando, ma ancho ra apoſtando, ò le tenebroſe notti, ò i nebuloſi giorni cō aguati, & inſidie furtiuamente, ne porta l'animale, & ſe non è ſcoperto da paſtori, ò da cani non ceſſa inſino a tanto, che tutta la gregge vccide, ſtimando di non ſi poter mai empire: coſi l'auaro, hora con fraude, & inganni, hora con aperte rapine toglie quello, di che dà dettrimento ad altri, ne però puo tanto accumulare, che la uoglia ſi ſatij, ma come l'hidropico nō ſpegne la ſete pel bere, ma la creſce, coſi l'auaritia tāto creſce nell'huomo, quanto creſcono i theſori, onde Horatio nelle ſue ode. Creſcit indulgens ſibi dirus hydrops, nec ſitim pellit niſi cauſa morbi fugerit, prius, & aquoſus albo corpore langor. Et Virgilio. Quid non mortalia pectora cogis: Auri ſacra fames. Seneca. Auaro deeſt tam quod habet quam quod non habet. E il lupo conſacrato a Marte Dio delle guerre, perche le guerre non ſon moſſe ſe non per uſurpar quello, ch'è d'altrui. Adunque meritamente ſi pone il lupo per l'auaritia. Et per queſta medeſima ragione, le meretrici, che per pecunia uendono la caſtità, & la fama ſono in latino, chiamate lupe, & i luoghi doue publicamente ſtanno, ſoro detti lupanari, adunque come l'età giouanile è impedita da le uoluttà, & la uirile dall'ambitioni, & dalle cupidità de gl'honori, coſi l'auaritia è uitio certamente peſſimo di tutti. Ma di queſto piu proliſſamente trattaremo doue gl'auari ſon puniti. Et è uera la ſententia di Salluſtio, che l'auaritia fa che l'animo, & che il corpo virile diuenta effeminato. Queſta lupa ſembraua, cioè dimoſtra eſſer carica di tutte brame, cioè di tutte le cupidità, & deſiderij, perche bramare ſignifica molto effettuoſamente deſiderare. Nella ſua magrezza, pone la lupa magra, ꝑche ogn'animale, quanto piu è magro piu è famelico, & ogni uitio piu toſto ſi ſatia, & empie, che l'auaritia, laquale è aguagliata al hidropico, come diſſi. Et è ſempre magro l'auaro, perche non oſa nè mangiar nè bere quanto richiede la neceſſità, per non diminuir le richezze. ET molte gēti fe già uiuer grame, cioè dolenti, & mal cōtente, che coſi ſignifica queſto uocabolo in lingua lombarda. Et certo l'auaritia attriſta piu l'auaro che quegli che ſono ſpogliati dall'auaro. L'auaro ſta ſempre in affanno, & per guadagnare, & per cōſumare il guadagnato, & accumulare, mai gode coſa acquiſtata. E Tantalo poſto nell'inferno dà poeti oppreſſo da fame, & da ſete, & in chiariſſima acqua inſino al labro di ſotto, & uarij pomi, & frutti gli pendono diſopra inſino al labro, ma quādo ſi china per ber l'acqua s'abbaſſa, quando s'inalza per māgiar i pomi s'allontanano, ilche interuiene all'auaro, perche benche ſia in abbondantia d'ogni bene, nondimeno l'auaritia fa ch'egli non ſi toglie nè la fame nè la ſete. Queſto medeſimo dinota la fauola di Mida. Ne altro inteſe, chi finſe, che qſi queſto Re toccaua il cibo ſubito diuentaua oro, ſe non che ꝑ auaritia uolea far pecunia di quello, con che doueua ſoſtener la uita. Et ſoggiugne che la paura, che vſcia di ſua uiſta, cioè dell'aſpetto ſuo l'aggrauaua in forma che egli perdè la ſperāza d'arriuar al monte, & certamente la cupidità de' beni terreni ingombra tanto l'animo, & lo preme, che non ſi puo eleuare ad alcuna alta contemplatione, ne è uitio piu nemico alla uirtù che l'auaritia, come nel ſuo luogo dimoſtreremo.

VELL. IL terzo impedimēto, che ne uieta il ſalir al mōte ſi è l'auaritia, inteſa per la lupa, perche si come queſt'animale nō ſi ſatia mai, coſi l'auaro è ſempre piu inſatiabile, e quanto piu ha, tāto piu deſidera hauere. Onde dice, che nella ſua magrezza ſembiaua, cioè, parea carca Di tutte brame, di tutte le imiſurate uoglie, E fece già uiuer grame e triſte molte genti, ꝑche l'auaro irrichiſce ſe ſolo, ꝑ impouerirne molti. Soggiūgēdo, CHE la paura ch'uſcia di ſua uiſta, cioè, del ſuo horrēdo aſpetto che maſſimamente ſi dimoſtra per la ueduta, l'aggrauaua tāto, che perdè la ſperāza di poter ſalir il colle; nō eſſendo uitio, che piu ne diparta dalla cōtēplation delle diuine coſe, hauēdo l'auaro ſommerſo l'animo in qſti humani fallaci, e falſi terreni beni.

Et qual è quei, che uolentieri acquiſta,
Et giugne'l tempo, che perder lo face;
Che'n tutt'i ſuoi penſier piāge, & s'attriſta;
T'al mi fece la beſtia ſenza pace;
Che uenendom'incontro a poco a poco
Mi ripingeua là, doue'l Sol tace.
Mentre ch'i ruinaua in baſſo loco;
Dinanzi a gl'occhi mi ſi fu offerto;
Chi per lungo ſilentio parea fioco.
Quand'i uidi coſtui nel gran diſerto;
Miſerere di me gridai a lui;
Qual che tu ſie, od ombra, od huomo certo.

LAND. OTTIMA comparatione per laqual dimoſtra che quanto piu l'huomo è cupido dell'aquiſtare, tanto più è dolor quando perde: coſi tanto più era moleſto a lui eſſer riſoſpinto in giù, quanto maggior uolōtà hauea di ſalire. Veniagli incontra la beſtia ſenza pace, cioè l'auaritia, nella qual non è mai riſpoſo: ma è affanno nel guadagnar, & affanno nel conſeruar il guadagnato, e porta ſeco una ſete, & una cieca cupidità, laqual quanto più s'acquiſta, piu creſce, nè mai laſcia l'huomo poſare. ET uenitua a poco a poco, ꝑche da principio ci ꝓponiamo un tēperato deſiderio, & parci di douer eſſer cōtēti di mille, & dopò guadagnati qlli, creſce la uoglia di duplicargli poi di triplicargli, & coſi arrogēdo sōma a ſomma ſi ꝓcede ī infinito; & ꝑ qſta cura dlle coſe trāſitorie l'animo aggrauato ꝑde l'allegrezza del ſalire, e da qlla è riſoſpinto doue nō è Sole, cioè doue regna la ſenſualità piena di tenebre, e doue il Sol della ragiō nō luce. Marauiglioſa īuētione, e cō ꝓfonda dottrina, e sōma eloquēza adornata, e ſapiētemēte diſtinta, e diuiſa è ſtata qſta nella quale dimoſtra il Poeta, ī che modo l'humana mēte giūta a gl'anni della diſcrettione, s'accorge della ſelua; nella quale ſi troua, & dlla ſua ignorāza, & ueduto il Sol della ragiōe nella sōmità del mōte ſi metta a ſalire alla cōtēplatiōe, ꝑ conoſcer le coſe che la puo far beata. Dopo ci ha fatto dotti, che bēche la volōtà nſa ſia ardēte a tal'impſa, e l'aīo ſia prōto, nōdimeno l'infirmità della carne cīpediſce la ſalita, & hora le uoluttà, & piaceri di quella, hora la gloria & le pompe del mondo, hora l'auaritia è tal'oſtacolo, che per noi ſteſſi, ſe qualche aiuto non ci è dato, non poſſiamo arriuar al deſiato fine. Ne muoua alcuno che bē che ſiano tanti, e si uarij uitij, i quali ci ſono oſtacoli al viuer uirtuoſo, il Poeta ne ponghi ſe non tre. Percioche queſti tre contengono tutti gl'altri, concio ſia che chi non è corrotto dalle uoluttà, ch'è la Leōza, o da cupidità d'hauere, ch'è la Lupa, o dal Leone, ch'è il dſiderio dē gl'honori, di ſtati, e di ſignorie da niū uitio puo eſſer uīto. Queſto adūq; ha īſin'a q trattato: in ql che ſegue pone l'aiuto riceuuto. La onde ſoggiugne, che mentre che ricadeua a baſſo, nō potēdo reſiſter alla lupa, gl'apparue nel deſerto Virg. al quale ſi raccōmādò, & da lui hebbe aiuto. Noi dicēmo di ſopra, che poſto che la nſa beatitudine ſia collocata nell'altezza del mōte, cioè, nella cōtēplatiō delle coſe diuine, nōdimenō nō puo la mēte humana farſi atta a tal ſalita, ſe pria nō ſi purga d'ogni uitio, cōe di ſopra è detto, nè ſi puo purgar da uitij, ſe pria nō li cognoſce: Di qua è che Dāte nō potea arriuar al Cielo, cioè alla cognitiō dlle coſe celeſti, ſe nō andaua pria ꝑ l'Inferno, & ꝑ lo Purgatorio, cioè, ſe pria nō conoſceua i uitij, & dopo conoſciutigli, da qlli nō ſi purgaua.

Et

chio perdei

Lámina 10: *Dante con l'Espositioni di Landino et Vellutello*, fol. 5v.

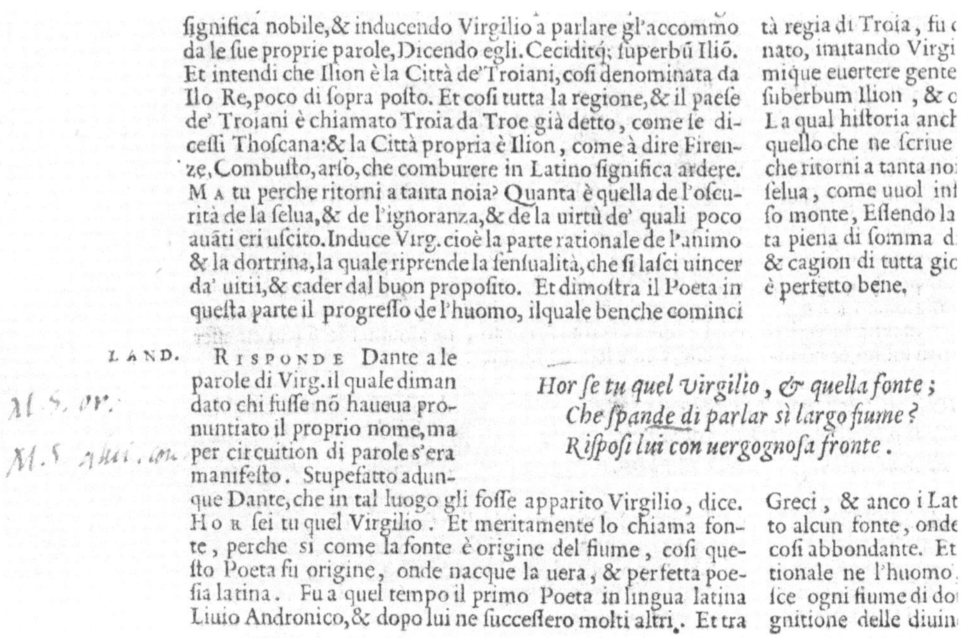

significa nobile,& inducendo Virgilio a parlare gl'accommo da le sue proprie parole, Dicendo egli. Ceciditq; superbũ Iliõ. Et intendi che Ilion è la Città de' Troiani, cosi denominata da Ilo Re, poco di sopra posto. Et cosi tutta la regione, & il paese de' Troiani è chiamato Troia da Troe già detto, come se dicessi Thoscana:& la Città propria è Ilion, come à dire Firenze, Combusto, arso, che comburere in Latino significa ardere. MA tu perche ritorni a tanta noia? Quanta è quella de l'oscurità de la selua,& de l'ignoranza,& de la uirtù de' quali poco auãti eri uscito. Induce Virg. cioè la parte rationale de l'animo & la dortrina, la quale riprende la sensualità, che si lasci uincer da' uitii,& cader dal buon proposito. Et dimostra il Poeta in questa parte il progresso de l'huomo, ilquale benche cominci

tà regia di Troia, fu
nato, imitando Virgi
mique euertere gente
superbum Ilion, & c
La qual historia anch
quello che ne scriue
che ritorni a tanta no
selua, come uuol in
so monte, Essendo la
ta piena di somma d
& cagion di tutta gic
è perfetto bene.

LAND. RISPONDE Dante a le parole di Virg. il quale diman dato chi fusse nõ haueua pronuntiato il proprio nome, ma per circuition di parole s'era manifesto. Stupefatto adunque Dante, che in tal luogo gli fosse apparito Virgilio, dice. HOR sei tu quel Virgilio. Et meritamente lo chiama fonte, perche si come la fonte è origine del fiume, cosi questo Poeta fu origine, onde nacque la uera, & perfetta poesia latina. Fu a quel tempo il primo Poeta in lingua latina Liuio Andronico,& dopo lui ne successero molti altri. Et tra

Hor se tu quel Virgilio, & quella fonte;
Che spande di parlar si largo fiume?
Rispose lui con uergognosa fronte.

Greci, & anco i Lat
to alcun fonte, onde
cosi abbondante. Et
tionale ne l'huomo
sce ogni fiume di do
gnitione delle diuin

Lámina 11: *Dante con l'Espositioni di Landino et Vellutello*, fol. 6v.

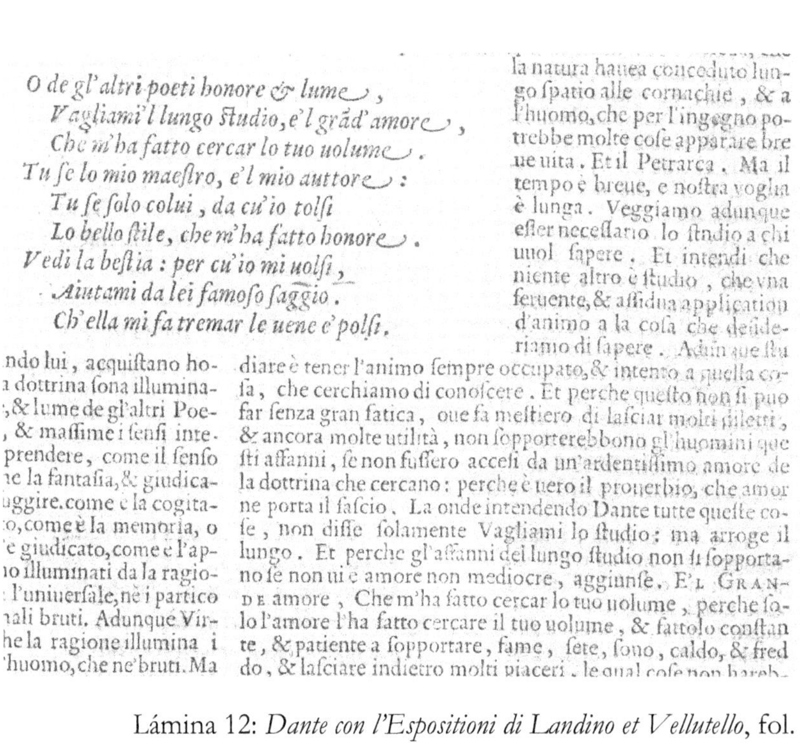

O de gl'altri poeti honore & lume,
Vagliami'l lungo studio, e'l grãd' amore,
Che m'ha fatto cercar lo tuo uolume.
Tu se lo mio maestro, e'l mio auttore:
Tu se solo colui, da cu'io tolsi
Lo bello stile, che m'ha fatto honore.
Vedi la bestia: per cu'io mi uolsi,
Aiutami da lei famoso saggio.
Ch'ella mi fa tremar le uene e' polsi.

la natura hauea conceduto lungo spatio alle cornachie, & a l'huomo, che per l'ingegno potrebbe molte cose apparare breue uita. Et il Petrarca. Ma il tempo è breue, e nostra uoglia è lunga. Veggiamo adunque esser necessario lo studio a chi uuol sapere. Et intendi che niente altro è studio, che vna feruente,& assidua applicatión d'animo a la cosa che desideriamo di sapere. Adunque studiare è tener l'animo sempre occupato,& intento a quella cosa, che cerchiamo di conoscere. Et perche questo non si puo far senza gran fatica, oue fa mestiero di lasciar molti diletti, & ancora molte utilità, non sopporterebbono gl'huomini questi affanni, se non fussero accesi da un'ardentissimo amore de la dottrina che cercano: perche è uero il prouerbio, che amor ne porta il fascio. La onde intendendo Dante tutte queste cose, non disse solamente Vagliami lo studio: ma arroge il lungo. Et perche gl'affanni del lungo studio non si sopportano se non ui è amore non mediocre, aggiunse. E'L GRANDE amore, Che m'ha fatto cercar lo tuo uolume, perche solo l'amore l'ha fatto cercare il tuo uolume, & fattolo constante,& patiente a sopportare, fame, sete, sono, caldo,& fred do, & lasciare indietro molti piaceri. le qual cose non hareb-

ndo lui, acquistano ho-
a dottrina sona illumina-
,& lume de gl'altri Poe-
, & massime i sensi inte-
prendere, come il senso
ne la fantasia,& giudica-
uggire. come è la cogita-
o, come è la memoria, o
'e giudicato, come è l'ap-
io illuminati da la ragio-
l'uniuersale, nè i partico
nali bruti. Adunque Vir-
he la ragione illumina i
'huomo, che ne' bruti. Ma

Lámina 12: *Dante con l'Espositioni di Landino et Vellutello*, fol. 7r.

2. QUEVEDO LECTOR DE DANTE

molto grande;& oltre modo liberale & gratioso in fatti, & in detti;Grandissimo osseruator della fede;Amator della giustitia & delle cose honeste:Et passando Lodouico di Bauiera Imperator de' Germani per andar a Roma ad i coronarsi, fra tutti gli altri Principi d'Italia che gli andarono a far riuerenza, egli di gran lunga essersi reso il piu magnanimo & signorile; Perche

si' elessero di tornarsene
que s'ammiri che esso P
nando, che quando uiuut
della sua futura grandezz
dice seguitando in perso

LAND. *M.S. per lo tuo me gli penso*

Ottima cōclusiōe della proposta. Percioche se necessario era a Dante uscir della selua, & se la uia, per laquale s'era già messo gli era prohibita dalla fiera, & per se medesimo non sapea altro camino, bisognaua c'hauesse duce, & guida, che lo conducesse a saluamento. Questo gli promette Virgilio, & nō senza ottima allegoria procede il Poeta: la quale accioche meglio s'intenda dobbiamo ricordarci, che nell'huomo è ragione, ouer mente, & appetito. Et quella, come regina, la quale debba tenere il dominio di tutta la uita, & reggere, & imperare; & questo come seruo è tenuto a ubidire a precetti della ragione. L'appetito è di due spetie: percioche uno è posto nella ragion, & a quella sempre ubidisce, & è chiamato uolon

Ond'io per lo tuo me' penso & discerno,
Che tu mi segui; & io farò tua guida;
Et trarrotti di quì per luogo eterno;
Ou'udirai le disperate strida,
Vederai gli antichi spiriti dolenti,
Ch'a la seconda morte ciascun grida:
Et uederai color, che son contenti
Nel foco, perche speran di uenire,
Quando che sia, a le beate genti:
A le qua poi se tu uorrai salire;
Anima fia a ciò di me piu degna:
Con lei ti lascierò nel mio partire:
Che quello Imperador, che la sù regna;
Per ch'i' fu ribellante a la sua legge,
Non uuol, che'n sua Città per me si uegna.
In tutte parti Impera, & quiui regge:
Quiui è la sua Città, & l'alto seggio.
O felice colui, cu'iui è legge.

Lámina 13: *Dante con l'Espositioni di Landino et Vellutello*, fol. 8v.

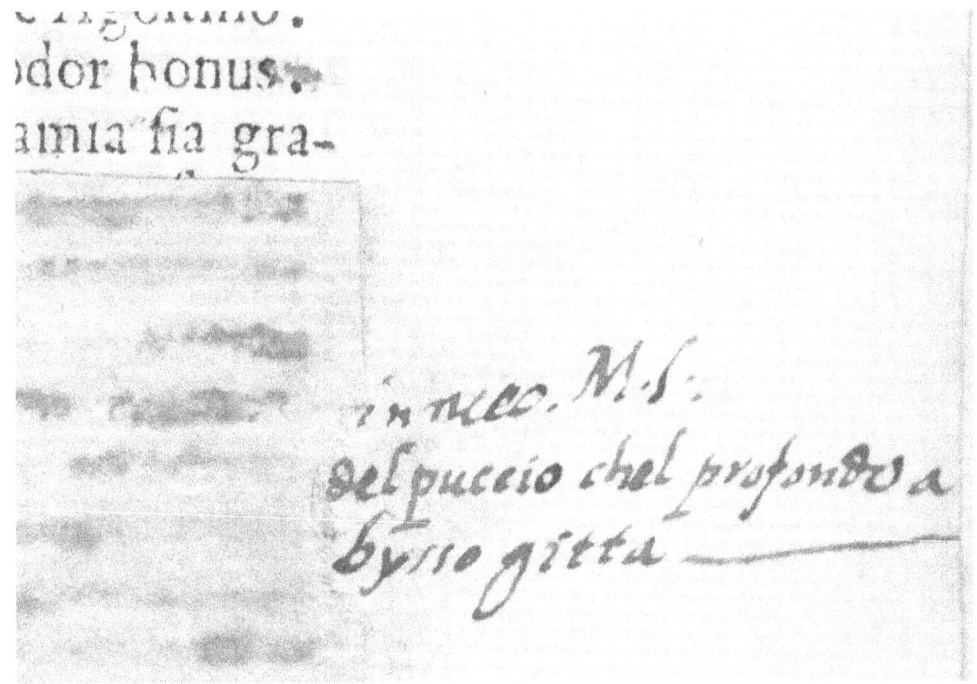

Lámina 14: *Dante con l'Espositioni di Landino et Vellutello*, fol. 65r, ampliación (cf. Lámina 16, p. 40 *infra*).

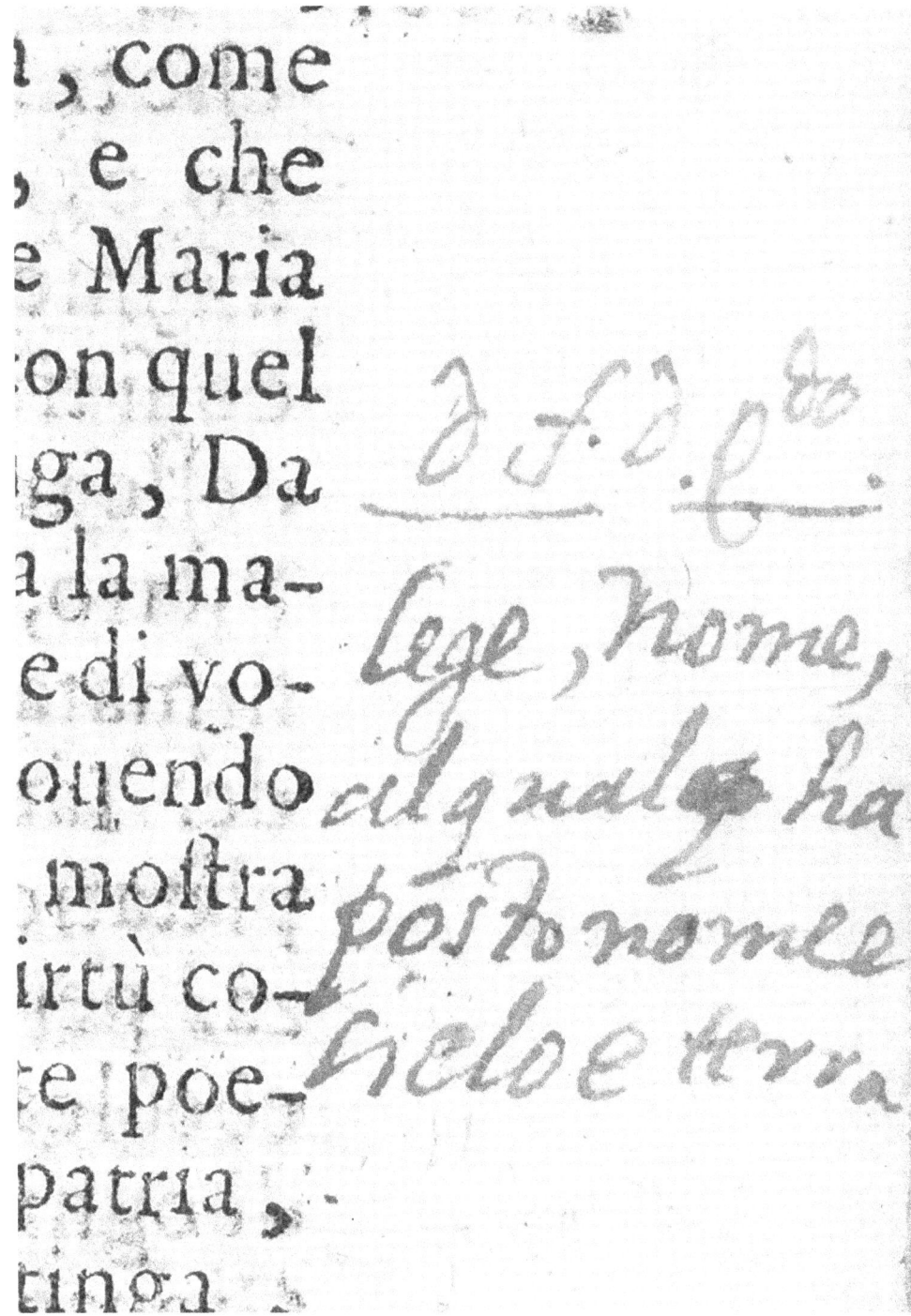

Lámina 15: *Dante con l'Espositioni di Landino et Vellutello*, fol. 364r, ampliación de la firma final de Francisco de Quevedo (cf. Lámina 3, p. 6 *supra*).

2. QUEVEDO LECTOR DE DANTE

(PORTADA: Lámina 1)[14]

1. Corregido ienmendado en muchos lugares ala margen .con otros origi | nales. Por don francisco de quevedo villegas. cauallero del abito de santiago [*rúbrica de Quevedo*] | [*debajo del pie de imprenta, segunda rúbrica de Quevedo*]

(FOLIO 1r: Láminas 2, 4)

2. Nel mezzo del camin | di nostra uita (*Inf.* I, 1)
   M.s. Meggio con | dos .gg.___

3. Et quanto a dir qual'era, è co | sa dura (*Inf.* I, 4)
   .M.s. hai. q. a. | quellera .cosa dura

4. Esta selua seluaggia, & a- | spra, & forte (*Inf.* I, 5)
   .M.s. questa, s. s. | no ai et..

5. Che nel pensier rinoua la paura (*Inf.* I, 6)
   .M.s. penser

6. Tant'è amara, che poco è piu morte (*Inf.* I, 7)
   Poca

7. Ma per trattar del ben ch'i ui trouai (*Inf.* I, 8)
   del bon.

8. Dirò de l'altre cose, ch'io v'ho scorte (*Inf.* I, 9)
   no ai, v, ho [*tachadura*] scor | te

(FOLIO 2v: Lámina 5)

9. Ma po ch'i fui a piè d'vn colle giunto (*Inf.* I, 13)
   M.s. foi

10. Che m'hauea di paura il cuor compunto (*Inf.* I, 15)
    .M.s. che manca | de

(FOLIO 3v: Lámina 6)

11. Uscito for del pelago la riua (*Inf.* I, 23) ¹
    M.s. del pelago | ala riua, 1

12. Si uolge a l'aqua perigliosa, & guata (*Inf.* I, 24) ²
    M.s. Pigolosa no. pe | rigliosa, 2

---

[14] Como se verá en la Lámina 1 (frontispicio, p. vi *supra*), la portada en su esquina superior izquierda tiene una inscripción en la que se lee 'Caj. 155-', y al pie, junto a la segunda rúbrica de Quevedo, 'no/ 5.8n', y al lado 'nº. 9-'. Se deben, probablemente, a la catalogación del convento de San Martín y fueron hechas una vez que esta obra pasó a formar parte de sus fondos.

13. Po c'hei posat'un poco' l corpo lasso (*Inf.* I, 28)
    3 .Ms. Poi c' [*tachadura*] | hebi riposato il corpo | . l .

14. Ripersi uia per la piaggia diserta (*Inf.* I, 29)
    4 M.s. riprisi, no | ripresi, Ma, no | via

(FOLIO 4r: Lámina 7)

15. Una lonza leggera & presta molto (*Inf.* I, 32)
    .M s. lioncia. 1.

(FOLIO 4v: Lámina 8)

16. E'l sol montaua'n su con quelle stelle (*Inf.* I, 38)
    .M.s. andaba

(FOLIO 5r: Lámina 9)

17. Si, che parea, che l'aer ne temesse: (*Inf.* I, 48)
    .M.s. tremesse

(FOLIO 5v: Lámina 10)

18. Sembiaua carca con la sua magrezza (*Inf.* I, 50)
    M. nelasua

19. Ch'i perde la speranza dell'altezza (*Inf.* I, 54)
    chio perdei

20. Mentre ch'i ruinaua in basso loco (*Inf.* I, 61)
    M.s. mentre che i | riminaba

(FOLIO 6v: Lámina 11)

21. Hor se tu quel Uirgilio, & quella fonte (*Inf.* I, 79)
    M.s. or :

22. Risposi lui con uergognosa fronte (*Inf.* I, 81)
    M.s. alui . con

(FOLIO 7r: Lámina 12)

23. Aiutami da lei famoso saggio. (*Inf.* I, 89)
    e saggio

(FOLIO 8v: Lámina 13)

24. Ond'io per lo tuo me' penso & discerno (*Inf.* I, 112)
    M.s. perlo tuo me | glio penso.

(FOLIO 65r: Láminas 14, 16)

25. *(* Del grande puzzo, che l'abisso gitta,*)* (*Inf.* XI, 5)
    in meo . M.s: | del puccio chel profondo a | bysso gitta____[15]

---

[15] En el fol. 66r aparece, justo a la misma altura que la raya de Quevedo, un punto de tinta. Tal vez Quevedo continuó el trazado en el siguiente folio sin darse cuenta, o quiso poner un punto.

2. QUEVEDO LECTOR DE DANTE

(FOLIO 364r: Láminas 3, 15)

26. Alqual ha posto $\overline{\text{mano}}$[16] & cielo & terra *(Parad.* XXV, 2)
    d f. d. q$\overset{\text{do}}{\ldots}$. | lege, nome, | alqual [*tachadura*] ha | posto nomee | cielo e terra

Veamos, a continuación, la información que estas notas nos proporcionan acerca del Quevedo filólogo y lector de Dante.

El Humanismo, como movimiento cultural, nace del interés filológico centrado en la recuperación del mundo clásico. El arte, la filosofía, los conocimientos científicos propios del Renacimiento son consecuencia directa de esta labor previa. El humanista es ante todo un filólogo[17]. Como ya he apuntado, por su formación, por sus intereses y por su trayectoria intelectual, la figura de Francisco de Quevedo no puede entenderse sin tener en cuenta este legado[18].

La preocupación filológica de Quevedo se ve reflejada ya en sus años juveniles. En la segunda de sus cartas a Lipsio (1604) incluye todo un pasaje donde le plantea al maestro belga sus dudas sobre la lectura de unos versos de Lucano (*Ep.* 7). Quevedo se presenta ante el mundo intelectual europeo como un humanista[19]. Los trabajos más ambiciosos de este primer período son traducciones y comentarios, como su *Anacreón castellano* o sus *Lágrimas de Hieremías*. Quevedo anota, traduce, parafrasea, comenta, coteja, enmienda. Pero la tarea filológica recorre toda su obra[20]. Hasta algunos escritos satírico-burlescos suyos, como por ejemplo *La Perinola,* nos hablan de su maestría en el arte de la apostilla, de la glosa.

Más aún, la filología forma parte de sus hábitos de lectura: sus libros están anotados, corregidos y comentados. También el Quevedo privado es un Quevedo filólogo. En esto se muestra, una vez más, como un heredero de los intelectuales del pasado. En la biblioteca de un humanista son escasos los ejemplares que no

---

[16] 'mano' es la única palabra en todo el libro que se marca con una línea superior y otra inferior. La tinta parece diferente a la de las otras anotaciones.

[17] Ver Garin 1990, 21–33 & 1993, 99–100; Reynolds & Wilson 1986, 161.

[18] 'Tengo por evidente que las raíces de la obra de Quevedo, por muy barroca que nos parezca, se hallan en el impulso histórico que llamamos Renacimiento' (Guillén 1988, 235). Ver también Gregores 1953–54; López Poza 1995 & 1997; Martín Pérez 1980, 16 & 91.

[19] Quevedo era tenido por muchos de sus contemporáneos como una auténtica autoridad en el campo filológico: Pellicer, en sus *Lecciones solemnes* (1630, sign. †3r), le incluye entre los 'Filólogos latinos y castellanos'. Tamayo de Vargas, en su comentario a Garcilaso, acepta una enmienda a un verso de la *Égloga II* sólo por habérsela sugerido él: 'Basta su parecer para que se siga' (Gallego Morell 1972, 633). Tales demostraciones de estima hacia Quevedo abundan en el *Epistolario* (LXXV, LXXXVI, CIV, CXXII, CLXXIX, CCXXVII).

[20] Recordemos sus numerosas traducciones (pseudo-Focílides, Epicteto, Séneca, pseudo-Séneca, Sales, Malvezzi), o sus ediciones de la poesía de fray Luis de León y de Francisco de la Torre (y su 'edición fallida' de la poesía de Aldana: 'Si alcanzo sosiego algún día bastante, pienso enmendar y corregir sus obras'; en *Obras en verso,* 753). Además Tarsia, *Vida de Quevedo* (1988, 44) menciona entre las obras perdidas de Quevedo 'diferentes papeles muy curiosos de otros autores, observados, y margenados por D. Francisco'. Estos 'papeles' muy probablemente sean los mismos mencionados por Tamayo de Vargas en su *Historia general de España,* XXXVIII–XXXIX: 'observaciones raras en todo género de autores sacros y profanos', de las que dice que 'presto recogidas a persuasión mía dará a la estampa'. Quevedo 1876, II, 501–507 reúne un 'Rebusco de apuntamientos autógrafos' que identifica con estos comentarios perdidos (también en Quevedo 1932, I, 1565–83).

llevan notas de su dueño[21]. Para ellos la lectura es siempre un acto consciente de hermenéutica: un libro no les pertenece hasta que no lo han interpretado y mejorado. El ejemplar de la *Commedia* de Quevedo es un buen ejemplo de estos hábitos filológicos.

Quevedo anuncia en la portada que el ejemplar de la *Commedia* está 'corregido ienmendado'. Para corregir el texto impreso ha partido de un manuscrito ('otros originales'). Así lo indica a lo largo de sus anotaciones con la abreviatura 'M.s.', y especialmente en *Dante* Anot. 25 donde aclara: 'in meo .M.s:'[22]. Este dato confirma el gran aprecio que Quevedo sentía por los manuscritos y su afán por coleccionarlos. Más de una vez, en sus obras, declara orgulloso poseer algunos especialmente valiosos: una Biblia, el *Fuero Juzgo*, las obras de Enrique de Villena (López Poza 1995, 90). Jean-Jacques Chifflet, hablando de Quevedo en una carta, cuenta de él: 'C'est un esprit fort qui ne craint personne, qui a beaucoup d'antiquitez et de mss. que j'ay veu' (*Ep.* 218).

Quevedo, como buen hijo del Humanismo, sentía una especial veneración por los manuscritos antiguos. Por ello, en ningún momento se le plantea la duda de que su manuscrito de la *Commedia* pueda contener lecturas peores que la edición de 1578: es un testimonio anterior en el tiempo, por lo tanto se acerca más a la redacción originaria de Dante. Quevedo lleva a cabo lo que en crítica textual se conoce como una *emendatio ope codicum* partiendo de un *codex pervetustus*. Pese a que hoy esta práctica se considere insuficiente e inexacta, demuestra en él bastante pericia filológica para su época[23]. Quevedo siguió el mismo método en otros ejemplares que poseyó como, por ejemplo, su ejemplar del *Epítome* de Floro[24]. Esta labor de acopio de muestras textuales para cotejar puede apreciarse también en sus traducciones: *Anacreón*, *Lágrimas* o *Epicteto*. Antes de traducir consulta siempre las versiones hechas por sus predecesores, las compara, las comenta, y elige la lectura que juzga mejor. La traducción es una parte más de su trabajo de filólogo[25].

Por otro lado, el método de anotación de Quevedo es bastante riguroso y claro. Suele marcar con una raya superior la palabra que va a enmendar con la lectura de *M.s.* En el margen del folio apunta dicha lectura especificando que pertenece al *codex pervetustus* ('M.s.') y contextualizándola, a veces, con la indicación abreviada de las palabras que le siguen (*Dante* Anot. 3, 4 & 13)[26]. Esporádicamente introduce alguna novedad: en *Dante* Anot. 11–15 señala las palabras que corrige con una raya

---

[21] Citemos a Petrarca y a Poliziano: muchos de los códices e impresos (en el caso de Poliziano) que les pertenecieron llevan sus anotaciones (Reynolds & Wilson 1986, 169–70 & 188).

[22] Quevedo usa la misma abreviatura 'M.s.' en las anotaciones en su ejemplar del *Epítome* de Floro (fols. 1r, 1v & 15v). Además, en el fol. 15v escribe: 'lege ex meo .M.s.'.

[23] De hecho, desde el punto de vista ecdótico lo más común en el Renacimiento fueron ediciones *principes* basadas en códices recientes, más accesibles y fáciles de manejar (Timpanaro 1981, 3).

[24] En su portada se lee: 'Cun animaduersionibus Veteris Manuscripti | restitutus a Domino Francisco de Quevedo' (Ettinghausen 1964, 391).

[25] Ver Sigler 1994; Andrés 1988, 197 & 310.

[26] A veces deja de marcar con una raya (*Dante* Anot. 2 'mezzo'; 4 '&'; 13 'posat') o de señalar que la lectura anotada pertenece a *M.s.* (*Dante* Anot. 6–8, 19).

superior y también con un número. El hecho de que use este sistema sólo en cinco casos y que éstos vayan seguidos parece indicar que la anotación se llevó a cabo en momentos diferentes. Posiblemente, Quevedo tuviera que interrumpir y retomar su trabajo en varias ocasiones (*DCQ* tiene alrededor de 400 folios). Al recomenzar, optaría por un sistema distinto.

Su método de anotación es, pues, bastante riguroso y preciso, aunque de vez en cuando haya algún descuido[27]. No olvidemos, sin embargo, que estas anotaciones eran para el uso personal de Quevedo, con lo cual son de destacar antes su minucia y claridad que sus pocos despistes.

Conviene ahora detenerse un poco en el tipo de variantes que anota Quevedo. En total corrige 25 versos, recogiendo 39 variantes. Entre ellas encontramos variantes propiamente dichas, variantes ortográficas, omisiones de *M.s.* o de *DCQ* y contracciones[28]. Junto con éstas, tienen gran importancia las variantes dialectales: indican que el manuscrito que manejó Quevedo era de origen septentrional[29]. De manera que cuando éste considera que está devolviendo el texto a una versión más cercana a la de Dante, en realidad, lo está acomodando a un manuscrito copiado fuera del área toscana. No podemos pedirle a Quevedo que su conocimiento del italiano le permitiera distinguir resultados propios de zonas regionales diferentes. Sin embargo, su italiano es lo suficientemente bueno como para que las lecturas del manuscrito le suenen extrañas: en *Dante* Anot. 2 anota 'Meggio con dos .gg.'. Quevedo sabía que lo esperable hubiera sido el 'mezzo' que contenía el texto impreso. La palabra 'meggio' le llama la atención, y por eso le interesa subrayar que lleva 'dos .gg.'. Posiblemente, pensaría que estos dialectalismos eran arcaísmos, voces ajenas a la norma actual y, por ello, más cercanas a la lengua de Dante.

Antes de concluir este apartado, vale la pena evaluar el criterio de Quevedo a la hora de realizar sus enmiendas. Una vez examinadas sus anotaciones, se deduce que el escritor español se ha limitado a cotejar la *Commedia* de 1578 con el manuscrito, prefiriendo siempre las lecturas del segundo. No parece que haya realizado ninguna corrección personal. El hecho de que, a veces, no señale la procedencia de las lecturas con las que enmienda el texto impreso no debe confundirnos: Quevedo siempre tiene delante *M.s.* Buena prueba de ello es *Dante* Anot. 8, donde se lee 'no

---

[27] Además de los ya reseñados, debemos citar también *Dante* Anot. 14, donde se equivoca al copiar la palabra enmendada del texto impreso ('Ripersi' que copia como 'ripresi'). Aunque, tal vez, no se trate de un fallo: en el folio siguiente (*DCQ*, 4r) se lee en el comentario de Landino, 'RIPRESI uia per la piaggia diserta, cioè abbandonata'. Quevedo pudo haberse fijado en el texto mejor de lo que suponemos, detectando la errata de los versos e incluyendo en su anotación la lectura correcta que le ofrecía el pasaje de Landino.

[28] Variantes: *Dante* Anot. 3 'Et/hai', 4 'Esta/questa', 6 'poco/Poca', 16 'montaua/andaba', 17 'temesse/ tremesse'; ortografía: *Dante* Anot. 21 'Hor/or', 25 'abisso/abysso'. Omisiones de *M.s.*: *Dante* Anot. 3 'è', 4 '&'; 8 'v', 13 'un poco', 14 'uia', 25 'grande'; de *DCQ*: *Dante* Anot. 11 'a'; 22 'a'; 23 'e'; 25 'profondo'. Contracciones: *Dante* Anot. 13 'l/il'; 19 'i/io'; 20 'ch'/che'; 24 'me'/meglio'.

[29] *Dante* Anot. 2 'mezzo/Meggio'; 15 'lonza/lioncia'; 25 'puzzo/puccio'. Véase Rohlfs 1966, 275, 280 & 290. Estos resultados son coincidentes con los rasgos lingüísticos del códice BAV Urb. lat. 366, de procedencia emiliano-romañola (Alighieri 1994, I, 87–89). Sin embargo, faltan datos para precisar el origen exacto de las variantes dialectales del MS consultado por Quevedo.

ai, v'. El 'ai' hace claramente referencia al manuscrito, por mucho que no especifique haber tomado de él la variante. En *Dante* Anot. 4, de hecho, hay una nota muy parecida ('no ai et'), y en este caso sí se señala que procede de 'Ms.'. Si, de vez en cuando, Quevedo enmienda sin escribir 'M.s.' es, pues, por una distracción o por comodidad, no porque dicha corrección se deba a su juicio personal.

Hay, sin embargo, un caso bastante llamativo que podría ser una excepción a lo que acabamos de ver. Se trata de *Dante* Anot. 12: 'Pigolosa no. perigliosa'. El texto impreso lee 'perigliosa' ('peligrosa', referido al agua) y Quevedo, colocando el punto tras el 'no', parece indicar que prefiere la lectura de *DCQ* a la del manuscrito: 'Pigolosa' ('que pía', 'que rechina') no tiene demasiado sentido en este contexto y, además, no olvidemos que Quevedo era muy consciente de la importancia de la puntuación y bastante puntilloso en su utilización (Quevedo 1985, 66–67; Rey 1990). De ser ésta una enmienda al manuscrito, demostraría otra vez la pericia crítica de Quevedo y su dominio del idioma italiano.

Por último, examinemos el grado de acierto de Quevedo a la hora de enmendar. De las variantes reseñadas, todas admiten las dos posibles lecturas de *DCQ* y *M.s.* salvo seis (siete con Dante *Anot.* 12, que acabamos de comentar). Cuatro son enmiendas acertadas que corrigen erratas o que mejoran sensiblemente la coherencia de ciertos versos: *Dante* Anot. 11, 14 (aunque quizás se equivoque al copiar la palabra), 17 y 19. Por otro lado, *Dante* Anot. 10, no es del todo imposible, aunque resulta más correcta la lectura de *DCQ*. En cambio, en *Dante* Anot. 20 hay una clara errata: en vez de 'riminaba' debería leerse 'rimiraba' (variante que recogen otros testimonios). Quevedo copió mal, o quizás reflejó fielmente la lectura del manuscrito, pese a que 'riminaba' carezca de sentido. En este caso tuvo una distracción, o no se sintió lo suficientemente seguro como para enmendar la palabra.

Quevedo coteja y enmienda sólo algunas de las variantes entre el texto impreso de 1578 y el manuscrito: resulta muy difícil creer que, en una obra tan larga, haya exclusivamente 39 lecturas diferentes entre dos testimonios que parecen tan alejados en el tiempo y hasta en sus peculiaridades lingüísticas. Quevedo anotó lo que le interesaba, centrándose sobre todo en el *Inferno* (de 39 variantes sólo 1 no pertenece a la primera *cantica*), especialmente en su canto I (34 variantes de 39). En una ocasión se acuerda del *Paradiso*, y omite por completo el estudio del *Purgatorio*.

La profusión de las anotaciones es descendente: al principio Quevedo se ocupó con mucho detalle, casi verso por verso, de cotejar las lecturas de ambas copias de la *Commedia*. Pero, tras el primer canto del *Inferno*, las enmiendas se hacen mucho más esporádicas y salteadas (anota un verso de *Inf.* XI y otro de *Parad.* XXV). Ettinghausen (1964, 393), en su estudio sobre el ejemplar de Floro de Quevedo, indicaba que en su opinión éste había dejado su tarea crítica incompleta. Sin embargo, no creo que tal suposición sea válida también en este caso. Quevedo consideró terminada su enmienda, como indica su firma abreviada justo en la última anotación del ejemplar, *Dante* Anot. 26: 'd f. d. q^{do}' (fol. 364r, Lámina 15). Parece como si hubiera querido poner su sello final, una vez acabado el cotejo.

Sin embargo, cabe también suponer que el hecho de que Quevedo coloque su firma en esta nota se deba a que se trata de una corrección personal, que tomó de una fuente diferente a *M.s.* Vale la pena comparar *Dante* Anot. 26 ('mano/nome') con la glosa 88 de Enrique de Villena en su traducción comentada de la *Eneida*. Tras citar *Parad.* XXV, 1–3, añade: 'Maguer en otra traslatación fallé do dize *nome* que avíe *mano*, pero los más entienden que deve dezir *nome*' (Villena 1989, I, 60). Quevedo poseyó un manuscrito con este trabajo de Villena, como señaló en una anotación autógrafa en su ejemplar de las obras de Estacio: 'don Enrrique de Villena en el comento a la traducion que hizo a Virgilio en romançe para el rey de navarra libro que io tengo en mi libreria de Mano i es singular' (H. & C. Kallendorf 2000, 136). Existe, pues, la posibilidad de que el libro de Villena fuera su fuente para hacer la última enmienda al texto de Dante.

Para intentar explicar lo limitado y alejado de las anotaciones pueden plantearse algunas hipótesis: tal vez Quevedo tuvo a disposición un manuscrito que recogía de forma parcial la *Commedia*, o fue a buscar sólo ciertos pasajes que ya conocía. Justamente por lo distantes que están estas enmiendas, parecen indicar que sabía de antemano dónde tenía que fijarse. Lo más plausible es que empezara con la intención de anotar todas las variantes. Cuando se dio cuenta de que, dado el gran número de lecturas diferentes, iba a ser una tarea muy larga, decidió centrarse sólo en ciertos pasajes que llamaron su atención o que, quizás, ya le sonaban. Si esto fuera así, significaría que Quevedo ya conocía el poema de Dante, o pasajes de él, con anterioridad a la adquisición de la *Commedia* de 1578.

Las anotaciones en el poema dantesco indican que Quevedo consultó más de un ejemplar de la *Divina Commedia*. El escritor tuvo acceso, por lo menos, a una copia impresa y a una manuscrita[30]. El hecho de que se preocupara por cotejar diferentes muestras de esta obra prueba su formación filológica, pero también el interés que sentía por Dante. Sin embargo, en su ejemplar de la *Commedia*, Quevedo no hace ni siquiera una anotación que contenga un comentario personal. Todas las notas marginales se refieren a variantes textuales[31]. Me extraña que se hubiera limitado a

---

[30] He cotejado las variantes que anota Quevedo en su ejemplar de Dante con los diferentes manuscritos antiguos de la *Commedia* y con los de sus glosas y comentarios que se conservan en BNM MS/10186, Vitrina 23-1, Vitrina 23-2, Vitrina 23-3, MS/10057, MS/3658, MS/10208, MS/3683, MS/10207 y MS/10208. He hecho lo mismo con los manuscritos del poema dantesco en BNN XIII.C.1, XIII.C.2, XIII.C.3, XIII.C.4 y XIII.C.7. Ninguno de ellos puede ser identificado con el texto usado por Quevedo. He consultado también BAV MS Urbinate latino 366 y, pese a las parecidas características dialectales que ya se han indicado, tampoco en este caso se trata del manuscrito empleado por Quevedo.

[31] Sin embargo, compárense los versos señalados por Quevedo en *Dante* Anot. 4 con *Poesía original* §537:5–6: 'Él os quiere gozar, a lo que entiendo, | en *esta selva tosca y ruda*'; '*Esta selua seluaggia, & aspra, & forte*' (*Inf.* I, 5), o también: 'Tú sola, Cloris mía, | [...] *has podido juntar la tierra al cielo*' (*Poesía original* §624:1, 4); 'Se mai continga, che'l poema sacro, | Alqual *ha posto mano & cielo & terra*' (*Parad.* XXV, 1–2; *Dante* Anot. 26; la cursiva es mía, cito a Dante siguiendo el texto de *DCQ*). Gribanov (1999, 32) ha señalado también la influencia de *Parad.* XVIII, 95–96 en *Poesía original* §536:1 'Bermejazo platero de las cumbres'; 'sì che Giove | pareva argento lì d'oro distinto', que me parece poco probable. Más evidente resulta la semejanza destacada por Prieto (1966–67, 340–41) entre *Purg.* XXI, 114 'un lampeggiar di riso' y 'relámpagos de risa carmesíes' (*Poesía original* §465:13) o 'Y cuando con relámpagos te ríes' (*Poesía original* §339:12); aunque, como indica Prieto, hay que

este tipo de lectura y no creo que anotara sobre el manuscrito. Es una mera suposición, pero no considero imposible que hubiera tenido a su disposición más ejemplares del poema de Dante.

En el *Índice* de San Martín de Madrid se incluyen dos ejemplares de la *Commedia*. De entre los datos, algo confusos y contradictorios, que nos proporcionan las versiones de dicho catálogo[32], quizás se pueda deducir que el segundo correspondiera a una edición con el comentario de Landino. De todas formas, ello no quiere decir que también éste perteneciera a Quevedo.

Por otro lado, en el *Marco Bruto* (1644, sign.**4v) se citan siete versos de *Inferno*:

> Quell'anima là sù, c'ha si gran pena,
> Disse 'l Maestro, è Giuda Scariotto,
> Che 'l capo ha dentro, & fuor le gambe mena.
> Degli altri due, c'hanno 'l capo disotto,
> Quei, che pende, dal nero ceffo è Bruto:
> Vedi come si storce, & non fa motto.
> Et l'altr' è Cassio; che par si membruto. (*Inf.* XXXIV, 61–67)

En *DCQ* (fol. 160r) estos versos aparecen con algunas variantes menores y una relevante: en el v. 66 se omite 'si'. Ahora bien, esta diferencia podría deberse a un error del autor o del impresor o, tal vez, Quevedo citó siguiendo el manuscrito. Desde luego, es bastante significativo que no haya subrayado o marcado de alguna manera estos versos en su *Commedia* de 1578 como, en cambio, hizo en otros libros de los que extrajo pasajes para incluir en sus obras[33]. No creo que Quevedo utilizara este texto para citar los versos de Dante en el *Marco Bruto*.

Si se comparan la transcripción de los versos dantescos que se incluye en el *Marco Bruto* con otros ejemplares de la *Commedia* correspondientes a diferentes ediciones, se puede llegar a conclusiones interesantes. No parece que los versos se hayan tomado de una con el comentario de Landino[34], con lo cual el dato extraído de los índices de San Martín no nos ayuda. Sin embargo, cotejando el texto con un ejemplar de la edición veneciana de 1568 que tiene el comentario de Daniello, se aprecia una correspondencia casi perfecta: los versos son idénticos hasta en la

---

tener en cuenta a Petrarca: 'e 'lampeggiar de l'angelico riso' (*Canzoniere*, CCXCII, 6).

[32] He consultado RAH, 9/2099 (copia de 1788) y BNM, MS/1908 (de 1730).

[33] Por ejemplo, en el *Marco Bruto* Quevedo cita y traduce un pasaje de Floro que había subrayado y parafraseado en el ejemplar del *Epítome* que fue de su propiedad (Ettinghausen 1964, 396; la cita se lee en *Obras en prosa*, I, 919). Otro caso semejante se da en la dedicatoria al Conde-Duque de Olivares de las *Obras* de fray Luis de León, editadas por Quevedo en 1631. Allí menciona un verso de las *Silvas* de Estacio (V, 3, 157) que había señalado en su ejemplar del poeta latino (H. & C. Kallendorf 2000, 148 & 165; la cita quevediana en *Obras en prosa*, I, 527). Además, muchos de los pasajes subrayados por Quevedo en su ejemplar de las obras de Séneca fueron citados por el escritor español en su *Defensa de Epicuro* o en su *Marco Bruto*, como indica Ettinghausen 1972a en su transcripción.

[34] He consultado los siguientes ejemplares con el comentario de Landino en la BNM: I/686, I/2388 (*La Commedia, col commento di Cristoforo Landino*, Venezia, O. Scotto, 1484), I/776, I/1038 (*La Commedia, col commento di Cristoforo Landino*, Brescia, B. de' Bonini, 1487), I/1600 (*La Commedia, col commento di Cristoforo Landino. Rime diverse*, Venezia, P. Cremonese, 1491), I/167 (*La Commedia, col commento di Cristoforo Landino. Il Credo di Dante*, Venezia, M. Codecà, 1493).

acentuación de las palabras y la puntuación (salvo en dos casos). Aun así, asegurar que Quevedo utilizó un ejemplar de esta edición para la cita del *Marco Bruto* resulta muy arriesgado. En cambio, la conclusión inmediata de este breve cotejo es que existen ediciones diferentes a la de 1578 cuyo texto se acerca más al citado en la obra de Quevedo. De tal manera que queda abierta la posibilidad de que el escritor español utilizara, o poseyera, más ejemplares de la *Commedia*. Sólo porque tengamos a disposición un texto del poema dantesco con anotaciones suyas, y hayamos podido fecharlas, no quiere decir que no manejara más ejemplares de la obra o que no la conociera antes. Desde luego, el mero hecho de que Quevedo se haya preocupado por anotar filológicamente la obra de Dante hace pensar que debía conocerla bien y que, además, debía interesarle especialmente. Quizás, algún día, aparezca otra *Commedia* anotada por Quevedo que permita saber algo más sobre los aspectos de la poesía de Dante que llamaron su atención. Mientras tanto, la que conocemos todavía puede ofrecer alguna información valiosa sobre la personalidad del escritor español.

Quevedo cultivó el amor por los libros. Su *Commedia* era uno de los tantos ejemplares que había ido pacientemente recolectando a lo largo de su vida. Su biblioteca llegó a ser casi una prolongación de su personalidad. En ella se reconocía y, a través de ella, comunicaba su imagen de hombre sabio a los demás (Schwartz Lerner 1998). Sus amigos y conocidos alababan tanto su erudición como su colección de obras: Chifflet, Mariner y Mártir Rizo la mencionan con gran admiración[35]. Estos elogios nos hablan de un Quevedo abierto, que enseñaba sus libros ('j'ay veu', dice Chifflet, *Ep.* 218). Por lo tanto, debemos matizar el concepto de 'lo privado' de sus lecturas. Las anotaciones de Quevedo eran efectivamente para su uso personal, pero no exclusivo.

Entre un total de 13 páginas de la *Commedia* que llevan notas suyas, Quevedo coloca dos rúbricas y dos firmas. El autor español no quiere que queden dudas sobre quién hizo las enmiendas. Inmediatamente se puede caer en la tentación de sacar fáciles conclusiones: el orgullo, la vanidad, y hasta la pedantería de Quevedo, han alcanzado el rango de tópicos en la imagen que la crítica literaria ha ido construyendo de él. Sin embargo, una vez más, hay que recurrir al contexto cultural del que deriva su actitud como intelectual: el Humanismo.

Los grandes humanistas se habían hecho famosos por sus ricas bibliotecas, por sus colecciones de libros frecuentemente corregidos y anotados por ellos mismos. Estos libros se prestaban, se intercambiaban, y no era extraño que regresaran a su dueño acompañados de nuevas notas[36]. Cada uno de ellos tenía una propia

---

[35] 'Su librería es de los libros más preciosos que hay en todas facultades' (Juan Pablo Mártir Rizo, *Defensa de la verdad*, en Quevedo 1932, II, 951). Para los elogios de Mariner véase *Ep.* 137.

[36] Grafton 1997. En la primera hoja del cuadernillo de la RAH que incluye la versión autógrafa de la *España defendida*, Quevedo hizo una lista con los títulos de algunos libros suyos y los nombres de las personas a quienes se los había prestado. Por otro lado, el obispo de León le manda a Quevedo libros 'señalados', con páginas 'que van rayadas para que vuesa merced no se canse en buscar lo sustancial' (*Ep.* 440–41). En otras cartas, Quevedo dice enviarle al padre Pimentel 'un papelito' con 'lo que anoté sobre el *Libro de los Jueces*' (*Ep.* 446).

identidad que se iba enriqueciendo con el paso de los años. Una vez que moría su propietario, podían pasar a manos de otro erudito que también dejaría su huella en sus páginas. Un ejemplar determinado dejaba así de ser un objeto anónimo y se convertía en algo único y valioso. El libro de Livio deja de ser tal, y pasa a ser el 'Livio de Petrarca' o el 'Livio de Valla' (Reynolds & Wilson 1986, 169–170).

Sin duda, hay una buena dosis de vanidad en la inscripción de la portada de la *Commedia*. Quevedo fue hombre de muchas firmas[37], y eso es indiscutible. Pero no se trata de algo exclusivo de su personalidad[38]. El humanista entiende la literatura, entre otras cosas, como un camino de inmortalidad. Las letras nos redimen del olvido. Y la firma, la anotación acompañada de un nombre, pueden contribuir a paliar las injurias del tiempo[39].

En este sentido, Quevedo concede mucha importancia a su biblioteca. Sus libros anotados cumplen un papel determinante en su plan de proyección hacia el futuro. Las cartas escritas a raíz de las muertes de Alonso Mesía de Leiva (CXCVII–CC y CCIII) y Juan de Espinosa (CCLVI y CCLVII) nos lo muestran casi tan apenado por la suerte de sus amigos, como angustiado por el temor de perder los 'libros y papeles' suyos que les había dejado. En dichas cartas, siempre menciona sus obras de creación junto con sus libros. Incluso frente a su propia muerte le vemos empeñado en el intento de salvar su obra y su biblioteca. El testamento del 26 de abril de 1645, dictado en Villanueva de los Infantes, tiene varias referencias a sus papeles y ejemplares dispersos por las casas de diferentes amigos. Quevedo quiere recuperarlos y reunirlos todos en Villanueva para inventariarlos (*Obras en verso*, documento CLXXX, 1098–1102). La minucia con que recuerda los detalles más nimios sobre su emplazamiento ('dos baúles [...] sobre los que se arma la cama', 'hay un baulillo como maleta, en casa del licenciado Juan Gallego', 'en poder de don Francisco de Oviedo [...] están dos baúles y un arca cerrados, en los cuales hay libros') y el encarecimiento con el que los 'manda cobrar' demuestran claramente la relevancia que Quevedo les atribuía.

Bajo esta luz, la inscripción de la portada y las firmas del ejemplar de 1578 de la *Commedia* cobran un significado muy determinado: Quevedo, al modo de los humanistas del pasado, está salvaguardando su imagen de erudito. Leer estas firmas en paralelo con sus cartas de los últimos años o con su testamento, prueba hasta

---

[37] Jáuregui, en *El retraído* (1635), se burla de la abundancia de firmas en *La cuna y la sepultura*: 'Tan lejos está él de esconder este mal engendro, que de ninguno otro jamás se ha preciado tanto; como lo afirma en los largos preámbulos de su principio, donde pone tres firmas de su nombre en la dedicatoria y dos prólogos, cosa nunca vista' (en Quevedo 1932, II, 1074).

[38] Comparemos, por ejemplo, las inscripciones en las portadas de la *Commedia* y del *Epítome* de Quevedo con la *subscriptio* en el ejemplar de Poliziano del *Ars veterinaria* de Pelagonio: 'Hunc librum de codice sanequam vetusto Angelus Politianus, Medicae domus alumnus et Laurenti cliens, curavit exscribendum; dein ipse cum exemplari contulit et certa fide emendavit, ita tamen ut ab illo mutaret nihil, set et quae depravata inveniret relinqueret intacta, neque suum ausus est unquam iudicium interponere' (citado en Reynolds & Wilson 1986, 189–90).

[39] Desde este punto de vista, puede compararse la firma abreviada de Quevedo en *Dante* Anot. 26 con la 'L. V.' que Lorenzo Valla colocó junto a sus enmiendas al manuscrito de Tito Livio (Rico 1993, 57).

qué punto se preocupó porque su biblioteca no se dispersase, porque siguiese perpetuando su nombre aún después de su muerte. El hecho de que, pasados más de tres siglos, sigan apareciendo libros de Quevedo demuestra que, en parte, lo consiguió.

En conclusión, el estudio del ejemplar de la *Commedia* anotado por Quevedo nos permite deducir, con bastante seguridad, que el escritor español había leído la obra de Dante en su lengua original, como mínimo, antes de 1621. Además, el hecho de que se preocupara por cotejar el texto con más copias del poema demuestra que éste debió interesarle de manera especial, no sólo como humanista, sino también como lector y creador. Por último, la *Commedia* que poseyó Quevedo y su notas pueden ayudar a cubrir parcialmente ese hueco biográfico de su vida que va desde 1618 a 1619. El escritor, alejado de sus deberes cortesanos con el Duque de Osuna, debió ocupar una buena parte de su tiempo leyendo y estudiando a los autores de esa literatura que tanto admiraba.

Una vez comprobada la aptitud de Quevedo para la lectura y comprensión de la *Commedia*, y una vez demostrado con pruebas tangibles el efectivo conocimiento de esta obra por su parte, paso a analizar ahora los pasajes de sus escritos en los que el autor español citó el nombre del poeta florentino.

1.ii. Quevedo cita a Dante

Más de una vez, a lo largo de su obra, Quevedo citó el nombre de Dante. Este hecho nos puede servir como indicador y apoyo a la hora de evaluar el conocimiento de la obra dantesca por parte del escritor español, pero con reservas. Las citas quevedianas son a menudo engañosas y pueden llevarnos por caminos equivocados. Detrás de cada una de ellas puede haber desde una lectura profunda, hasta una referencia de segunda mano. Quevedo no escatimó, por ejemplo, el uso de florilegios y polianteas para confeccionar alguna de sus obras de mayor empaque erudito[40]. Otro problema añadido es la omisión de fuentes directas: muchas veces toma prestados pasajes enteros de obras sin mencionarlas siquiera[41]. Sin embargo, no es raro que estos silencios se deban a que el mismo Quevedo está reutilizando material ajeno sin ser consciente de ello: la asimilación de una fuente ha sido tan profunda que se ha llegado a la apropiación total. Otra posibilidad es que el escritor encubra una referencia como guiño erudito para los lectores más preparados, costumbre muy del gusto de Quevedo, por cierto. De todo esto se deriva que 'no siempre el número de citas con que aparece un autor en sus escritos sea indicio para describir el interés de Quevedo por él' (Martín Pérez 1980, 69). Aun así, y teniendo en cuenta todas estas limitaciones, creo interesante detenerse un poco en la valoración de las diferentes ocasiones en que Quevedo citó el nombre del poeta florentino.

La primera vez que aparece mencionado Dante en un escrito de Quevedo es en la *España defendida* (1609). La obra tiene por finalidad defender el orgullo hispano herido por las ofensas de los humanistas extranjeros que desprestigiaban su cultura

---

[40] Del Piero 1958; López Poza 1992, 281.
[41] Ver Alatorre 1953; Del Piero 1958a; Quevedo 1985, 286.

y sus gentes. Para acometer tan patriótica misión, el autor echa mano de una serie inagotable de citas, etimologías, datos y autoridades. Su pretensión última es la de redactar una obra que asombre por su erudición y que pueda competir con los magnos volúmenes del humanismo europeo (Escalígero, Mercator, etc.)[42]. Dentro de este marco —algo frustrado— de acumulación erudita encontramos la mención del poeta florentino, dispersa en un mar de citas. Quevedo hace referencia al *Convivio* dantesco para apoyar su argumentación sobre la evolución *f-* > *h-* en el paso del latín al romance:

> el *fijos* antiguo se deduze claramente de *filius* latino; i *filius* latino, de parezer del doctíssimo Dante en el *Convivio Amoroso*, se dize de *filos* griego, que quiere dezir *amor*, porque los hijos son amor de los padres. (*España defendida*, en Rose 1916a, 154–55)

Lo primero que debemos destacar de este pasaje es que Quevedo citó de forma algo arbitraria; pero vayamos por partes. El título por el que se conoce hoy la obra de Dante es *Convivio* a secas y no *Convivio amoroso*. Sin embargo, en el siglo XVI hubo varias ediciones que titularon la obra *L'amoroso Convivio di Dante*[43]. Quevedo, pues, pudo haber manejado un ejemplar de alguna de estas ediciones. Ahora bien, una lectura detenida del *Convivio* levanta muchas dudas acerca de la cita incluida en la *España defendida*: no hay en esta obra de Dante ningún pasaje que se corresponda perfectamente con el aludido por Quevedo. El escritor español parece haber parafraseado dos fragmentos del *Convivio*, III, 11:

> E quinci nacque poi, ciascuno studioso in sapienza che fosse 'amatore di sapienza' chiamato, cioè 'filosofo'; ché tanto vale in greco 'philos' com'è a dire 'amore' in latino, e quindi dicemo noi 'philos' quasi amore, e 'sophia' quasi sapienza. Per che vedere si può che questi due vocabuli fanno questo nome di 'filosofo', che tanto vale a dire quanto 'amatore di sapienza'; per che notare si puote che non d'arroganza, ma d'umilitade è vocabulo. Da questo nasce lo vocabulo del suo proprio atto, filosofia, sì come de lo amico nasce lo vocabulo del suo proprio atto, cioè amicizia. Onde si può vedere, considerando la significanza del primo e del secondo vocabulo, che filosofia non è altro che amistanza a sapienza, o vero a sapere; onde in alcuno modo si può dicere catuno 'filosofo', secondo lo naturale amore che in ciascuno genera lo desiderio di sapere. (Alighieri 1993, 5–6)

> sì come cotidianamente dicemo, mostrando l'amico, 'vedi l'amistade mia', e 'l padre dice al figlio 'amor mio'. (Alighieri 1993, 16)

Como se puede apreciar, entre el pasaje comentado por Quevedo y éstos no hay demasiada correspondencia. La explicación de estos desajustes e imprecisiones ha de buscarse probablemente en una cita indirecta; el escritor español pudo haber tomado la referencia de algún otro texto que mencionaba el *Convivio*[44]. Hubiera sido

---

[42] Para todas estas cuestiones véanse Rose 1916; Lida 1981, 41–69 & 73–121; Jauralde Pou 1997; Roncero López 1997.

[43] Por ejemplo, las ediciones impresas en Venecia: la de 1521 por Zuane Antonio e fratelli da Sabio, la de 1529 por Nicolò Zopino e Vincenzo compagno, o la de 1531 por Marchio Sessa.

[44] No es del todo improbable que la sacara de alguna edición comentada de la *Commedia*. En el ejemplar que fue de su propiedad, por ejemplo, Vellutello menciona varias veces otras obras de Dante, y entre ellas también el *Convivio* ('se andiamo a quella sua opera intitolata l'amoroso

difícil que Quevedo conociera realmente esta obra dantesca; es cierto que la primera edición fue impresa ya en 1490, pero dudo mucho que el *Convivio* llegara a difundirse en España, donde apenas se leía la *Commedia*. Por lo tanto, la primera vez que Quevedo nombra a Dante posiblemente lo hace sin conocer la obra que menciona. Se trata de una cita de cantidad, que sirve para engrosar el caudal erudito de su *España defendida* y para sorprender por lo recóndita y rara que debía parecer.

Quevedo también citó a Dante en alguna de sus obras festivas, tanto en prosa como en verso. En estos casos se trata, casi siempre, de meras referencias lúdicas basadas en un juego de falsa etimología construido sobre la asociación entre *Dante* y *dar*. El nombre del poeta se convierte así en un participio derivado del verbo dar: Dante, 'el que da'. Esta manipulación lingüística aparece, por ejemplo, en las *Cartas del Caballero de la Tenaza*, en un pasaje donde el galán expone algunos métodos para defenderse de la 'pidona': 'no se ha de jugar a los dados, ni se ha de leer en el Dante, ni se han de comer dátiles, ni han de saber otro refrán sino "quien guarda halla"' (*Prosa festiva*, 274); o también en un romance escrito al Duque de Lerma en respuesta a otro suyo, quejándose porque no le devolvía una esfera y un 'estuche de instrumentos matemáticos' que le había prestado: 'Vos os preciáis de Petrarca, | para quien os quiere Dante' (*Poesía original* §680:5–6). Todos estos pasajes, claro está, no nos son de demasiada ayuda para conocer el peso de la influencia dantesca en Quevedo. Se trata de un simple juego verbal, uno de los muchos empleados por él en sus escritos festivos[45].

La única excepción importante, por lo que respecta al *corpus* satírico quevediano, es la mención de Dante al principio del *Sueño de las calaveras* en la edición de *Juguetes de la niñez* (1631). Se trata, sin lugar a dudas, de una de las citas de Quevedo más comentadas por la crítica a la hora de establecer relaciones entre él y Dante:

> Dígolo a propósito que tengo por caído del cielo uno [sueño] que yo tuve en estas noches pasadas, habiendo cerrado los ojos con el libro del Dante, lo cual fue causa de soñar que veía un tropel de visiones. (Quevedo 1996, 416)

Pero Quevedo, en la primera edición de sus *Sueños* (1627), no citaba el nombre de Dante. De hecho, el *Sueño de las calaveras* es el título que adoptó posteriormente la obrita que Quevedo había titulado en un primer momento *Sueño del Juicio Final*. Éste, como los demás *Sueños*, fue revisado y enmendado por el autor antes de ser reeditado en 1631. Muchos de los cambios intentaban suavizar las irreverencias contra la Iglesia y sus miembros, con el claro objetivo de evitar posibles problemas con la Inquisición. Una de las variantes que hay entre la primera versión de 1627 y la de 1631 es, pues, la sustitución del nombre del Beato Hipólito por el de Dante[46].

---

conuiuio di Dante', *DCQ*, fol. 2r).

[45] Para este tipo de juegos ingeniosos en Quevedo véase Arellano 1984. Por otro lado, este juego verbal no parece demasiado original; lo encontramos también en una letrilla apócrifa atribuida a Góngora, 'Que tenga el engaño asiento': 'Que habiendo viejos del Dante | se ablande el amor esquivo' (*Letrilla* XCIII, 55–56, en Góngora 1980, 260).

[46] Todas las ediciones anteriores a la de 1631 dependen, en último término, de *Sueños y discursos* (Quevedo 1627), aunque en el caso de *Desvelos soñolientos* (Quevedo 1627a) la cuestión es más complicada (González 1999). En ninguna de ellas, pues, aparece el nombre de Dante.

Así lee el texto de *Sueños y discursos*:

> Dígolo a propósito que tengo por caído del cielo uno [sueño] que yo tuve en estas noches pasadas, habiendo cerrado los ojos con el libro del Beato Hipólito de la fin del mundo y segunda venida de Cristo, lo cual fue causa de soñar que veía el Juicio Final. (*Juicio Final*, 91)

Con lo cual, la obra teóricamente inspiradora de la visión quevediana ya no sería la *Commedia* de Dante, sino una del Beato Hipólito[47]. La postura más generalizada a la hora de explicar este cambio es la de considerarlo como una variación obligada y en clara contradicción con el planteamiento inicial de Quevedo. El escritor español habría mudado los nombres para evitar problemas con la Inquisición: se omite una referencia eclesiástica al obispo Hipólito y se sustituye por la del poeta toscano[48]. Ahora bien, resulta cuando menos chocante que Quevedo haya escogido con esa intención justamente el nombre de Dante que, en este sentido, no era menos polémico que el del Beato Hipólito. De hecho, se incluyó en el Índice de libros prohibidos ya desde 1583. Desde luego, si realmente Quevedo hubiese querido evitar problemas habría escogido a un autor menos comprometido que el antipapista Dante. De hecho, Mesía de Leiva, editor de *Juguetes*, se apresura en su 'Advertencia de las causas desta impresión' a dejar bien clara la distancia entre las irreverencias de Dante y las obras de Quevedo:

> Salen enteras, como se verá en ellas, con cosas que no habían salido, y en todas se ha excusado la mezcla de lugares de la Escritura y alguna licencia que no era apacible, que aunque hoy se lee uno y otro en el Dante, don Francisco me ha permitido esta lima, y aseguro en su nombre que procura agradar a todos sin ofender a alguno, cosa que en la generalidad con que trata de solo los malos, forzosamente será bien quisto; sujetándose a la censura de los ministros de la Santa Iglesia romana en todo, con intento cristiano y obediencia rendida. ('Advertencia', en Quevedo 1996, 414)

Aún no está del todo claro si muchas de las enmiendas a los textos de esta edición fueron llevadas a cabo por Quevedo o por el propio Mesía de Leiva, como parece apuntar él mismo en este pasaje. Lo que sí se tiene casi por seguro es que Quevedo intervino directamente en la preparación de *Juguetes* e hizo varios cambios al texto, mejorando en muchos aspectos las ediciones anteriores[49]. Esto contrasta, sin embargo, con otros errores e incoherencias que aparecen sólo en *Juguetes* y no en ediciones precedentes, debidos mayoritariamente a esa 'lima' de los pasajes peligrosos que en muchos casos demuestra haberse llevado a cabo de forma apresurada y descuidada. Lo más lógico, pues, es pensar que los primeros cambios se deban a Quevedo y los segundos a Mesía de Leiva (Nolting-Hauff 1974, 14–15), aunque la cuestión es demasiado compleja e intrincada como para poder solventarla en estas pocas líneas.

---

[47] Aunque el texto a la que hace referencia Quevedo posiblemente sea apócrifo. Se trata del libro *De consummatione mundi*, impreso en París en 1557 (Quevedo 1996, 91 n.8).

[48] Jan 1951, 27; Quevedo 1996, 53.

[49] Pensemos, por ejemplo, en el final del *Mundo por de dentro*: en el texto de *Sueños y discursos* queda truncado, cosa que no ocurre en el de *Juguetes* (Quevedo 1996, 306 n.170).

2. QUEVEDO LECTOR DE DANTE

Si aceptamos la hipótesis de que muchas de las 'autocensuras' que encontramos en *Juguetes* se deben al editor, resulta desde luego difícil reconocer su mano también detrás de la sustitución del nombre del Beato Hipólito por el de Dante. La 'Advertencia' apunta claramente a lo contrario. El cambio debió hacerlo el propio Quevedo.

El escritor corregía y revisaba con frecuencia sus textos, y muchas de sus obras nos han llegado a través de múltiples testimonios que se corresponden con diferentes fases de redacción elaboradas a lo largo de los años. Por lo tanto, también esta variante puede deberse a un motivo más profundo y no a un mero retoque superficial, surgido por cuestiones ajenas al autor[50].

Sueños y discursos fue la primera edición de las sátiras quevedianas. No se sabe hasta qué punto era fiable el manuscrito que sirvió de base para esta edición. No sabemos si Quevedo autorizó esta impresión o si estuvo detrás de ella. Desde luego, sea por el motivo que sea, en los preliminares de *Juguetes* quiere dejar bien claro que las ediciones anteriores fueron hechas sin su permiso, marcando una clara diferencia entre éstas y la actual: 'A los que han leído y leyeren'. De lo que sí tenemos una casi total certeza es de que tuvo un papel determinante en la publicación de *Juguetes*, revisando y retocando distintos aspectos de sus sátiras.

Pues bien, el *Sueño del Juicio Final* fue compuesto hacia 1605. El satírico rondaba los veinticinco años cuando lo escribió, y lo más probable es que aún no tuviera en mente la realización de una serie unitaria de obras que se iban a agrupar bajo el marbete de *Sueños* (Jauralde Pou 1983). En la edición de *Juguetes*, en cambio, Quevedo tiene delante todo el grupo de cinco *Sueños* que se han ido escribiendo con una clara voluntad de continuidad, tal y como se explicita en los prólogos de cada uno de ellos incluidos ya en las antiguas versiones manuscritas[51]. El *Sueño del Juicio Final* ya no es un texto aislado, sino el primero de una serie. Podríamos casi considerarlo el prólogo o el exordio de esa obra única llamada *Sueños* que consta de cinco partes[52]. De hecho, el pasaje de la *princeps* sólo puede aplicarse al primer *sueño*: 'fue causa de soñar que veía el Juicio Final'. Mientras que el de *Juguetes* puede valer para todos ellos: 'fue causa de soñar que veía un tropel de visiones'.

---

[50] De opinión totalmente contraria es Crosby (Quevedo 1993, I, 44), que ve la edición de *Juguetes* como una desvirtuación del trabajo originario de Quevedo: 'En este sentido importa poco si podemos identificar la intervención de Quevedo entre las variantes de los *Juguetes de la niñez*. Esto es así porque tal intervención, por mucho que sea del autor, no procedió del espíritu que, hacía ya muchos años, había compuesto unas sátiras demasiado atrevidas para su época'.

[51] En la advertencia inicial 'Al pio lector' del segundo de ellos, el *Alguacil endemoniado*, se lee: 'Esta raçon me animò a escriuir el Sueño del Juiçio, y me permitiò ossadia para publicar este discursso'. En el tercero, el *Sueño del infierno*: 'Embio a V. m. este discurso, tercero al Sueño y Alguacil'. En el cuarto, *El mundo por de dentro*: 'no contento con hauer soñado el Juyçio ni hauer endiablado vn Alguaçil, y vltimamente escrito el infierno, agora salgo [...] con el mundo por de dentro'. Y, en el último, el *Sueño de la Muerte*: 'He querido que la muerte acaue mis desuarios, como las demas cosas; quiera Dios que tenga buena suerte. Èste es el vltimo tratado al Sueño del Juiçio, al Alguazil endemoniado, al Infierno y al Mundo por de dentro' (Quevedo 1993, I, 146, 159, 196 & 216, respectivamente).

[52] 'Il primo *Sueño* appare come un prologo' (Rovatti 1968, 122). Ver también Clamurro 1984, 56; Quevedo 1993, I, 5.

Por eso creo tan relevante la mención de Dante justo al principio de este *sueño*, como la creyó relevante Mesía de Leiva que tuvo que atenuarla con las aclaraciones de su 'Advertencia'. Quevedo parece querer inscribirse en un marco muy claro: el título de las sátiras nos lleva a la tradición lucianesca del *Somnium*, que tantos humanistas cultivaron y bajo cuyo marbete titularon sus obras[53]. Pero el autor que encabeza todos los *Sueños* y desencadena las visiones quevedianas es el poeta toscano. Luciano, sus imitadores humanistas y Dante, pues, son los modelos que el escritor quiere dejar sentados ya desde el comienzo. En la edición de 1627, sin embargo, no lo había hecho. Quizás podamos ver en *Juguetes* un replanteamiento más profundo de sus sátiras, una vuelta a los textos que faltaría en la edición príncipe, donde se habría limitado a añadir unos prólogos y a publicar los manuscritos tal y como los había concebido años atrás[54]. El hecho de tener que corregir sus escritos para que pasaran la censura inquisitorial obligó a Quevedo a revisarlos, y de allí, quizás, pudo haber surgido también otro tipo de cambios motivados tan sólo por la voluntad del autor. No son más que meras suposiciones, pero lo que sí es importante destacar es el peso de la modificación de Quevedo, sobre todo teniendo en cuenta el contexto prologal donde se realiza. El poeta español quiso que sus obras se asociaran a Dante y lo consiguió. Ya sus contemporáneos asimilaron esta idea: en los preliminares de *Juguetes* se menciona dos veces el nombre de Dante. Lo cita Mesía de Leiva y también uno de los censores de la edición, fray Diego de Campo. Según él la obra de Quevedo se ha escrito: 'con tan gran primor y sutileza, que se aventaja mucho al Dante y a los otros autores que han seguido el mismo intento' ('Censura del P.M. fray Diego de Campo', en Quevedo 1996, 410).

En último término, el hecho de que haya sido reconocida por parte de la crítica contemporánea la influencia dantesca, más o menos profunda, en los *Sueños* se debe en gran medida a la propia voluntad de Quevedo. Del mismo modo se preocupó por dejar bien claro que había poseído un ejemplar de la *Commedia* y que lo había estudiado a fondo ('corregido ienmendado'), algo que hizo sólo con los libros que le interesaron más de cerca (Séneca, Floro, Aristóteles, etc.). No creo, por tanto, que la variación de autores entre las ediciones de 1627 y 1631 pueda explicarse sólo por cuestiones secundarias. Ese cambio forma parte del plan mayor en el que se inscriben toda una serie de rectificaciones y revisiones que conformaron la edición de *Juguetes*, y que dada su complejidad deberían ser estudiadas con mayor detenimiento en otro lugar.

El siguiente caso que voy a analizar ahora guarda ciertas relaciones con el anterior. La última obra en la que Quevedo citó a Dante fue su *Marco Bruto* (1644). Una vez más, el escritor español escogió un marco prologal para colocar el nombre del poeta toscano. Justo al principio de la obra se incluyen una serie de pasajes

---

[53] Schwartz Lerner 1990, 264–65; Quevedo 1996, 14–15.

[54] Aunque, en realidad, los cambios de las versiones manuscritas con respecto la edición *princeps* son numerosos, sobre todo por lo que respecta al *Alguacil endemoniado*, al *Sueño del infierno* y al de la *Muerte* (en menor medida). Ya en este paso previo, del texto manuscrito al impreso, se nota una clara atenuación de los pasajes más atrevidos (Quevedo 1993, I, 45).

tomados de distintos autores que hablaron de Marco Bruto. Todos ellos pertenecen al mundo clásico (Séneca, Floro, Cicerón, etc.), salvo Montaigne y Dante, que cierran la lista de autoridades. La posición que ambos ocupan y el contexto en el que se inscriben reflejan muy bien la importancia que debían tener para el escritor español.

No sabemos si esta lista de citas se incluyó justo cuando Quevedo empezó a redactar la obra (antes de 1638)[55] o poco antes de la impresión (1644). Lo cierto es que el autor, ya maduro y al final de su carrera, decide buscar en el amplio baúl de sus lecturas para encontrar citas que se refieran a Bruto, y halla al autor de la *Commedia*. Resulta muy interesante que se haya acordado de Dante y que lo cite con la misma espontaneidad y precisión con la que cita a autores que seguramente han dejado una huella mucho más honda en su obra, como por ejemplo Séneca.

Precisión, ésta es desde luego una palabra clave en este contexto. Copio el fragmento que precede a los versos tomados de la *Commedia*. Quevedo acaba de exponer la postura de Cayo Casio Longino favorable a Bruto, y a ésta le sigue la de Dante que, en cambio, lo puso en el infierno:

> El Dante sigue contraria opinión, y pone a Casio y a Bruto con Judas, no sólo conduciéndolos por traidores, sino por pésimos traidores. Desto fué causa el ser Dante de la facción gibelina y de los emperadores. –Canto XXXIV y postrero del *Infierno* [siguen los versos de la *Commedia*]. (*Obras en prosa*, I, 919)

De este pasaje merecen ser destacados dos aspectos. Primero, la exactitud y claridad de la referencia bibliográfica. Quevedo cita correctamente, pero hay más: el escritor español está demostrando que conoce bien el poema dantesco y, además, que conoce la tradición biográfica de Dante. En la *Commedia* se exalta la figura del emperador. Esto, juntamente con los constantes ataques a los 'malos' ciudadanos florentinos, hicieron creer a Boccaccio que Dante —que era güelfo— había pasado a ser gibelino por el rencor que sentía hacia los güelfos de Florencia que lo habían desterrado. Así lo expone en su *Trattatello in laude di Dante*:

> intanto che gli maggiori di Dante per guelfi da' ghibellini furono due volte cacciati di casa loro, e egli similmente, sotto titolo di guelfo, tenne i freni della repubblica in Firenze. Della quale cacciato, come mostrato è, non da' ghibellini ma da' guelfi, e veggendo sé non potere ritornare, in tanto mutò l'animo, che niuno più fiero ghibellino e a' guelfi avversario fu come lui. (Boccaccio 1974, 479)

Con ello no quiero decir que Quevedo hubiese forzosamente leído la obrita de Boccaccio. El autor del *Decameron* fue el primer biógrafo de Dante y su tratado sirvió de modelo, tanto directa como indirectamente, para todos los que le siguieron en esta labor. Boccaccio creó la tradición de la biografía dantesca y las deudas hacia su obra son numerosas en todos los trabajos posteriores[56]. A él se debe la difusión

---

[55] Jauralde Pou 1998, 976. Sabida es la costumbre de Quevedo de escribir sus obras empezando, muchas veces, antes por la dedicatoria y el prólogo. Pensemos, por ejemplo, en el caso de la *España defendida* (Jauralde Pou 1997, 45) o en el del 'Fragmento de dedicatoria de una obra desconocida' (*Obras en prosa*, II, 1929).

[56] Ver Madrignani 1963; Vallone 1977.

de esta noticia falsa que atribuye un cambio de partido a Dante y su obra es, en definitiva, la fuente última de la que se derivan las palabras de Quevedo: 'el ser Dante de la facción gibelina'.

El ejemplar de la *Commedia* que fue propiedad de Quevedo incluye al principio dos breves biografías de Dante hechas por Landino y Vellutello. Sin embargo, ninguno de los dos menciona este cambio de bando por parte del poeta florentino[57]. Parece confirmarse la tesis de que Quevedo manejó más ejemplares del poema dantesco que el que conocemos: podría haber leído esta noticia en alguna edición comentada de la *Commedia* o, por lo menos, en alguna obra que se ocupara de Dante[58]. En este sentido, se refuerza la posibilidad de que el escritor español haya utilizado el comentario de Bernardino Daniello a la *Commedia*, como ya quedó apuntado anteriormente. En dicho comentario se recogen alusiones muy cercanas a las de Boccaccio sobre el paso a la facción gibelina de Dante:

> i maggiori di Dante erano stati Guelfi; ma egli subito, che fù scacciato della Patria, sdegnato con la parte Guelfa, diuentò, uisse, e morì Ghibellino. (Daniello 1568, 68)

Además, Daniello subraya en varias ocasiones las alabanzas dedicadas por Dante al emperador, lo cual se acerca a lo expresado por Quevedo en el *Marco Bruto*, que lo ponía en la facción 'de los emperadores':

> il qual Duca inteso da lui per Arrigo sesto Imperadore, del quale fa in piu luoghi di questa sua Comedia honorata mentione. (Daniello 1568, 475)

> né cessa di lodare (come fa in tutto questo poema) l'Imperatore, ponendolo in cielo. (Daniello 1568, 706)

Todos estos datos apuntan hacia una conclusión muy clara: Quevedo se interesó por el estudio de la vida y de la obra de Dante. Leer el pasaje del *Marco Bruto* en paralelo con aquél del *Criticón* donde Gracián colocaba al poeta toscano en la corte de los Medici refleja perfectamente la gran distancia en el conocimiento que ambos tenían de él. Quevedo no sólo ha leído la *Commedia*, sino que se ha preocupado también por documentarse sobre ella y sobre la figura de su autor.

Desde esa primera cita, vaga y confusa, de la *España defendida* a esta última, el salto ha sido grande. Para ser más precisos, no cabe hablar de salto sino de evolución. Quevedo parece demostrar que su acercamiento al poeta florentino ha ido haciéndose cada vez más serio y profundo. Es más, la cita de 1609 comparada con la de 1644 nos habla también del crecimiento intelectual de Quevedo en general. Del fervor y la erudición acumulativa de los años juveniles se ha llegado al saber exacto, medido.

Desde luego, el viaje a Italia tuvo que marcar una inflexión en la cultura dantesca

---

[57] Landino indica más de una vez en su comentario que Dante era y permaneció güelfo, aunque reconozca que tras el destierro de Florencia agudizó su postura pro-imperialista: 'Benche Dante fosse Guelfo, nondimeno dopo il suo essilio inchinò l'animo alle parti imperiali' (*DCQ*, fol. 304r).

[58] La profesora Deborah Parker —a quien agradezco su ayuda— me ha sugerido que existe también la posibilidad de que Quevedo esté empleando glosas marginales incluidas en algún manuscrito de la *Commedia*.

de Quevedo. Allí estuvo en contacto directo con su lengua y con sus obras. Además, se hizo por lo menos con un ejemplar de la *Divina Commedia* y, paralelamente, se ocupó de cotejarlo con otros testimonios manuscritos. Lo más seguro es que ya conociera bien a Dante antes del viaje, sin embargo, su estancia en Italia hizo que este conocimiento se perfeccionara. Dante había pasado a ser definitivamente un *auctor* quevediano.

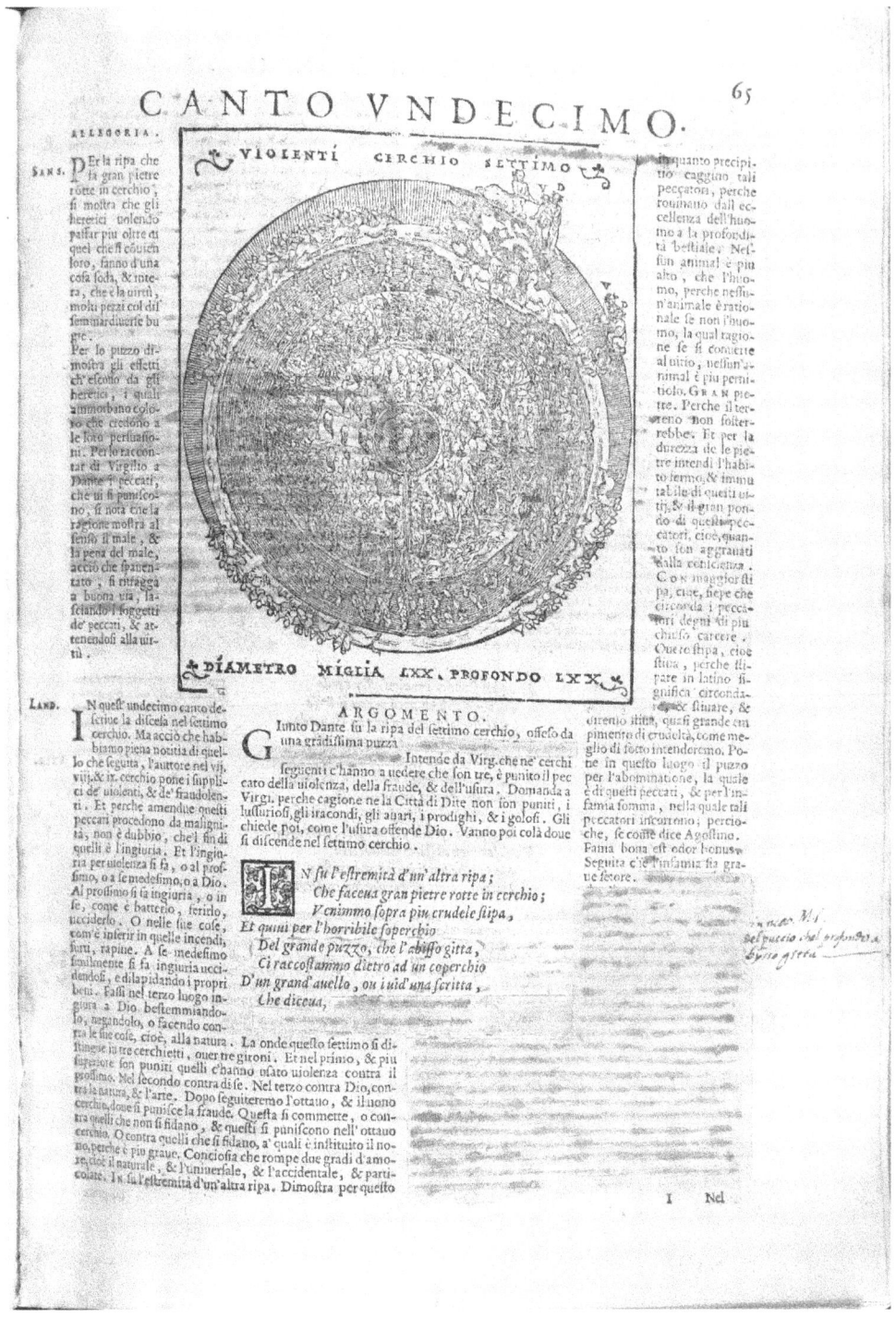

Lámina 16: *Dante con l'Espositioni di Landino et Vellutello*, fol. 65r: mapa del Infierno (para la anotación quevediana cf. Lámina 14, p. 19 *supra*).

3
Dante en los *Sueños* de Quevedo

En las páginas que siguen intentaré determinar las posibles influencias dantescas en los *Sueños* de Quevedo[1]. La *Commedia* y sobre todo su primera *cantica* han sido relacionadas con las visiones quevedianas ya desde el siglo XVII (recordemos los juicios de Mesía de Leiva y de Diego de Campo, p. 36 *supra*). Y la mayoría de los estudios que se han ocupado de los *Sueños* mencionan el nombre de Dante como posible fuente del escritor español, aunque no siempre le conceden demasiada relevancia.

En general, se suele indicar que las diferencias entre ambas obras son tan grandes que no permiten establecer una mayor relación. Los *Sueños* son más bien una caricatura del infierno dantesco, en la que las imágenes terribles del segundo han sido sustituidas por una sátira grotesca. Además, las visiones quevedianas tienen una estructura muy sencilla, casi desordenada, y su finalidad es más burlesca que moralizante. Todos estos rasgos se alejan claramente de la compleja construcción arquitectónico-alegórica y de la voluntad edificante de la obra dantesca. Por lo tanto, el paralelo Dante-Quevedo lleva a destacar ante todo unas diferencias insalvables: estilo, estructura y finalidad son completamente distintos en los *Sueños* y en el *Inferno*[2].

Sin embargo, la *Commedia* no es sólo un poema moralizante y serio, sino que incluye pasajes cómico-grotescos y una fuerte dosis de sátira[3]. Dante, en el otro mundo, nunca se olvida de éste. De hecho, en Italia en los siglos XVI-XVII estaba bastante difundida la imagen de un Dante maldiciente y mordaz, como lo atestiguan las palabras de Nicola Villani en su *Ragionamento sopra la poesia giocosa de' greci, de' latini e de' toscani* referidas al poeta toscano, que considera el primer gran autor de la sátira italiana:

> Basta che quanto appartiene al ridicolo; si riconoscono in quello i caratteri della vecchia, e della mezzana comedia, e de i Satiri ancora, e della Satira. Conciosia che molte facetie, e più che molte maledicenze, nello Inferno particolarmente, e nel

---

[1] Junto con los *Sueños* voy a estudiar también el *Discurso de todos los diablos* que, pese a no formar parte de este conjunto, guarda bastantes parecidos temáticos y estilísticos con él. Ya he tratado algunos aspectos de la relación Dante-Quevedo en Cacho Casal 2000, 2000a & 2000b.

[2] La influencia dantesca en Quevedo fue señalada y cuestionada por Mérimée (1886, 175). La mayoría de los estudios posteriores siguen, más o menos directamente, sus planteamientos: Hutton (1907–08, 123–24), González de Amezúa (1951, 122–25), Jan (1951, 28 & 38–40), Morreale (1966, 10), Müller (1978, 225–27), Lida (1981, 206–207), y *Enciclopedia dantesca*, s.v. 'Quevedo'. Las excepciones más notables son los trabajos de Sergio Fernández (1950) e Ilse Nolting-Hauff (1991) quienes señalan varios paralelismos aunque, nuevamente, terminan destacando las diferencias entre Dante y Quevedo. Iffland (1978–82, II, 23) sigue el libro de Fernández.

[3] 'La *Comedia* de Dante es, entre otras cosas, una censura de la época contemporánea' (Curtius 1976, I, 37). Compárense, a modo de ejemplo, la crítica de la corrupción de las costumbres y la exaltación de un tiempo pasado hecho de mesura y honor que Quevedo retrata en su *Epístola satírica y censoria* y que Dante pone en boca de Cacciaguida en *Parad.* XV (este parecido se destaca también en la *Enciclopedia dantesca*, s.v. 'Quevedo').

Purgatorio vi si posson vedere. [...] Hannoui le punture, e gli acuti trafieri di Cratino, e di Eupolide. Hauui il riso mordace di Aristofane. Hauui il sale di Oratio. Hauui lo stomaco, e l'amarore di Persio, e di Giuuenale. E finalmente hauui abbondeuole riso, ma molto più abbondeuole maledicenza. (Villani, 1634, 56-57)

Cuando se excluye este componente cómico-satírico en la caracterización del poema dantesco no sólo se está falseando su significación global, sino también la perspectiva histórica de su recepción.

Por otro lado, se ha dicho en alguna ocasión que Quevedo es ante todo un satírico[4]. La afirmación me parece aceptable sólo si dentro de esa faceta satírica se incluyen sus inquietudes morales. Los *Sueños* son un ejemplo claro de esta dualidad, pues no habían sido concebidos por su autor como meras obras de burla intrascendente y es evidente en ellos el peso de la doctrina estoica y su carácter didáctico-moral. En los preliminares y conclusiones de cada uno de ellos Quevedo se preocupa por dejar bien claro su intento reformador y admonitorio[5]:

> guardo el decoro a las personas y solo reprehendo los vicios; murmuro los descuidos y demasías de algunos oficiales sin tocar en la pureza de los oficios. ('Prólogo' del *Sueño del infierno*, 171)

> Con todo eso, me pareció no despreciar del todo esta visión y darle algún crédito, pareciéndome que los muertos pocas veces se burlan, y que gente sin pretensión y desengañada, más atiende a enseñar que a entretener. (*Sueño de la Muerte*, 405)

Es cierto que en las sátiras de Quevedo la risa y, especialmente, lo risible tienen una cabida mucho mayor que en el *Inferno* de Dante. Abundan en todos los *Sueños* las referencias a ello: 'diome risa' (94), 'Riéronse todos' (112), 'les tomó a los diablos muy gran risa de ver eso' (121), 'Diome tanta risa' (133), 'a cada palabra que hablaban se hundían siete o ocho mil diablos de risa' (198), 'Diome grande risa' (400). Sin embargo, esta risa no tiene sólo un carácter de comicidad gratuita, sino también satírico-moral. La risa funciona para desenmascarar la hipocresía, que es en último término el pecado contra el que Quevedo arremete con más dureza en sus obras. La risa levanta el velo de la mentira y nos lleva al desengaño. Ello quiere decir que, en más de una ocasión, la carcajada liberatoria es consecuencia de la aprehensión de lo amargo. El narrador nos dice en un momento del *Sueño del Juicio Final*: 'Riérame si no me lastimara a otra parte el afán con que una gran chusma de escribanos andaban huyendo de sus orejas' (*Juicio Final*, 96–97). Lo cómico y lo serio son, pues, las dos caras inseparables de la *Commedia* y los *Sueños*, sin que ello obste para que en ocasiones una predomine claramente sobre la otra.

Frente a la influencia dantesca en los *Sueños*, suele privilegiarse la de otros autores, entre los que destaca Luciano de Samosata[6]. Su peso en los *Sueños* y en

---

[4] Sánchez Alonso 1924, 36–37; *Prosa festiva* 13.

[5] De todos modos, tales justificaciones son algo común a muchos autores del Siglo de Oro: 'los autores tratarán, en todo momento, de justificar sus sátiras, suavizándolas con esa apostilla por la cual se proponen no perjudicar a nadie en sus escritos. Es decir, que la sátira, cuando se produce, no debe confundirse con la maledicencia ni con la murmuración' (Pérez Lasheras 1995, 24).

[6] Vives Coll 1954; Morreale 1955; Rallo 1996.

otras obras de Quevedo es evidente. Además, existen pruebas de que el escritor español leyó los diálogos lucianescos relativamente temprano. En la lista de libros prestados a Alonso Carrillo, que aparece en el cuadernillo donde se recoge la *España defendida* (1609), se incluye la obra: 'Luziani *Dialogi*' (Rose 1916, 526).

Sin embargo, creo que la importancia de Luciano en la construcción de las visiones quevedianas se ha exagerado, llegando casi al extremo, a veces, de considerar estas últimas como una versión cristianizada de las sátiras de Luciano. Es cierto que algunos temas y aspectos de su técnica prosística han sido imitados por Quevedo, sobre todo por lo que respecta al arte del diálogo, pero es también cierto que resulta difícil proponer una equivalencia exacta entre las obras de Luciano y los *Sueños*. Por ejemplo, los *Diálogos de los muertos* son, desde el punto de vista estructural, unas escenas breves que se van siguiendo sin demasiada continuidad. No aparece nunca la voz de un narrador que nos va contando sus andanzas por los paisajes infernales, no hay movimiento y las descripciones no son demasiado frecuentes. Lo mismo vale para otros escritos en los que se ha visto cierta influencia en los *Sueños*: *Caronte*, *Acerca de los sacrificios*, *Sobre el luto*, *El gallo*, *Icaromenipo* o el *Sueño*. El marco general en el que se inscribe el discurso de estas obras de Luciano es el diálogo o el monólogo retórico, la narración aparece siempre en un plano secundario frente a estos dos, generalmente inscrita en uno de ellos. El *Menipo* es uno de los pocos ejemplos en los que encontramos a un personaje protagonista deambulando por los escenarios infernales y relatando sus peripecias[7].

Junto con Luciano, han sido muchos los autores y obras señalados como posibles fuentes de los *Sueños*[8]. He aquí uno de los factores de mayor confusión a la hora de analizar estas obras quevedianas: la excesiva generosidad con la que se le atribuyen todo tipo de fuentes. Lo cierto es que el viaje infernal, la visión ultraterrenal, es un motivo demasiado difundido en la historia de la literatura universal como para poder establecer fronteras bien delimitadas. Sin embargo, a veces no se tiene demasiado en cuenta el contexto literario en el que se movió Quevedo y se le atribuye el conocimiento de obras de las que poseemos muy escasos elementos para poder demostrar su efectiva difusión en la España del siglo XVII.

En los *Sueños* se han querido ver huellas, por ejemplo, de un gran número de visiones medievales, tanto españolas como francesas. No deberíamos olvidar que muchas de estas obras se han dado a conocer sólo después de que la tradición filológica posterior al siglo XVIII, impulsada especialmente por el Romanticismo y su interés por la Edad Media, empezara a redescubrirlas. Muchos escritos que hoy forman parte de nuestro acervo literario les eran totalmente desconocidos a los escritores españoles del XVII (pensemos en el *Cantar de Mio Cid*, por ejemplo), ya

---

[7] Una breve escena de descenso al Hades aparece también en *El aficionado a las mentiras* 24–26. En los *Relatos verídicos* II, 30–31 se incluye una descripción de la Isla de los Impíos, cercana al mundo infernal.

[8] Ver Mérimée 1886, 175–76; Fernández 1950, 167; Nolting-Hauff 1974, 17, 59–60, 115–22, 147 & 279; Müller 1978, 228; López Poza 1994, 85 n.1; Quevedo 1996, 38–39; Gómez Trueba 1999, 255–70. Otros posibles precedentes de Quevedo por lo que respecta el motivo literario de la visión infernal se estudian en Lida de Malkiel 1956; Ruiz Pérez 1988; Piñero Ramírez 1995.

sea porque no se sabía de su existencia o ya sea porque los gustos literarios los habían arrinconado. Un caso paradigmático, a este respecto, es el *Roman de la Rose*, que suele incluirse entre los textos imitados por Quevedo. El *Roman* influyó en algunos poetas del XV, como Imperial o el Marqués de Santillana, pero resulta muy complicado confirmar su influjo en autores españoles posteriores a este siglo[9]. Otro caso aún más llamativo es el del *Somni* de Bernat Metge, que a veces se ha puesto en relación con los *Sueños*. Además de las evidentes diferencias entre ambas obras, el *Somni* no fue publicado hasta 1889 y es muy probable que sus versiones manuscritas no tuvieran una difusión muy amplia fuera de Cataluña.

Este problema de abundancia de fuentes se deriva, en parte, de otro no menos importante. Algunas obras han sido indicadas como modelos de los *Sueños* basándose, en ocasiones, en lejanos parecidos sobre los que no siempre se ha profundizado. Es el caso de los *Mondi* y los *Inferni* (1552–53) de Anton Francesco Doni. Estas obras tienen varios parecidos con las visiones del escritor español, sobre todo el contexto onírico en el que se inscribe la narración y los contenidos paródico-infernales, pero no pueden ser consideradas como fuentes fundamentales de los *Sueños* (Cacho Casal 2003).

Siguiendo la línea del sueño, se ha indicado también la relación de las obras quevedianas con otras donde aparece este mismo recurso narrativo. Me estoy refiriendo a la tradición del *Somnium* lucianesco de raigambre humanista. Hay un abundante número de obras en el siglo XVI que llevan este título, siguiendo el modelo de Luciano y el de Justo Lipsio, que fue uno de los reintroductores de este tipo de sátiras[10]. En ellas es frecuente la narración en primera persona de un viaje onírico, que es aprovechado en clave didáctica o satírica.

La deuda de Quevedo con el *Somnium* (1581) de Lipsio parece bastante clara, pero se le ha dado, a veces, demasiado peso[11]. La obrita del escritor flamenco es principalmente un diálogo en el que se van incrustando discursos retóricos de varios personajes (Cicerón, Ovidio, etc.) en favor o en contra de los métodos filológicos del momento (*Lusus in nostri aevi criticos*, reza el subtítulo del *Somnium*). Como ya ocurría con Doni, creo que las concomitancias entre Quevedo y Lipsio deben buscarse ante todo en el recurso narrativo del sueño y en los contenidos. Por ejemplo, los ataques que se van intercalando en ciertas obras del español contra los humanistas pueden recordar pasajes del *Somnium* de Lipsio, aunque la mayoría de estas invectivas aparezcan en otros textos y muy secundariamente en los *Sueños*. Pensemos en el caso de la *España defendida* (Rose 1916a, 165):

---

[9] Santillana recuerda el *Roman* en su *Proemio*: 'Dentre estos uvo muy doctos e señalados en estas artes; ca maestre Johan de Loris fizo el *Roman de la rosa*, donde, commo ellos dizen, el arte de amor es tota inclosa' (1988, 445–46). Según Alvar (1985, 28–29), la influencia del *Roman* se da ya de manera escasa en el mismo siglo XV español, y posteriormente es prácticamente nula.

[10] Matheeussen & Heesakkers 1980; Schwartz Lerner 1990.

[11] Para el texto de la *Satyra Menippaea 'Somnium'* véase Matheeussen & Heesakkers 1980, 25–77. Nolting-Hauff (1974, 66) pasa al extremo opuesto rechazando el influjo de la tradición humanista en Quevedo: 'Las tradiciones humanistas, de las que él en realidad se encontraba bastante alejado, determinaron al principio la titulación más fuertemente que la realidad literaria de sus creaciones'.

quando mas glorioso, llega a ser un Duza; i un Scalijero es para mirar si Plauto dijo *oro* por *precor*, mudar vna letra, alterar vna voz, despedazar a Luzilio, Petronio, Plauto, i Catulo; el uno i el otro hazer que se desconozcan a si mismos Titulo [*sic*], Properzio, Manilio, Ausonio, Sexto Pompeio, Varron i los opusculos de Virjilio, Ausonio i otros, que si aora resucitaran, segun estos criticos los despedazan, apuntan, declaran, notan i alteran, no se conozieran a si mismos, ni se vastaran a aberiguar con sus obras[12].

También el *Somnium* (1532) de Juan Maldonado se inscribe en la misma corriente humanista de Lipsio y ha sido contado entre los textos influyentes en Quevedo[13]. En esta obra volvemos a tener una narración en primera persona donde se nos relata un viaje onírico: una ascensión a la luna y una visita a las tierras de América. Se trata de uno de los primeros casos de *utopía literaria* en España, cargado de contenidos ideológicos asociados con el erasmismo. En él se nos describen las ideales condiciones de vida de los habitantes de la luna y del nuevo Mundo, contrastándolas con la corrupción civil y moral de la Tierra. Las digresiones moralizantes y didácticas ocupan la mayoría del texto. Nuevamente, estamos ante una obra que se puede poner en paralelo con las sátiras de Quevedo sólo teniendo en cuenta el uso del sueño literario y de la narración en primera persona. Sin embargo, no he dado con ninguna prueba de que Maldonado pudiera haber influido en algún aspecto más concreto de los *Sueños* quevedianos.

Otro texto con el que se han asociado los *Sueños* es el *Somnium Scipionis* de Cicerón y el comentario de Macrobio a este fragmento del *De re publica*. También en este caso, la huella del diálogo de Cicerón puede estar presente en las sátiras quevedianas, pero ha de ser delimitada. Lo más destacado del *Somnium Scipionis* es la perspectiva aérea desde la que el protagonista observa el cosmos, que aparece también en el *Icaromenipo* de Luciano. Este aspecto fue el que aprovecharon Garcilaso y fray Luis de León en sus imitaciones de esta obra (Lapesa 1977, 163–73), o Vélez de Guevara en el *Diablo cojuelo* y el mismo Maldonado en su *Somnium*, pero de poco podía servirle a Quevedo para su mundo infernal.

Tras este breve repaso por las diversas opiniones de la crítica y por algunas de las fuentes que se le suelen atribuir a Quevedo, no es difícil apreciar la tendencia a alejar al escritor español de Dante. Esta tendencia contrasta con la abundancia de modelos que se han ido señalando para los *Sueños*. Mi intención ahora no es la de negar la influencia de autores como Luciano, Lipsio o Cicerón, sino la de matizarla. Los *Sueños* aprovecharon diversos escritos y tradiciones, y sus deudas con éstos son múltiples y variadas. La *Commedia* ha de ser considerada, de entrada, como posible modelo quevediano en el mismo nivel que los textos clásicos, lucianescos, medievales y humanistas arriba mencionados.

---

[12] De todas estas diatribas ha quedado sólo un leve recuerdo en los *Sueños*, como es el caso del ataque a J.C. Escalígero incluido en el *Sueño del infierno*. Saavedra Fajardo ha seguido mucho más de cerca el modelo del juicio a los filólogos del *Somnium* de Lipsio en su *República literaria* (1942, 128–33). También el autor de los *Mondi* arremete contra los que se atreven a enmendar los textos sin criterio y a 'despedazar' a los autores del pasado (Doni 1994, 336–39 & 346).

[13] Sobre Maldonado ver Avilés 1981, 107–48 (texto del *Somnium*, 149–78); Gómez Trueba 1999, 72–75.

Parto, pues, de la hipótesis de que Dante forma parte del entramado literario y cultural sobre el que Quevedo construyó sus *Sueños*. Las diferencias entre ambos autores son claras e innegables, pero ello no impide hacer un estudio más detallado de las concomitancias. El satírico español nunca pretendió hacer una imitación exacta de la *Divina Commedia*, pero eso no quiere decir que no se sirviese de ella en sus propias obras.

Es cierto que el gusto por el poema alegórico-narrativo mermó en el siglo XVII, pero esta tradición medieval siguió influyendo en algunos autores barrocos. No olvidemos que los primeros grandes imitadores de Dante en España fueron los poetas del XV; escritores como el Marqués de Santillana o Juan de Mena aún eran muy conocidos en el Barroco. La poesía cancioneril fue revalorizada por muchos poetas tras su parcial rechazo en el Renacimiento. Todavía perduraban ciertos tópicos sobre la imperfección de la literatura medieval, pero ello no obstaba para que se siguiera leyendo y, parcialmente, imitando. El Discurso XXIV de la *Agudeza y arte de ingenio* de Gracián me parece un ejemplo paradigmático de la admiración hacia la lírica cancioneril por parte de los escritores del Barroco, sobre todo por lo que respecta a sus juegos de ingenio (equívocos, retruécanos, etc.).

Quevedo dejó claro en más de una ocasión que conocía la poesía de cancionero y que le interesaba. Por ejemplo, entre los escritores que cita en su *España defendida* (Rose 1916a, 163) aparecen Mena, Castillejo, Garci Sánchez de Badajoz y Manrique. Otra muestra clara de las lecturas cancioneriles de Quevedo es la dedicatoria al Conde-Duque de su edición de la *Obras* de fray Luis de León. Entre los muchos autores y títulos citados destaca el *Cancionero general* (1511), obra en la que se incluían varios poemas de autores del *Cancionero de Baena*. En este último cancionero se recogen versos de muchos poetas que se vieron influidos por Dante: pensemos sólo en los *dezires* de Imperial y en los del Marqués de Santillana[14]. Esto nos lleva a considerar la posibilidad de que la influencia dantesca en Quevedo se viera mediatizada también por la lírica medieval castellana. Ya había apuntado algo parecido Nolting-Hauff (1974, 17):

> La técnica de la alineación de episodios 'vistos', que caracteriza tanto al *Juicio final* como a los *Sueños* posteriores, la ha tomado Quevedo [...] de los poemas de visiones medievales, sobre todo de Dante y de sus imitadores españoles e italianos[15].

En las páginas siguientes me propongo estudiar la influencia del poema dantesco en los *Sueños* de Quevedo. Para ello voy a sistematizar todos los parecidos que se han ido señalando hasta ahora por parte de la crítica, a los que añadiré nuevas sugerencias. El análisis se va a desarrollar siguiendo unos puntos en los que se incluyen aspectos de contenido, estructura, técnica narrativa y estilo de la *Commedia* que pudieron haber ejercido su influjo en Quevedo.

---

[14] En el *Cancionero general* de Hernando del Castillo no aparecen composiciones de Imperial, pero sí de Santillana (Dutton 1990–91, V: *Impresos 1474–1513*, 117–538).

[15] Gómez Trueba 1999, 29: 'la abundantísima poesía medieval de visiones fue sin duda fuente de inspiración para los autores de sueños humanistas y barrocos'.

2.i. El sueño

El recurso del sueño para introducir una ficción literaria tiene una larga tradición. Su significado y su empleo pueden ser muy variados: el marco onírico permite una gran libertad de movimientos al escritor. En él cabe lo fantástico y lo prohibido, lo irreal y lo irreverente. Su utilización, desde luego, favorece a menudo la posibilidad de que se toquen temas que, en otro contexto más realista, hubieran resultado demasiado atrevidos o inverosímiles. El sueño construye una realidad paralela que sirve como huida y, a la vez, como espejo del mundo[16].

El sueño, desde la época clásica, tiene una doble vertiente. Puede ser falso o verdadero, puede llevar al engaño o al descubrimiento de verdades ocultas. En la *Odisea* (XIX, 560 y ss.) se le atribuyen dos puertas: una de cuerno, y de allí proceden los sueños verdaderos; la otra de marfil, de donde vienen los engañosos. Tal idea se recoge también en la *Eneida*:

> Sunt geminae Somni portae, quarum altera fertur
> cornea, qua veris facilis datur exitus umbris,
> altera candenti perfecta nitens elephanto,
> sed falsa ad caelum mittunt insomnia Manes. (VI, 893–96)

Esta bifurcación básica pervive durante todo el Medievo y el Renacimiento español. A partir de esta división se explican los dos significados principales que se encuentran asociados a las ficciones oníricas, uno positivo y otro negativo: el sueño como revelación, y el sueño como mentira y desviación[17]. Para nuestros fines, nos interesa centrarnos ahora en el primero y en algunas obras literarias que se derivan de éste.

Si pensamos en el *Somnium Scipionis* de Cicerón, veremos como allí el sueño sirve para revelar verdades e inculcar valores morales a su protagonista. El narrador es adoctrinado por el Africano que le demuestra la pequeñez de los anhelos humanos y la grandeza que reside en la búsqueda de la virtud y del bien público. El sueño tiene aquí un valor fuertemente didáctico. Lo mismo ocurre en el *Sueño* de Luciano, donde el protagonista asiste al debate entre la Escultura y la Retórica, que finalmente le convence para que siga su enseñanza y se convierta en un hombre ilustre. Algo semejante acontece en otras obras que han sido relacionadas con los *Sueños* de Quevedo, como el *Somni* de Metge. En su visión, el protagonista queda 'illuminat' por lo que le enseñan sus tres interlocutores, el rey Juan I, Orfeo y Tiresias. Lo que ha aprendido le ha llevado al desengaño, con lo cual queda 'fort trist e desconsolat' (372). Esto mismo aparece expresado en la *República literaria* de Saavedra Fajardo, donde al final de su sueño el narrador dice: 'desperté de muchos errores en que antes bivía dormido, conociendo las vanas fatigas de los hombres' (1942, 133–34).

---

[16] Iffland 1978–82, II, 19–20; Sieber 1982, 115; López Poza 1994, 93; Avilés 1981, 33–70; Gómez Trueba 1999, 291–311. Sobre el sueño en el Barroco véase también Cvitanovic 1969.

[17] Un claro ejemplo de 'sueño malo' es el que tiene Micilo en Luciano, *El sueño o el gallo* 12, donde se imagina a sí mismo rico. También Platón en su *República* 571a–572b distinguió entre un sueño positivo (racional) y otro negativo (irracional). Luciano ofrece una versión paródica de todas estas interpretaciones en la descripción de la Isla de los Sueños de los *Relatos verídicos* II, 32–35. Para más información sobre la valoración de los sueños desde la época clásica hasta el siglo XVII véase Gómez Trueba 1999, 172–85.

El desengaño aparece también en obras como *El Crótalon* donde, basándose en el *Gallo* de Luciano, la dialéctica verdad-fantasía propiciada por el contexto matutino —entre sueño y vigilia— conduce al desenmascaramiento de la hipocresía humana (Villalón 1982, 61–63). El sueño nos da el acceso a lo sobrenatural y a la verdad oculta. No es extraño, pues, que éste se vea frecuentemente asociado a contextos satíricos. Es éste el caso de Quevedo en sus visiones.

Los *Sueños* escenifican un mundo paralelo, en el que las mentiras del nuestro se ven desveladas y castigadas. Sátira, por lo tanto, pero también adoctrinamiento y admonición para el lector. Recordemos el título completo de la edición *princeps* de Barcelona: *Sueños y discursos de verdades descubridoras de abusos, vicios y engaños, en todos los oficios y estados del mundo*. El narrador se queda dormido, y en su visión deambula por las verdades y miserias del hombre, descubriendo la cara oculta del vicio. Ahora bien, James Iffland (1978–82, II, 19 n.4) ha señalado que el recurso del sueño como tal aparece claramente sólo en dos de las cinco obritas de Quevedo: el *Sueño del Juicio Final* y el *Sueño de la Muerte*. En las demás, el protagonista no se queda dormido antes de tener sus visiones.

Desde luego, en el *Alguacil endemoniado* y en el *Discurso de todos los diablos* no entra la percepción onírica, pero en el *Mundo por de dentro* y en el *Sueño del infierno* la cuestión no es tan sencilla. Por lo que respecta al *Mundo por de dentro*, es cierto que nunca se especifica claramente el hecho de que el protagonista se haya quedado dormido, pero en la versión de *Juguetes* Quevedo se preocupó por añadir un extenso pasaje al final de esta obra. En sus últimas líneas el Desengaño le dice al protagonista: 'Reposa un poco, para que lo que resta te enseñe y no te atormente'. A lo que éste reacciona así: 'Yo tal estaba, di conmigo en el sueño y en el suelo, obediente y cansado' (Quevedo 1996, 502). El sueño no se usa aquí como desencadenante de la narración, sino como consecuencia.

En el *Sueño del infierno* nos encontramos con un caso más ambiguo. El protagonista empieza la narración expresando su falta de confianza en la credibilidad de los sueños, y luego nos dice que fue llevado por la providencia de Dios (guiado por su ángel de la guarda) a presenciar las visiones que nos relata en la obra:

> como sé que los sueños las más veces son burla de la fantasía y ocio del alma, y que el diablo nunca dijo verdad […] vi, guiado del ángel de mi guarda, lo que se sigue, por particular providencia de Dios; que fue para traerme en el miedo la verdadera paz. Halléme en un lugar. (*Sueño del infierno*, 171–72)

El narrador 'es llevado' por una fuerza sobrenatural a visitar los reinos infernales. Lo suyo, más que un sueño, parece una visión paranormal. Ahora bien, resulta algo extraño que Quevedo lo titulara *Sueño*, cuando en realidad nunca se explicita claramente el hecho de que el protagonista se haya quedado dormido, o que tras la visita al infierno se despierte. Se dice tan sólo 'vi' (*Sueño del infierno*, 172) al principio, y 'Salíme fuera' (269) al final. El escritor hace, pues, un uso muy desigual y ambiguo del sueño.

Quevedo empleó, por lo que al recurso del sueño se refiere, diferentes fuentes que le brindaban —aun dentro de unas líneas generales comunes— diferentes posibilidades y matices en su utilización. En el *Sueño del infierno* se nota un apoyo

3. DANTE EN LOS *SUEÑOS*

especialmente fuerte en la *Commedia*. Más que cualquier otro *sueño*, parece estar condicionado por el modelo dantesco en varios elementos temáticos, narrativos e incluso en el título, que en la mayoría de sus versiones manuscritas es *Infierno* a secas, con evidentes ecos del *Inferno*. La ambigüedad del inicio de esta sátira de Quevedo quizás sea deudora de los primeros versos de la *Commedia* de Dante (Nolting-Hauff 1974, 22–23). Allí el poeta florentino dice que se encuentra en un camino, en una selva, sin explicar muy bien cómo ha llegado: 'Nel mezzo del cammin di nostra vita | mi ritrovai per una selva oscura, | ché la diritta via era smarrita' (*Inf.* I, 1–3). Quevedo dice 'Halléme', como Dante había dicho 'mi ritrovai'. Es fácil apreciar en ambos casos ese aire de indefinición y de incertidumbre, debido a un comienzo *in medias res*[18].

Tras estos primeros versos Dante acrecienta el carácter de vaguedad de su visión. Aparece el sueño: 'Io non so ben ridir com' i' v' intrai, | tant' era pien di sonno a quel punto' (*Inf.* I, 10–11). Aún hoy no existe una interpretación unitaria de estos versos: según algunos, el 'sonno' no es más que una imagen para expresar la caída en el pecado, el 'oscurecerse' de los sentidos racionales, subyugados por los instintos primarios. El narrador, en realidad, no se ha quedado dormido antes de tener su visión, el viaje de la *Divina Commedia* no es un sueño. Junto con esta interpretación, está la de los que defienden lo contrario: el poeta se ha quedado dormido y toda su peripecia se desarrolla en un marco onírico. Así lo expone Landino:

> Perche uogliono, che il poeta ponga il mezzo della uita per la notte, & la notte pel sonno, a notare che questo poema non sia altro che una uisione che gli apparue dormendo, per la quale hebbe cognitione delle cose da lui scritte in queste tre comedie (*DCQ*, fol. 1r)[19].

Con lo cual, la poca claridad del contexto ficcional en la que se desarrolla la narración de Quevedo puede ser deudora de esta ambigüedad de los primeros compases de la *Commedia*. De todas formas, lo que sin lugar a dudas ha influido en el escritor español es el peso del sueño en el desarrollo de la acción. Este recurso no aparece tan sólo en Cicerón, Luciano o Lipsio, sino en el mismo poeta florentino; y creo que hasta ahora no se había destacado este dato. Es más, el sueño aparece en varias ocasiones en el poema dantesco.

Al final del canto III del *Inferno* el poeta tiene una especie de desmayo que compara con un sueño: 'e caddi come l'uom cui sonno piglia' (v. 136). Al empezar el canto IV despierta por el ruido de un trueno y dice: 'Ruppemi l'alto sonno ne la testa | un greve truono, sí ch'io mi riscossi' (vv. 1–2). Landino ofrece la siguiente interpretación de este episodio:

> Adunque è necessario che Dante, cioè la sensualità sia portata nell'inferno addormen-

---

[18] Ver también el principio del *Mundo por de dentro*: 'me hallé todo en poder de la confusión, poseído de la vanidad' (273).

[19] También según Doni, autor de los *Mondi* y de los *Inferni*, el poeta florentino ha tenido un sueño: 'Dante, dormendo come me, andò anch'egli all'Inferno' (1994, 215). Ver Gómez Trueba 1999, 46–47.

49

> tata, accioche non insurga contra la ragione [...]. Adunque manda l'angelo che l'addormenti, & addormentato lo passi, il che niente altro dinota, se non che la gratia diuina supplisce alla nostra fragilità, & separa & astrahe la mente, & l'intelletto da sensi, accioche possa inalzarsi a specular le grandi cose allequali è nato. (*DCQ*, fol. 23r)

En la *Commedia* nunca se dice que haya bajado un ángel a traerle el sueño a Dante, se habla sólo de una 'luce vermiglia' y de un temblor de tierra que dejan aturdido al poeta. Lo que resulta chocante es el parecido entre el 'angelo' y la 'gratia diuina' de Landino, comparados con el 'ángel de mi guarda' y la 'providencia de Dios' de Quevedo al comienzo de su *Sueño del infierno*[20].

El sueño (confundido a veces con el desmayo) vuelve a aparecer varias veces en los versos de las tres partes del poema de Dante, y casi siempre como un momento culminante, en el que le son reveladas grandes verdades o en el que tiene que pasar por un trance especialmente significativo (*Inf.* V, 142; XXVI, 7; *Purg.* IX, 19; XVIII, 145; XIX, 7). Incluso en el último canto del *Paradiso* (XXXIII, 58–63), Dante emplea el símil del sueño para introducir la visión de Dios con la que se concluye la obra:

> Qual è colui che somniando vede,
>   che dopo il sogno la passione impressa
>   rimane, e l'altro a la mente non riede,
> cotal son io, ché quasi tutta cessa
>   mia visione, e ancor mi distilla
>   nel core il dolce che nacque da essa.

Como se puede apreciar por todo lo que llevamos visto, Dante hace un rico y variado uso del recurso del sueño, desde los primeros compases de la *Commedia* hasta su cierre. Un sueño que a menudo es algo ambiguo, sólo aludido e insinuado. Sin embargo, ello no impidió que Quevedo y los primeros imitadores españoles de Dante lo siguieran y emplearan; aquél en sus *Sueños* y éstos en sus poemas narrativos.

El decir narrativo del siglo XV se enmarca con frecuencia en un contexto onírico, teniendo como principal modelo a Dante (Fernández Escalona 1993, 197), tal y como atestiguan estos versos del Marqués de Santillana en su *Coronación de mossén Jordi de Sant Jordi*, vv. 13–16: 'E commo Aligeri reza | do recuenta que durmió, | en sueños me paresçió | ver una tal estrañeza' (1988, 102). La ambigüedad dantesca no sólo no fue un obstáculo, sino que se incorporó a estos poemas. Veamos algunos ejemplos.

Imperial en su *Dezir al nascimiento del rey don Juan* dice: 'non sé sy velava, ni sé sy dormía' (1977, XV, 65–93, v.4); y en su *Dezir a las syete virtudes*: 'e ansý andando výnome a essa ora | un grave sueño, maguer non dormía, | mas contemplando la mi fantasía | en lo que el alma dulçe assabora' (1977, XVII, 98–127, vv. 13–16). ¿Sueña o no sueña? Junto con esto, creo que vale la pena señalar un claro parecido entre el final del *Dezyr a las syete virtudes* de Imperial y Quevedo. En sus últimos

---

[20] En ambos casos puede haber una reminiscencia del Apocalipsis 1:1–2, donde se dice que Dios le concedió a Juan la revelación de 'lo que ha de suceder pronto' y que le envió a un ángel para dársela a conocer.

versos el protagonista nos cuenta cómo despierta del sueño con la *Commedia* de Dante en las manos: 'e acordé, commo a fuerça despierto, | e fallé en mis manos *un Dante* abierto | en el capítulo que la Virgen salva' (1977, 127, vv. 462–64)[21]. Recordemos que el escritor barroco había tenido sus visiones, en la edición de *Juguetes*, porque se había quedado dormido con 'el libro del Dante' en las manos[22].

La *Coronación del marqués de Santillana* de Mena empieza *in medias res*: el poeta se halla de camino en una 'selva muy brava'. En ningún momento se dice que se trata de un sueño hasta que en la copla XXIV aparecen estos versos: 'mas, con el mal trabajoso | y tiempo caliginoso, | mis sentidos de pequeño, | vençidos del mucho sueño, | fueron dados al reposo' (Mena 1989, 165, vv.236–40). Como ocurría con Dante, el sueño es algo que se introduce sólo en un segundo momento[23].

El caso de los *dezires* del Marqués de Santillana también se mueve en este ámbito incierto y vago. Sus poemas empiezan casi siempre en el momento en el que está llegando la noche o en el que está saliendo el sol: un marco claramente indefinido, a mitad de camino entre el día y la noche. En la *Querella de amor*, se despierta sobresaltado por unas voces y ve a un hombre aquejado por las penas de amor, con el que dialoga (Santillana 1988, 83, v.17). Su *Visión* comienza *in medias res*: 'me fallé cabe una fuente, | do vy tres dueñas llorando' (*ibid.*, 92, vv.7–8). Una vez más, nos encontramos con el mismo esquema dantesco, empleado también por Quevedo. Algo parecido se da también en *El planto de la reina Margarida*, donde al poeta se le presenta una visión sin que quede muy claro cómo ocurre; además, se especifica que dicha visión le aparece en su habitación, mientras estaba en la cama: 'Vy la cámara, do era | en mi lecho reposando, | bien tan clara commo quando | noturnal fiesta s'espera; | e vi la gentil deesa | de Amor, pobre de lïesa, | cantar commo endechera' (*ibid.*, 96, vv.9–15)[24]. En el decir que se titula precisamente *El sueño* el poeta no indica que está soñando hasta el verso 57, y lo hace muy de pasada: 'En aquel sueño me vía' (*ibid.*, 117). Por último, en su *Infierno de los enamorados* se vuelve a repetir lo mismo que habíamos visto en la *Coronación* de Mena: el protagonista es llevado sin más explicaciones por la Fortuna a una 'montaña espesa'. El sueño aparece sólo posteriormente, en los vv.79–80: 'asý que finqué cansado | del sueño que me vençía' (*ibid.*, 138).

Estos ejemplos me parecen significativos para establecer el posible origen de ciertos pasajes quevedianos en los *Sueños*. Los poetas de cancionero pudieron servir

---

[21] Corrijo el texto, que lee *and™nte*. El editor del poema, Nepaulsingh, no cree que la lectura sea una errata por 'un Dante' o 'a Dante'; imprime 'andante' y ofrece una dilatada explicación de las diferentes posibilidades de interpretación de este verso (Imperial 1977, 127–31 n.463).

[22] Quevedo 1996, 416. Este parecido ya había sido señalado por Nolting-Hauff (1974, 106 n.60; 1991, 170) quien, sin embargo, no le atribuyó demasiada importancia. En último término, el motivo de la lectura que precede la dormición es un tópico en los sueños literarios (Gómez Trueba 1999, 44 & 188). De hecho, Quevedo vuelve a echar mano de él al principio de su *Sueño de la Muerte*: 'leídos aquellos versos que Lucrecio escribió [...] me dejé caer tan postrado con el dolor del desengaño que leí, que ni sé si me desmayé advertido o escandalizado' (309).

[23] Como ocurría también con el *Mundo por de dentro* en la versión de *Juguetes*.

[24] Este pasaje puede recordar de lejos el comienzo del *Sueño de la Muerte*: el narrador se queda dormido y se le aparece en su habitación la Muerte.

de puente entre Dante y Quevedo. El caso del recurso del sueño es sólo uno de los varios que se pueden señalar. La ambigüedad e indefinición del comienzo del *Sueño del infierno*, e incluso del *Mundo por de dentro*, parecen hallarse en deuda con el modelo dantesco y con el de sus imitadores del siglo XV.

En conclusión, el recurso al sueño en las obras de Quevedo debe tener en cuenta también la *Commedia*. El aspecto onírico en la construcción dantesca es muy importante y dejó una clara descendencia en la poesía de cancionero. Un escritor castellano del siglo XVII que decidiera escribir una obra literaria introduciendo el motivo del sueño disponía de un campo de referencias muy amplio que partía de la tradición clásica. En este sentido, si Dante resultaba una fuente menos accesible, no se puede decir lo mismo para autores como Mena (cuya *Coronación* circuló en varias ediciones impresas junto con el *Laberinto*), el Marqués de Santillana, o los demás poetas del XV que fueron 'reciclados' por el *Cancionero general* y sus secuelas. El caso de la *República literaria* de Saavedra Fajardo, junto con el de Quevedo, me parece bastante revelador a este respecto. En esta obra es posible rastrear huellas de Lipsio y de la sátira humanista, de Luciano y también de la tradición narrativo-alegórica de la poesía castellana del siglo XV. Es cierto que el poema alegórico había caído bastante en desuso en el Barroco, pero sus recursos fundamentales (como el del marco onírico) se reaprovecharon para construir nuevas obras, como la *República* de Fajardo o los *Sueños*. Bajo esta luz, las sátiras de Quevedo, sin dejar de estar asociadas con los modelos clásico y humanista, se pueden incluir dentro de la tradición medieval que parte de Dante y pasa por los poetas españoles del XV. El satírico debió beber de todas estas fuentes, creando en sus *Sueños* algo nuevo gracias a la originalidad con la que supo manejar y combinar los diferentes modelos literarios que utilizaron el sueño como recurso literario.

3.ii. El escenario infernal

Si el recurso del sueño cuenta con una larga historia literaria, no es menor, desde luego, la historia de la visión del otro mundo. Los paisajes infernales aparecen tanto en la tradición precristiana como en la cristiana. Una vez más, querer buscar unas fuentes claras y delimitadas para la representación del infierno en los *Sueños* de Quevedo resulta una tarea muy ardua. En este apartado, mi principal intención es la de analizar el papel que pudo jugar el infierno dantesco en el de las sátiras del escritor español, sin ninguna pretensión de exclusividad.

Al referirse al infierno de Quevedo la crítica suele insistir en su indefinición y vaguedad descriptiva: el escritor español no deja nunca una idea muy clara de cómo es el paisaje de su otro mundo[25]. En los *Sueños*, en efecto, no es muy precisa la caracterización del mundo infernal. Sin embargo, hay que matizar bastante esta parquedad descriptiva de Quevedo; pero vayamos por partes. Ante todo, debemos diferenciar entre los varios *sueños*: el infierno aparece sólo en alguno de ellos.

El *Sueño del Juicio Final* no está ambientado exactamente en el infierno. El

---

[25] Rovatti 1968, 126; Nolting-Hauff 1974, 81–82; 1991, 173; Iffland 1978–82, II, 22 n.10; Gómez Trueba 1999, 224.

narrador presencia en un 'valle' (98), que podemos asociar con el de Josafat, el Juicio Final que le es anunciado por la 'trompeta' de un ángel:

> Parecióme, pues, que veía un mancebo que discurriendo por el aire daba voz de su aliento a una trompeta, afeando con su fuerza en parte su hermosura. Halló el son obediencia en los mármoles y oído en los muertos, y así al punto comenzó a moverse toda la tierra y a dar licencia a los güesos, que andaban ya unos en busca de otros. (*Juicio Final*, 93–94)

El punto de vista del narrador es elevado: 'Yo veía todo esto de una cuesta muy alta' (*Juicio Final*, 97)[26]. Junto con estos dos referentes espaciales principales aparecen otros: un 'cementerio', un 'arroyo', un 'camino' (*Juicio Final*, 95, 100, 101) o un grupo de gente que el protagonista ve en la orilla de un río: 'Divertióme desto un gran ruido, que por la orilla de un río adelante venía gente en cantidad' (*Juicio Final*, 99). La única mención al mundo infernal aparece al final de la obra: 'Lleguéme por ver lo que había y vi en una cueva honda (garganta del infierno) penar muchos' (*Juicio Final*, 132).

Del 'valle' y de otros elementos espaciales, como la 'cuesta' o como el 'trono' de Dios (*Juicio Final*, 105), lo más razonable es pensar que se trata de ideas comunes derivadas, en último término, de las Sagradas Escrituras (como Apocalipsis 20:11–15; aunque las referencias espaciales son también aquí bastante limitadas). Sin embargo, recordemos que en la *Commedia* también aparece la perspectiva elevada en sus primeros cantos, desde la que Dante contempla el valle de los condenados. Comparemos el comienzo del *Sueño del Juicio Final* con el final del canto III del *Inferno*, cuando hay un temblor de tierra que deja aturdido a Dante, y el principio del IV, donde el poeta es despertado de su sueño:

> Finito questo, la buia campagna
> tremò sí forte, che de lo spavento
> la mente di sudore ancor mi bagna. (*Inf*. III, 130–32)

> Ruppemi l'alto sonno ne la testa
> un greve truono, sí ch'io mi riscossi
> come persona ch'è per forza desta;
> e l'occhio riposato intorno mossi,
> dritto levato, e fisso riguardai
> per conoscer lo loco dov'io fossi.
> Vero è che 'n su la proda mi trovai
> de la valle d'abisso dolorosa. (*Inf*. IV, 1–8)

Siempre en el canto III, 71, Dante ve a unas personas en la orilla de un río: 'vidi genti a la riva d'un gran fiume'. Además, también en el *Inferno* dantesco aparece un cementerio. En *Inf*. IX, 106–33 y X el poeta visita con Virgilio el círculo de los herejes, que penan cerrados en sus tumbas porque no creyeron en la inmortalidad del alma.

Los elementos apocalípticos son muy destacados en la *Commedia*, donde el poeta

---

[26] Esta perspectiva desde una altura recuerda la de Caronte y Hermes en el *Caronte o los contempladores* de Luciano de Samosata.

intenta de alguna forma remedar la experiencia de Juan y profetizar su 'revelación' a los demás hombres[27]. Comparemos nuevamente el principio del *Juicio Final* con la obra de Dante, *Inf.* VI, 94–99. Virgilio habla del Juicio Final:

> E 'l duca disse a me: 'Piú non si desta
> di qua dal suon de l'angelica tromba,
> quando verrà la nimica podesta:
> ciascun rivederà la trista tomba,
> ripiglierà sua carne e sua figura,
> udirà quel ch'in etterno rimbomba'.

El peso del libro del Apocalipsis en las sátiras de Quevedo, en realidad, no es demasiado grande. Las imágenes apocalípticas aparecen claramente representadas sólo en el arranque del *Sueño del Juicio Final* (Iffland 1978–82, II, 21–22). Más que una clara influencia directa del Apocalipsis, parece haber habido en los *Sueños* una derivación filtrada por otras obras. Desde luego, el libro del pseudo-Hipólito debió de ser uno de los intermediarios quevedianos entre el texto bíblico y su obra (Quevedo 1996, 91 n.8), pero yo no descartaría tampoco la *Divina Commedia*. El poema dantesco contiene muchos pasajes que demuestran significativos parecidos con ciertos elementos contextuales y espaciales del *Juicio Final*, como hemos podido apreciar.

Entre los demás *sueños*, el mundo infernal ocupa un lugar predominante en el *Sueño del infierno* y en el *Sueño de la Muerte*. En el *Alguacil endemoniado* el componente paisajístico es muy leve, y en el *Mundo por de dentro* la acción se desarrolla en un marco alegórico-urbano. En el *Discurso de todos los diablos* volvemos a tener una acción inscrita dentro de un contexto infernal.

En el *Sueño del infierno* se incluyen dos elementos fundamentales en la caracterización del otro mundo: el camino y la puerta. Al principio de su visión el narrador nos cuenta:

> Tendí los ojos, cudiciosos de ver algún camino por buscar compañía, y veo, cosa digna de admiración, dos sendas […]. Era la de mano derecha tan angosta que no admite encarecimiento. (*Sueño del infierno*, 172)

Quevedo está recordando aquí el tópico de la vida como camino ('En el camino de la vida […] el partir es nacer, el vivir es caminar', *Sueño del infierno*, 174) y el pasaje de San Mateo 7:13–14: 'Entrad por la senda estrecha; porque ancha es la entrada y espacioso el camino que lleva a la perdición, y son muchos los que entran por ella; mas ¡Qué estrecha la entrada y qué angosto el camino que lleva a la Vida!; y pocos son los que lo encuentran'. Hay dos caminos en la vida, el 'camino de la virtud' (*Sueño del infierno*, 176) y el del vicio. El 'camino del cielo es angosto y el del infierno

---

[27] Herzman 1992. Sin embargo, Jan (1951, 27) opinaba que la *Commedia* no podía haberle servido a Quevedo como inspiración para el *Sueño del Juicio Final*, debido a la carencia de elementos apocalípticos en el poema de Dante. Por otro lado, Landino también hace referencia al Juicio Final en su comentario: 'il qual sarà nella consummation del mondo, quando tutta l'humana generatione, ripresi i propri corpi si ragunerà nella ualle detta Iosaphat, uicina a Hierusalem, doue Christo Iesu scenderà a giudicar i buoni a l'eterna gloria, & i rei a l'eterne pene […]. Allhora dunque queste anime citate torneranno per i propri corpi, & dopo il giudicio ritorneranno con queglii a queste tombe, & allhora si serreranno' (*DCQ*, fol. 60v).

ancho' (181):

> Di un paso atrás y salíme del camino del bien, que jamás quise retirarme de la virtud que tuviese mucho que desandar ni que descansar. Volví a la mano izquierda y vi un acompañamiento tan reverendo, tanto coche, tanta carroza. (*Sueño del infierno*, 174–75)

Además, la idea de que en el *bivium* de la vida la derecha representa el bien y la izquierda el mal tiene claras reminiscencias de la *Eneida* virgiliana[28]. En el medio de su visita al Hades, Eneas llega a un cruce: el camino de la izquierda lleva al Tártaro, donde penan los condenados por sus culpas, el de la derecha conduce al Elisio, en donde están las almas de los bienaventurados:

> Hic locus est, partis ubi se via findit in ambas:
> dextera quae Ditis magni sub moenia tendit,
> hac iter Elysium nobis; at laeva malorum
> exercet poenas et ad impia Tartara mittit. (VI, 540–43)

Ahora bien, la idea de que la vida es un camino y el pecado es un perderse aparece también en Dante. Igual que Quevedo, el poeta florentino empieza su obra diciendo que se ha salido de la 'diritta via' y que anda perdido (*Inf.* I, 1–3). Y vuelve a recordarlo más adelante: 'mi smarri' in una valle | avanti che l'età mia fosse piena' (*Inf.* XV, 50–51).

Si el *bivium* ha sido tomado por Quevedo de las Sagradas Escrituras y de Virgilio, la imagen del peregrino perdido en el camino de la vida, colocada además justo al comienzo de ambas obras, parece remitir a Dante[29]. Algo similar ocurre con el principio del *Mundo por de dentro*:

> me hallé todo en poder de la confusión, poseído de la vanidad de tal manera que en la gran población del mundo, perdido ya, corría donde tras la hermosura me llevaban los ojos y adonde tras la conversación los amigos, de una calle en otra, hecho fábula de todos. (273–74)

Tras perdernos en el camino llegamos a la puerta del infierno. Así nos la describe Quevedo: 'Y fue así, porque al punto nos hallamos dentro por una puerta como de ratonera, fácil de entrar y imposible de salir' (182). Una puerta semejante aparece también en el *Sueño de la Muerte*: 'Con esto nos fuimos más abajo, y antes de entrar por una puerta muy chica y lóbrega' (331)[30].

La entrada al Hades ya había sido descrita por Virgilio en su *Eneida*. Se trata de una gruta profunda y oscura:

> Spelunca alta fuit vastoque immanis hiatu,

---

[28] Era tópico en la época considerar a la izquierda como algo negativo, como una desviación de la derecha, que representaba lo correcto y normativo. Pensemos en los muchos chistes de Quevedo basado en la imagen del 'zurdo', que siempre es caracterizado negativamente (Gendreau-Massaloux 1979a).

[29] El 'camino', el 'caminante perdido' y el *bivium* aparecen también en la *Tabla de Cebes*, obra que se ha puesto en directa relación con los *Sueños* quevedianos (López Poza 1994, 90–92 & 94).

[30] Hay una referencia a la puerta del infierno también en el *Alguacil endemoniado*. Unos diablos, hablando de los sastres, dicen: 'y como tienen posesión en el hurtar y quebrantar las fiestas, fundan agravio si no les abrimos las puertas grandes, como si fuesen de casa' (156–57).

> scrupea, tuta lacu nigro nemorumque tenebris,
> quam super haud ullae poterant impune volantes
> tendere iter pinnis: talis sese halitus atris
> faucibus effundens supera ad convexa ferebat. (VI, 237–41)

Como es fácil apreciar, estos versos recuerdan la 'cueva honda' de la que habla Quevedo en su *Sueño del Juicio Final*. Pero hay más: la Sibila al saber que Eneas quiere ir a visitar a su padre al otro mundo le dice que lo difícil no está en el ir, sino en el volver:

> facilis descensus Averno:
> noctes atque dies patet atri ianua Ditis;
> sed revocare gradum superasque evadere ad auras,
> hoc opus, hic labor est. (*Eneida* VI, 126–29)

Los versos de Virgilio parecen resonar en las palabras de Quevedo en el *Sueño del infierno*: 'fácil de entrar y imposible de salir'[31]. El modelo virgiliano es, desde luego, el principal en estos pasajes de los *Sueños*. Sin embargo, también Dante había seguido muy de cerca la *Eneida*, y en su *Inferno* aparece otra vez la puerta[32]. Al principio del canto III, el poeta llega a una 'porta' (*Inf.* III, 11) que tiene escritos encima los famosos versos:

> 'Per me si va ne la città dolente,
> per me si va ne l'etterno dolore,
> per me si va tra la perduta gente […]
>
> Dianzi a me non fuor cose create
> se non etterne, e io etterno duro.
> Lasciate ogne speranza, voi ch'intrate.' (*Inf.* III, 1–3, 7–9)

Más adelante, el escritor florentino y Virgilio se encuentran con Caronte que fustiga e increpa a las almas de los condenados diciéndoles: 'Guai a voi, anime prave! | Non isperate mai veder lo cielo: | i' vegno per menarvi a l'altra riva | ne le tenebre etterne, in caldo e 'n gelo' (*Inf.* III, 84–87). La puerta del infierno es un lugar por donde sólo se entra y nunca más se sale. El que pasa sus umbrales ha de permanecer eternamente entre sus tinieblas. Quevedo, pues, parece haber tomado la puerta de Virgilio y de Dante, continuando con su línea de representación infernal.

En el mundo de ultratumba de los *Sueños* hay más elementos espaciales que merece la pena señalar: lagunas, zahúrdas, cárceles, simas. En realidad, el paisaje de las sátiras quevedianas no es tan pobre; es cierto que las referencias espaciales no son muy numerosas, pero en último término esto es una posible herencia de algunos de los modelos que tuvo en mente a la hora de escribir sus obras. Tampoco en la *Eneida*, por ejemplo, nos encontramos con una clara y detallada descripción del infierno. Sabemos que es un mundo subterráneo y oscuro, sabemos que lo recorren ríos y

---

[31] Influencia que se detecta también en los *Mondi* de Doni: 'facile a entrare, difficile a uscire' (1994, 233).

[32] La 'puerta' también se introduce como elemento de la narración en la *Tabla de Cebes* (López Poza 1994, 90–91). A su vez, hay una puerta en el 'sueño' de Saavedra Fajardo al llegar a los umbrales de la *República literaria* (1942, 13).

que tiene lagunas y collados, valles y bosques, pero —en el fondo— la descripción paisajística es muy escasa. Por lo que respecta a Dante, su infierno es mucho más complejo y articulado. Quevedo no pretendió, desde luego, seguir al poeta florentino en este ámbito. Su uso de la *Commedia* se ve, en este aspecto, circunscrito a unos elementos clave que pudo haber tomado y readaptado según su conveniencia.

Dante heredó del infierno de Virgilio varios elementos espaciales. Pensemos en la 'selva', por ejemplo. Tanto Virgilio (*Eneida* VI, 131, 179, 386) como el poeta florentino (*Inf.* I, 2; XIII, 2) ponen selvas y bosques en la entrada y en el interior de su mundo infernal. En este caso Quevedo demuestra su originalidad, y se distancia burlonamente de sus predecesores en el *Sueño del infierno*: 'Y doy fe de que en todo el infierno no hay árbol ninguno chico ni grande y que mintió Virgilio' (194). No ocurre lo mismo, sin embargo, con muchos otros aspectos en los que Quevedo se sirvió de sus modelos.

El *Sueño del infierno* es el más rico de los *Sueños* en elementos espaciales. Quevedo nos habla de una 'laguna', que recuerda bastante de cerca a la laguna Estigia de Virgilio (*Eneida* VI, 134) y de Dante (*Inf.* VII, 106):

> a poco que anduve topé una laguna muy grande como el mar y más sucia, adonde era tanto el ruido que se me desvanecía la cabeza. Pregunté lo qué era aquello, y dijéronme que allí penaban las mujeres que en el mundo se volvieron en dueñas. Así supe como las dueñas de acá son ranas del infierno. (*Sueño del infierno*, 203)

Sin embargo, en la obra de Virgilio nunca aparece la suciedad. El elemento más puramente desagradable y escatológico del mundo infernal Quevedo pudo haberlo tomado directamente de Dante, quien alude a una 'lorda pozza' (*Inf.* VII, 127)[33]. En el *Inferno* se nos habla más de una vez de lagunas y pantanos en los que los pecadores están condenados a sufrir sus penas. Esto tampoco aparecía en Virgilio, donde la laguna Estigia era un elemento puramente geográfico y no de castigo. Pero hay más, en un momento del canto XXII del *Inferno* Dante describe a unos condenados sumergidos y los compara con ranas. Es probable que la asociación de las dueñas con ranas en Quevedo se haya visto estimulada por este pasaje de la *Commedia*:

> E come a l'orlo de l'acqua d'un fosso
> stanno i ranocchi pur col muso fuori,
> sí che celano i piedi e l'altro grosso,
> sí stavan d'ogne parte i peccatori. (*Inf.* XXII, 25–28)[34]

Quevedo parece haber tenido muy en cuenta el texto de Dante al escribir estos

---

[33] También en *Las ranas* vv. 145–46 & 273 de Aristófanes, modelo de *descensus ad inferos* paródico y grotesco, se alude al barro y a otras inmundicias del mundo infernal.

[34] Dante hace una comparación parecida (condenado-rana) también en *Inf.* XXXII, 31–36. Además, las ranas aparecen en la descripción del Hades que ofrecen dos obras que Quevedo conocía bien: Juvenal, *Satyra* II, 150 'et contum et Stygio ranas in gurgite nigras', y Aristófanes, *Las ranas*, 209 & ss. (Wills 1969); según Courtney (1980, 147) el pasaje del satírico latino se ha inspirado en la obra del comediógrafo griego. Por último, Quevedo asocia una vieja con una rana también en un romance (*Poesía original* §748:89); según Schwartz Lerner (1986, 145–46), tanto en este poema como en el pasaje citado del *Sueño del infierno* podría estar tomando la imagen de Marcial, *Epigr.* III, 93, 8.

pasajes de su *Sueño*. Esto se aprecia aún mejor si avanzamos unas líneas más. Tras el episodio de las dueñas-ranas el narrador se aleja de la laguna ('charco') y ve lo siguiente: 'Salí, dejando el charco a mano izquierda, a una dehesa donde estaban muchos hombres arañándose y dando voces' (204). Dante justo después de haber descrito la laguna Estigia decía (*Inf.* VII, 106–14):

> In la palude va c'ha nome Stige
>   questo tristo ruscel, quand' è disceso
>   al piè de le maligne piagge grige.
> E io, che di mirare stava inteso,
>   vidi genti fangose in quel pantano,
>   ignude tutte, con sembiante offeso.
> Queste si percotean non pur con mano,
>   ma con la testa e col petto e coi piedi,
>   troncandosi co' denti a brano a brano.

Me parece significativo el paralelismo entre los dos pasajes. Quevedo está siguiendo el mismo orden que el poeta florentino en la distribución de estas escenas.

Podemos ahora seguir insistiendo un poco en los elementos escatológicos del infierno de Quevedo. En un momento de su *Sueño del infierno* el narrador presencia una de las escenas más desagradables de toda su visión:

> Entréme por un corral adelante, y hedía a chinches que no se podía sufrir.
> —¿A chinches hiede?—dije yo—. Apostaré que alojan por aquí los zapateros.
> Y fue así, porque luego sentí el ruido de los bojes y vi los trinchetes. Tapéme las narices y asoméme a la zahúrda donde estaban, y había infinitos. (193)

Los zapateros están encerrados en una pocilga repulsiva y maloliente. Como ya apunté, los motivos más escatológicos Quevedo pudo tomarlos sobre todo de Dante. Pensemos por ejemplo en el canto XVIII del *Inferno*, cuando Dante visita a los aduladores, hundidos bajo excrementos. Se trata quizás del pasaje más repulsivo de toda la *Commedia*:

> Le ripe eran grommate d'una muffa,
>   per l'alito di giú che vi s'appasta,
>   che con li occhi e col naso facea zuffa. […]
> Quivi venimmo; e quindi giú nel fosso
>   vidi gente attuffata in uno sterco
>   che da li uman privadi parea mosso.
> E mentre ch'io là giú con l'occhio cerco,
>   vidi un col capo sí di merda lordo,
>   che non parëa s'era laico o cherco. (*Inf.* XVIII, 106–108 & 112–17)

Además, es posible rastrear más alusiones a los malos olores del infierno en Quevedo, como por ejemplo ésta del *Sueño del infierno*: 'Volví la cabeza a un lado y vi en un seno muy grande apretura de almas, y diome un mal olor' (209). Por su parte, en Dante son muy numerosas: 'per un sentier ch'a una valle fiede, | che 'nfin là sú facea spiacer suo lezzo' (*Inf.* X, 135–36), 'venimmo sopra piú crudele stipa; | e quivi, per l'orribile soperchio | del puzzo che 'l profondo abisso gitta' (*Inf.* XI, 3–5; el v. 5 corresponde a *Dante* Anot. 25), 'tal era quivi, e tal puzzo n'usciva | qual suol venir de le marcite membre' (*Inf.* XXIX, 50–51).

Otro elemento que Quevedo parece haber tomado directamente de Dante es el del frío infernal[35]. En un pasaje del *Sueño del infierno* el narrador nos cuenta:

> Y lleguéme a unas bóvedas donde comencé a tiritar de frío y dar diente con diente, que me helaba. Pregunté movido de la novedad de ver frío en el infierno, qué era aquello. (190)

Dante contempla entre las penas infernales la del frío, que tienen que padecer los peores pecadores en los círculos finales del *Inferno*. Ya lo anuncia Caronte en el canto III cuando les grita a las almas de los condenados: 'i' vegno per menarvi a l'altra riva | ne le tenebre etterne, in caldo e 'n gelo' (vv. 86–87). Pero donde se describe con más detalle el Cocito, el lago helado del infierno, es en el canto XXXII: 'Per ch'io mi volsi, e vidimi davante | e sotto i piedi un lago che per gelo | avea di vetro e non d'acqua sembiante' (vv. 22–24). Además, como Quevedo, Dante indica que el frío le provocaba temblores: 'E mentre ch'andavamo inver' lo mezzo | al quale ogne gravezza si rauna, | e io tremava ne l'etterno rezzo' (vv. 73–75).

Tanto en este caso como en el de las dueñas-ranas Quevedo parece haber partido de una idea o de una imagen dantesca que ha reelaborado en clave conceptista y burlesca. Las dueñas son iguales a ranas porque 'ni son carne ni pescado' y porque 'no se come sino de medio abajo' (204). En cambio, el frío es el resultado de las 'frialdades' de los 'bufones, truhanes y juglares chocarreros' (191) que se agolpan en este rincón del infierno quevediano[36]. El modelo dantesco está claramente presente en varios momentos de los *Sueños*. Sin embargo, frecuentemente éste ha sido readaptado de forma muy personal al arte conceptista e ingenioso del poeta español.

Entre los referentes espaciales que Quevedo cita con más asiduidad en sus sátiras está el de la 'sima'. En el *Sueño de la Muerte*: 'En esto llegamos a una sima grandísima' (330), '¡Oh, qué voces y gritos se oían por toda aquella sima!' (394). O en el *Discurso de todos los diablos*: 'Gran revolución se veía en una sima muy honda' (225). Pues bien, la idea de que el infierno es una sucesión de cavidades está en Dante. Su *Inferno* escenifica una cadena de simas que van escalonando el descenso de Dante y

---

[35] El hielo se nombra también en la descripción del infierno que ofrece Metge en su *Somni* (1959, 268–80, en 272 'molt gel', 274 'ayga gelada', 276 'lo foch e lo gel', 278). Por otro lado, ya Nolting-Hauff (1991, 173 n.20) y Arellano (Quevedo 1996, 190 n.99) hicieron alusión al posible modelo dantesco para este pasaje de Quevedo. Además, Arellano señalaba —retomando una idea de Del Piero— que posiblemente hubiese también una reminiscencia bíblica de San Mateo 22:13 que, por cierto, Quevedo cita en *Discurso de todos los diablos*, 245: 'Ibi erit fletus, et stridor dentium. (Allí será el lloro y el rechinar de los dientes.)' También Landino en su comentario menciona el texto de San Mateo al hacer una descripción del infierno: 'perche iui son le tenebre esteriori, cioè distanti dalla luce, & euui pianto, & stridor di denti' (*DCQ*, fol. 18r); quizás Quevedo recordó el pasaje bíblico con la mediación de Landino.

[36] También los *Mondi* de Doni colocan a los 'poeti freddi e scrittori aghiadati' en el infierno (1994, 341), siguiendo el mismo juego de palabras que Quevedo, aunque no se especifica si son castigados con hielo y frío. El empleo dilógico del término 'frío' se recoge ya en la tradición clásica; por ejemplo, en Catulo XLIV, 20 aparece *frigus* usado con este doble valor para ridiculizar la obra de un mal escritor. Casos semejantes se dan también en Marcial, III, 25; Petronio, *Satyricon* 126, 8.

Virgilio hasta llegar al final de su peregrinación subterránea. De todas ellas, la más espectacular es el 'burrato' del que se habla en los cantos XVI y XVII.

Un ulterior elemento espacial que vale la pena tener en cuenta es el 'cuartel' en el que residen los herejes en el *Sueño del infierno*:

> —Ya me parece que vamos llegándonos al cuartel de la gente peor que Judas.
> Dime prisa a llegar allá, y al fin asoméme a parte donde sin favor particular del cielo no se podía decir lo que había. A la puerta estaba la Justicia de Dios espantosa […]. Entré y vi a la puerta la gran suma de herejes. (251–52)

No queda muy claro si con el término cuartel Quevedo quiere decir 'barrio' o 'fortaleza'. Lo que sí está claro es que se trata de una edificación cerrada, ya que tiene una 'puerta'. Virgilio había hablado en su *Eneida* del Tártaro, cuya descripción coincide en parte con la de una fortaleza amurallada y donde también hay una puerta (VI, 548–56). Quizás Quevedo esté recordando aquí este pasaje, y posiblemente también en otro momento de su *Sueño del infierno*: 'Y llegando a una cárcel obscurísima oí grande ruido de cadenas y grillos, fuego, azotes y gritos' (205). Compárese con la *Eneida*, VI, 557–58: 'Hinc exaudiri gemitus et saeva sonare | verbera, tum stridor ferri tractaeque catenae'. Ahora bien, Dante había incluido en su *Commedia* la 'città di Dite' que, en cierta medida, puede ponerse en paralelo con el Tártaro virgiliano: se trata de la ciudad-fortaleza donde empiezan los castigos más terribles del *Inferno*[37]. En el canto VIII del *Inferno*, Dante y Virgilio llegan a sus umbrales y ven sus altas murallas y su puerta. Lo que creo realmente relevante es que, una vez dentro, lo primero con lo que se encuentran es precisamente con los herejes (*Inf.* IX, 106–109 & 124–29):

> Dentro li 'ntrammo sanz'alcuna guerra;
> e io, che avea di riguardar disio
> la condizion che tal fortezza serra,
> com'io fui dentro, l'occhio intorno invio […]
>
> E io: 'Maestro, quai son quelle genti
> che, seppellite dentro da quell'arche,
> si fan sentir coi sospiri dolenti?'
> E quelli a me: 'Qui son li eresïarche
> con lor seguaci, d'ogne setta, e molto
> piú che non credi son le tombe carche.

La idea de que los herejes están cerrados dentro de una especie de cárcel infernal parece derivar directamente de Dante.

Siguiendo con el escenario infernal, podemos apuntar otro aspecto importante dentro del otro mundo quevediano: los ruidos. El narrador de las sátiras, a lo largo de su deambular, nos informa más de una vez de los diferentes tipos de ruidos que va oyendo. Ante todo, puede tratarse de gritos y quejidos de las almas condenadas:

> y yo me quedé en el valle, y discurriendo por él oí mucho ruido y quejas en la tierra (*Juicio Final*, 132)

---

[37] También en el *Somni* de Bernat Metge (1959, 270–72) se menciona una ciudad infernal amurallada.

andaban mucho número de ánimas gimiendo y muchos diablos con látigos y zurriagas azotándolos (*Sueño del infierno*, 186)

dando las más desesperadas voces que oí en el infierno (*Sueño del infierno*, 217)

Pueden ser ruidos de confusión y revuelta, que reflejan el caos infernal, elemento que destaca especialmente en el *Discurso de todos los diablos*:

y vi venir un ruido de pullidos y chillidos grandísimo, y una mujer corriendo como una loca (*Sueño de la Muerte*, 392)

Grande rumor y vocería se oyó algo apartada; parecía que se porfiaba entre muchos sin orden y con enojo. (*Discurso de todos los diablos*, 229)

fué tal el alarido y la grita, que con prevención y susto se pusieron en defensa. (*Discurso de todos los diablos*, 237)

Todo eran voces y gritos; los que los daban parecían gentes de cuenta y puestos [...]. Unos andaban encima de otros. (*Discurso de todos los diablos*, 240)

Por último, puede tratarse de sonidos cómicos e ingeniosos, asociados a algún juego conceptista o chiste:

A mi lado izquierdo oí como ruido de alguno que nadaba, y vi a un juez que lo había sido, que estaba en medio del arroyo lavándose las manos. (*Juicio Final*, 100)

Y llegaron unos dispenseros a cuentas (y no rezándolas) y en el ruido con que venía la trulla dijo un ministro. (*Juicio Final*, 113–14)

cuando veo venir gran ruido de guitarras. [...] —¡Que me maten si no son barberos esos que entran! (*Sueño de la Muerte*, 323)

Todo ello ha llevado a Iffland (1978–82, II, 30) a hablar de 'phonic grotesque'. En las sátiras de Quevedo los sonidos juegan un papel fundamental en la construcción de su mundo infernal, tanto en la vertiente más terrorífica del dolor de los condenados, como en la más puramente cómico-grotesca. Ahora bien, el Hades de Virgilio es asimismo un ambiente adornado con varios ruidos. Pero en su caso no entra el elemento burlesco: los sonidos del libro VI de la *Eneida* son de llanto, desesperación y miedo:

> Cerberus haec ingens latratu regna trifauci
> personat adverso recubans immanis in antro. (vv. 417–18)

> Continuo auditae voces vagitus et ingens
> infantumque animae flentes in limine primo. (vv. 426–27)

En el *Inferno* dantesco, en cambio, podemos encontrar una gran variedad de ruidos. Aparecen los gritos y estruendos terribles:

> e trarotti di qui per loco etterno;
> ove udirai le disperate strida. (*Inf.* I, 114–15)

> Quivi sospiri, pianti e alti guai
>   risonavan per l'aere sanza stelle,
>   per ch'io al cominciar ne lagrimai.
> Diverse lingue, orribili favelle,
>   parole di dolore, accenti d'ira,

> voci alte e fioche, e suon di man con elle
> facevano un tumulto. (*Inf.* III, 22–28)

El tumulto infernal es tanto y tan constante que lleva a Dante a tener que taparse los oídos cuando ya no lo soporta más: 'ond'io li orecchi con le man copersi' (XXIX, 45). Pero, junto con éste, también es fácil rastrear en la *Commedia* el ruido grotesco. Un ejemplo paradigmático de ello se encuentra en el episodio de los demonios de los cantos XXI y XXII. Al final del canto XXI, asistimos a una verdadera coreografía grotesca, rematada por una salva de lo más escatológica:

> Per l'argine sinistro volta dienno;
>   ma prima avea ciascun la lingua stretta
>   coi denti, verso lor duca, per cenno;
> ed elli avea del cul fatto trombetta. (*Inf.* XXI, 136–39)

Lo cual le permite a Dante un largo símil paródico al principio del canto siguiente, comparando la flatulencia del demonio con el sonido de las trompetas de las batallas y de los torneos:

> Io vidi già cavalier muover campo,
>   e cominciare stormo e far lor mostra,
>   e talvolta partir per loro scampo;
> corridor vidi per la terra vostra,
>   o Aretini, e vidi gir gualdane,
>   fedir torneamenti e correr giostra;
> quando con trombe, e quando con campane,
>   con tamburi e con cenni di castella,
>   e con cose nostrali e con istrane;
> né già con sí diversa cennamella
>   cavalier vidi muover né pedoni,
>   né nave a segno di terra o di stella. (*Inf.* XXII, 1–12)

Por lo tanto, vemos como ni los aspectos más cómico-grotescos ni el chiste son ajenos a Dante. Su *Commedia* ofrece, también bajo este punto de vista, una gran riqueza de la que Quevedo pudo aprovecharse para la redacción de sus obras.

Resumiendo, Quevedo parece haber tenido muy en cuenta la representación del escenario infernal que le brindaban el libro VI de la *Eneida* y el *Inferno* dantesco. Sin embargo, el segundo le pudo aportar mucho más por lo que respecta a los detalles más puramente grotescos y escatológicos de sus *Sueños*. Está claro que la imitación del poema de Dante no es servil, pues el escritor español utiliza a menudo la *Commedia* como punto de partida sobre el que después da rienda suelta a su arte conceptista[38]. Quevedo es muy original en su reelaboración de los pasajes dantescos: los *Sueños* no pretenden ser otra *Commedia*. De hecho, junto con los aspectos infernales que le ofrecía la tradición literaria, incorporó otros muy personales como algunos de los que aparecen en el *Sueño del infierno*: la 'caballeriza'

---

[38] Por ejemplo, tanto Quevedo (*Sueño del infierno*, 228) como Dante (*Inf.* XXIX, 79 & ss.) incluyen la sarna en sus reinos infernales. En el texto quevediano, sin embargo, la palabra *sarna* ha perdido la connotación sórdida que posee en la *Commedia* y se ha llevado a un plano más jocoso y distendido.

(207) de los 'tintureros', la 'red' y el 'cercado' (227) de los enamorados, la 'alcoba' (237) de los astrólogos y alquimistas, la 'galería' de los reyes (265) o el 'camarín' (266) del diablo.

De este análisis se desprende que el paisaje infernal de los *Sueños* no es tan pobre y que, además, posiblemente sea deudor del poema dantesco en más aspectos de los que se pudiera creer en un primer momento.

3.iii. Ordenación del infierno

Uno de los aspectos sobre los que más ha insistido la crítica a la hora de destacar las diferencias entre Dante y Quevedo es el de la ordenación del otro mundo: el infierno de Dante es coherente y está perfectamente estructurado, mientras que el de Quevedo es caótico y en él los pecadores van apareciendo de forma azarosa[39]. Es ya un tópico consagrado el de considerar el arte literario del escritor español como fragmentario, construido sobre la sucesión y adición de elementos poco cohesionados entre ellos[40]. En este sentido, los *Sueños* tampoco han podido escapar de ser tildados como obras 'fragmentarias'. Así los ha definido, entre otros, Fernando Lázaro Carreter (1981, 26–27):

> obras inarticuladas, construidas por chispazos visionarios juntados como cuentas de collar. Cada una de las brevísimas anécdotas que forman los *Sueños* vale por sí misma, por la agudeza del trabajo con que está trabada; pero sin que ocupe lugar preciso por exigencias internas del relato. Quevedo concibe siempre fragmentariamente, trabaja fragmentos, y sus obras se logran por el ensartado de piezas[41].

Sin querer negar la evidente sensación de fragmentarismo y desorden que pueden producir los *Sueños*, creo, sin embargo, que debe ser matizada. Es cierto que los pecadores y sus castigos parecen sumarse sin una coherencia demasiado clara, pero un análisis pormenorizado puede demostrar que si la adición azarosa existe, no es total y absoluta. Los *Sueños* están mucho menos revueltos de lo que pudieran aparentar y se rigen por unos criterios ordenadores. Éstos son, en los *sueños* donde se describe el infierno, la gradación ascendente con la que van apareciendo los pecadores y sus pecados, y la asociación basada en juegos de ingenio.

Dentro de la concepción moral de Quevedo no puede ser considerado con la misma gravedad un hereje que un cornudo. Este hecho tan evidente es uno de los que nos permite hallar cierta organización interna en los *Sueños*. Una vez más, el

---

[39] Mérimée 1886, 177; Fernández 1950, 224; Jan 1951, 29; Iffland 1978–82, II, 22 n.10; Müller 1978, 227; Nolting-Hauff 1991, 172–73; Gómez Trueba 1999, 300–303. Feijóo de Capurro Robles (1969) ha estudiado el elemento laberíntico en los *Sueños*.

[40] Lida 1981, 206–207, 238, 260–266 & 303–304; Lázaro Carreter 1981, 26–28.

[41] También Rovatti (1968, 124–25) ha subrayado el carácter asistemático e inconexo de los *Sueños*: 'il loro andamento è caratteristicamente asistematico, procede senza piano e senza unità. L'autore ci presenta delle gallerie satiriche, fa sfilare capricciosamente delle figure, senza troppo preoccuparsi di collegarle fra di loro. [...] Egli par quasi dilettarsi a sacrificare ogni disposizione ordinata, moltiplicando i personaggi e i loro atteggiamenti, accumulando vizi e castighi in una specie di caos diabolico'.

modelo para este escalonamiento parece encontrarse en Dante[42]. Está claro que el escritor español no ha construido un mundo infernal tan estrictamente jerarquizado, tanto desde un punto de vista arquitectónico como moral, como el del florentino. Pero, insisto, eso no obsta para que Quevedo pueda tener como referente el precedente dantesco y servirse de él en sus obras. A este criterio moral se suma uno ingenioso-conceptista, que funciona en paralelo con él a la hora de establecer categorías. Ambos se combinan y superponen en las sátiras del escritor español.

Uno de los *Sueños* donde la jerarquización quevediana se puede apreciar de forma más clara es el *Alguacil endemoniado*, que tiene un desarrollo muy sencillo: hay un personaje-narrador que interroga a un demonio para saber cómo es el infierno, y éste le contesta explicándole sus pormenores. El demonio se presenta como un experto en el campo (*magister*) que va enseñando y adoctrinando a su receptor menos preparado en la materia, pero deseoso de aprender (*puer*). En cierta medida, Quevedo está remedando una forma del discurso típica de la *Commedia* y que, en último término, corresponde al clásico esquema del diálogo ciceroniano: Dante es el alumno (*puer*) que se deja enseñar por el sabio Virgilio (*magister*). Es más, todo el diálogo entre el narrador y el diablo del *Alguacil endemoniado* recuerda un fragmento muy preciso del *Inferno* dantesco. En el canto XI Virgilio le explica a Dante la arquitectura interna del infierno:

> 'Figliuol mio, dentro da cotesti sassi',
>   cominciò poi a dir, 'son tre cerchietti
>   di grado in grado, come que' che lassi.
> Tutti son pien di spirti maladetti;
>   ma perché poi ti basti pur la vista,
>   intendi come e perché son costretti. (*Inf.* XI, 16–21)

A continuación, el poeta latino va enumerando las distintas partes y pecados del mundo infernal que le ocupan casi hasta el final del canto. *El Alguacil endemoniado* parece una adaptación y una manipulación continuada del canto XI del *Inferno* de Dante. La explicación es sugerida al tratar de los poetas; a partir de ahí se empieza a relatar el orden infernal:

> Y en el infierno están todos aposentados con tal orden, que un artillero que bajó allá el otro día, queriendo que le pusiesen entre la gente de guerra, como al preguntarle del oficio que había tenido dijese que hacer tiros en el mundo, fue remitido al cuartel de los escribanos, pues son los que hacen tiros en el mundo. Un sastre, porque dijo que había vivido de cortar de vestir, fue aposentado en los maldicientes. Un ciego, que quiso encajarse con los poetas, fue llevado a los enamorados, por serlo todos. […] Al fin todo el infierno está repartido en partes con esta cuenta y razón. (150–51)

Es fácil apreciar que la ordenación dantesca se ha visto aquí enriquecida y casi desplazada por otro elemento. La distribución de los pecadores ya no depende sólo

---

[42] Landino afirma que Dante se ha inspirado en Virgilio para su organización del infierno según el grado de las culpas de los pecadores ('Doue è da intendere che 'l Poeta in questo imita Virgilio', *DCQ*, fol. 50v), pero me parece que su interpretación es algo forzada.

de unas valoraciones morales, sino también de las que le dicta a Quevedo su ingenio conceptista, que son las predominantes en este caso. El escritor español parece haber partido del modelo de Dante para hacer algo nuevo. El artillero tiene que aposentarse con los escribanos porque había 'hecho tiros', jugando con el doble sentido de 'disparar' y de 'robar'. El sastre va con los maldicientes porque había 'vivido de cortar', con su doble acepción de 'hacer vestidos' y 'hablar mal de alguien'.

Si avanzamos en este *sueño* veremos cómo son bastante frecuentes las alusiones a la estructura del infierno. Ante todo, los condenados, a medida que se van haciendo más graves sus culpas, están localizados en zonas inferiores. Como en Dante, cuanto peor es el pecado, más abajo se encuentra:

—Abajo, en un apartado muy sucio lleno de mondaduras de rastro (quiero decir cuernos) están los que acá llamamos cornudos. (*Alguacil*, 154)

—Tras ellos están los que se enamoran de viejas, con cadenas. (155)

Pero esta idea de orden se halla también en los demás *sueños* ambientados en el otro mundo. En el *Sueño del infierno* se aprecia más claramente el escalonamiento de las culpas, siguiendo el criterio moral empleado por Dante[43]. Los primeros pecadores son los condenados por penas menores: sastres, libreros, cocheros. Pero cuando la gravedad de la culpa empieza a ser mayor el narrador no deja de indicárnoslo. Tras los cocheros llegamos a los aduladores: 'llegué y vi la más infame casilla del mundo, y una cosa que no habrá quien lo crea' (191). Ahora bien, por enésima vez Quevedo juega con las palabras e incluye a los aduladores entre los bufones por ser ellos 'bufones de entre cuero y carne', o sea entremetidos, que se condenan, no como otros por no tener 'gracia' (191), sino 'por tenerla, o quererla tener', usándose el término con su doble valor de 'gracia divina' y de 'ser gracioso'.

Yendo más adelante nos encontramos con los pasteleros, los mercaderes, los hidalgos presuntuosos, las dueñas, puestos todos en un mismo nivel. Sin embargo, cuando se introduce a Judas y a los 'dispenseros' la gravedad de la culpa viene nuevamente destacada: 'veréis en la parte del infierno más hondo a Judas con su familia descomulgada de malditos dispenseros' (219). El despensero es asociado por Quevedo con Judas. Se trata de una auténtica familia de pecadores: 'vi a Judas, que me holgué mucho, cercado de succesores suyos, y sin cara' (219). Nuevamente, Quevedo parece recordar a Dante. En su *Inferno* hay una zona conocida como la 'Giudecca', que se corresponde con la parte más profunda del infierno (*Inf.* XXXIV), donde están todos los traidores de los bienhechores: 'nel cerchio minore, ov'è 'l punto | de l'universo in su che Dite siede, | qualunque trade in etterno è consunto' (*Inf.* XI, 64–66).

Ahora bien, el Judas quevediano es muy original y no responde a la tradición que le considera el peor de los pecadores (Vilar 1978; Lida 1981, 186–192). De hecho, así se lo indica él mismo al narrador-protagonista. Los peores se hallan más abajo: 'Y porque estáis muy espantado y fiado en que yo soy el peor hombre que ha

---

[43] La gradación de menos a más en la distribución de los pecadores cumple también con la idea de *incrementum* propia de la retórica clásica, que Quevedo conocía bien (Azaustre & Casas 1997, 76).

habido, ve ahí debajo y verás muchísimos más malos' (225). A este pasaje le siguen otros donde aparecen nuevamente condenados puestos en un mismo nivel, asociados por juegos de ingenio y chistes conceptistas: mujeres hermosas, letrados, enamorados y poetas. Tras éstos vienen almas condenadas por pecados más graves: los que no supieron rogar a Dios, los ensalmadores y saludadores. Aquí el tono se hace marcadamente sermonario. La seriedad de las culpas de estos condenados lleva a Quevedo a tomar una postura moral de rechazo y condena hacia ellos. Pero seguimos bajando y los pecados son cada vez más graves:

> Yo abajé otra grada por ver los que Judas me dijo que eran peores que él y topé en una alcoba muy grande una gente desatinada [...]. Eran astrólogos y alquimistas. (237)

Este pasaje, pese a los gracejos y burlas quevedianas, nos habla de la seriedad con la que el escritor trata a muchos de los pecadores de su infierno. Las condenas chistosas no impiden que haya otras muy graves y densas de significación moral para Quevedo. Pero esto aún no es lo peor: los astrólogos y alquimistas son dignos de condena porque se atrevieron a escudriñar los misterios de Dios, pero mucho peores son los herejes que renegaron de él. En la escena siguiente el protagonista llega al aposento de los herejes, al 'cuartel de la gente peor que Judas' (251), organizado en dos grupos: herejes anteriores a Cristo y posteriores. La gradación infernal se va acercando paulatinamente al nivel ínfimo de pecado. La ordenación infernal sigue marcando un clímax ascendente (de menos a más). De entre los herejes, el peor tiene un lugar de honor:

> Fui pasando por estos y llegué a una parte donde estaba uno solo arrinconado [...].
> —¿Quién eres tú —le pregunté—, que entre tantos malos eres el peor?
> —Yo —dijo él— soy Mahoma. (*Sueño del infierno*, 260)

A Mahoma le siguen los herejes contemporáneos a Quevedo, que, dada la cercanía temporal, son considerados con mayor acritud que los otros (262–65). Nos acercamos al centro del infierno que, como en la *Divina Commedia*, está presidido personalmente por Lucifer: 'Dime prisa a salir deste cercado y pasé a una galería donde estaba Lucifer' (265). Hemos llegado al culmen de nuestro viaje infernal. Aquí el protagonista entra en el 'camarín' de Lucifer donde puede ver un concentrado de pecadores de los tipos más variados: cronistas, pesquisidores, vírgenes, demandadores y madres postizas. El ataque final Quevedo lo reserva para los miembros de una sociedad hipócrita que viven a cuenta del prójimo.

En el *Sueño de la Muerte* también se hacen varias alusiones a la ordenación del otro mundo. Por ejemplo ésta que sigue, donde podemos apreciar nuevamente un criterio de distribución basado en juegos de ingenio:

> Luego comenzó a entrar una gran cantidad de gente. Los primeros eran habladores [...]. Estos me dijeron que eran habladores diluvios, sin escampar de día ni de noche, gente que habla entre sueños y que madruga a hablar. Había habladores secos y habladores que llaman del río o del rocío y de la espuma [...]. Otros que llaman tarabilla [...]. Había otros habladores nadadores [...]. Otros, jimios [...]. Síguense los chismosos [...]. Detrás venían los entremetidos. (*Sueño de la Muerte*, 324–26)

También en esta obra el narrador, a medida que avanza, va descendiendo cada vez más: 'Con esto nos fuimos más abajo' (331), 'Con esto bajamos a un grandísimo llano' (332).

Un último ejemplo muy claro de ordenación por categorías es la escena en que la Muerte pasa revista a los muertos:

> Con eso se rebulló el suelo y todas las paredes, y empezaron a salir cabezas y brazos y bultos extraordinarios. Pusiéronse en orden con silencio.
> —Hablen por su orden —dijo la Muerte. (*Sueño de la Muerte*, 338)

El *Discurso de todos los diablos*, en cambio, no cumple con el esquema de ordenación de las demás visiones quevedianas. Aquí la sensación de desorden ha sido buscada deliberadamente y los pecadores no parecen casi nunca sucederse siguiendo un criterio basado en la gravedad de las culpas[44]. De hecho, el elemento que desencadena la acción es el estado de caos y desbarajuste en el que ha caído el reino infernal, a lo que intenta poner remedio Lucifer:

> y con ser la casa de suyo confusa, revuelta y desesperada y donde *nullus est ordo*, los demonios no se conocían ni se podían averiguar consigo mismos; los condenados se daban otra vez a los diablos; no había cosa con cosa, todo ardía de chismes, los unos se metían en las penas de los otros. [...] Todo estaba mezclado, unos andaban tras otros, nadie atendía a su oficio, todos atónitos. [...] Viendo Lucifer el alboroto forastero de su imperio, y advertido destos peligros, con su guarda y acompañamiento [...], empezó la visita de todas sus mazmorras, para reconocer prisiones, presos y ministros. (*Discurso de todos los diablos*, 222)

Por todo lo que llevamos visto se concluye que la distribución de los *Sueños* no es tan azarosa como podría creerse, por lo menos por lo que respecta al mundo infernal. Dos parecen ser los criterios ordenadores empleados por Quevedo. El primero es moral, y responde a una organización ascendente donde se pasa de pecados menores a los mayores. Cuanto más se avanza (se desciende) en el infierno, peores pecadores se encuentran. Este sistema recuerda muy de cerca el modelo dantesco, y está presente tanto en el *Alguacil endemoniado*, en el *Sueño del infierno*, como en el de la *Muerte*, aunque más en el segundo. Incluso en el *Sueño del Juicio Final*, que no está ambientado en el infierno, podemos ver algo semejante. La descripción de la cavidad infernal donde penan los condenados aparece justo en la última escena (132). Además, Judas, Mahoma, Lutero y el astrólogo (130–132) son, como en el *Sueño del infierno*, los últimos en ser mencionados ante el juicio divino: los peores merecen ser tratados al final.

El otro criterio de ordenación se guía por el ingenio conceptista del escritor español. Es éste el que crea esa sensación de caos de los *Sueños*. La coherencia está aquí subordinada a la fluidez con la que Quevedo va asociando términos e ideas. Unas palabras llevan a un juego de ingenio, y éste lleva a otras palabras. Un pecador se pone en relación con otro según el tipo de gracia verbal buscada por el satírico español. Sin embargo, no es del todo correcto hablar de desorden y azar. Las

---

[44] Aunque justo al final de la obra aparece la Prosperidad, considerada la 'diabla máxima' (251) por sus maléficos efectos sobre los seres humanos. Por lo tanto, también en esta sátira se reservan las últimas escenas para los personajes más deleznables del mundo de ultratumba.

asociaciones quevedianas responden a un ejercicio mucho más trabado de lo que pudiera aparentar. Una vez más, se hace necesario un esfuerzo de abstracción que nos permita superar el tiempo y el gusto literario que nos separan del arte conceptista de Quevedo. No hay desorden como tal, sino un orden interno que se explica por la capacidad asociativa del escritor[45].

Ambos criterios, moral y conceptuoso, se funden y se solapan en las sátiras quevedianas. Podemos casi hablar de un cruce de ejes: al moral le corresponde una estructuración vertical y al conceptuoso una horizontal. Cuando predomina el primero se nota más claramente la voluntad seria y adoctrinadora de los *Sueños*, cuando predomina el segundo nos será más fácil captar su aspecto jocoso y gratuito. Pero que nos resulte más evidente el uno o el otro no quiere decir que el chiste se oponga sistemáticamente a lo moral, ni que la digresión aleccionadora excluya la burla, sino todo lo contrario[46]. El intento de separar los aspectos serios y cómicos de los *Sueños* no es sólo dificultoso, sino poco rentable a la hora de ahondar en sus significados. Junto con estos dos criterios mayores de organización, existen otros dos que merecen ser señalados. Ante todo, la dirección.

En su peregrinación por los reinos infernales, el narrador-protagonista indica en ocasiones que su viaje se hace hacia la izquierda: 'le enseñaron el camino de la mano izquierda' (*Juicio Final*, 129), 'Volví a la mano izquierda' (*Sueño del infierno*, 174). Ya dijimos que la izquierda se ve como algo negativo en el siglo XVII, entendida como desviación de la norma y, por lo tanto, como pecado. Ahora bien, que la dirección que sigue el protagonista en su descenso infernal sea la izquierda tiene como claro precedente a Dante. En su *Inferno* se mueve hacia la izquierda, y en el *Purgatorio* y *Paradiso* hacia la derecha[47], con un evidente simbolismo. Además de Dante, ya vimos como también Virgilio había usado el mismo recurso en el libro VI de su *Eneida* (Jan 1951, 31). Ahora bien, en Virgilio la imagen funciona sólo dentro del marco del *bivium* y nunca se vuelve a mencionar en momentos posteriores del libro. Una vez que Eneas ha tomado un camino, sigue recto por él[48]. Sin embargo, en Dante se explicita constantemente que la bajada se da a mano izquierda: 'Appresso

---

[45] Rovatti (1968, 148) —de forma algo contradictoria con los planteamientos previos de su artículo— ha puesto de manifiesto la coherencia interna de la construcción verbal de Quevedo: 'Il lettore dei *Sueños* [...] è sfidato fin dal primo momento ad entrare nel gioco dello scrittore, a seguire il suo capriccioso —e pur logico— abbandonarsi alle associazioni di idee, ai processi analogici, ai giochi d'ingegno, a seguire insomma un pensiero che scivola senza posa, ma non seguendo leggi oggettive e intuibili a priori, bensì secondo un personalissimo meccanismo interno, di cui bisogna scoprire la chiave'. Nolting-Hauff (1991, 173) también ha destacado el 'chiste como principio de estructuración' en los *Sueños*.

[46] El carácter moralizador y trascendente que ha detrás de muchos de los juegos verbales quevedianos ha sido señalado también por Clamurro (1984, 67–68): 'For Quevedo, language is not just a neutral vehicle, an innocent medium to serve his astounding *ingenio*; but rather, in the profoundly corrupt intellectual and social world of seventeenth-century Spain, the use of words is definitely part of the malaise. In response to this, only a literature which turns language back upon itself can be adequate. As in all truly important satire, what might seem to begin merely as verbal play, on closer inspection reveals itself as a serious analytical and ethical act'. Ver también Price 1964.

[47] En Luciano, *Icaromenipo* 25 Zeus coloca las plegarias justas a la derecha.

[48] Lo mismo ocurre en la *Tabla de Cebes* (López Poza 1994, 91–94).

mosse a man sinistra il piede' (*Inf.* X, 133), 'Noi discendemmo in su l'ultima riva | del lungo scoglio, pur da man sinistra' (*Inf.* XXIX, 52–53).

Un último criterio organizador que se ha señalado para las sátiras de Quevedo es el de la distribución de los pecadores según sus oficios y estamentos, con lo cual, según Jan (1951, 31), se alejaría de Dante que, en cambio, los distribuye por sus pecados. En este sentido, los *Sueños* estarían mucho más cerca de las *Danzas de la Muerte* medievales que de la *Commedia* (Nolting-Hauff 1974, 114–16). Sin embargo, creo hay que matizar estas afirmaciones.

Quevedo no incluye sólo personajes adscritos a un determinado oficio o estamento en su infierno. Basta pensar en los adulatores, los herejes o los enamorados del *Sueño del infierno* para ver que este criterio de ordenación por categorías sociales no es el único en los *Sueños*. Se aprecia más claramente en el *Sueño del Juicio Final* o en el *Alguacil endemoniado*, que son los más tempranos, pero en los restantes tres *sueños* no ocurre lo mismo. Aun en el *Alguacil* podemos encontrarnos con pecadores como los 'necios' (151), los 'enamorados' (151–54), los 'adúlteros' (154), los 'cornudos' (154–55). Ninguno de ellos se identifica con un estamento preciso, sino por su pecado.

Con Dante ocurre algo parecido. Es cierto que el florentino organiza su *Inferno* teniendo en cuenta el tipo y la gravedad de las culpas de los condenados. Pero es también cierto que, generalmente, cada pecado suele atribuirse a una categoría social determinada. Por ejemplo, entre los avaros destacan los hombres de iglesia: 'Questi fuor cherci, che non han coperchio | piloso al capo, e papi e cardinali, | in cui usa avarizia il suo soperchio' (*Inf.* VII, 46–48); y entre los sodomitas encontramos principalmente a hombres de letras y eclesiásticos: 'In somma sappi che tutti fur cherci | e litterati grandi e di gran fama' (*Inf.* XV, 106–107). En Dante el ataque al pecado puede llevar a la condena de una categoría social[49]. Por lo tanto, el poeta florentino y Quevedo no se alejan demasiado en estos aspectos.

Concluyendo, la organización del infierno quevediano se construye sobre dos ejes: uno moral (vertical) y otro conceptuoso (horizontal). A estos dos criterios predominantes se suma la dirección a mano izquierda que sigue el narrador en su travesía infernal. Además, por lo que respecta a la agrupación de pecadores en categorías sociales hemos visto como, aun siendo predominante, no es exclusiva. Quevedo aúna a condenados por estamentos, pero también por tipos de pecados. Los *Sueños* no son un *totum revolutum* y algunos de sus criterios ordenadores parecen haberse inspirado en la *Commedia*: la ordenación moral y el camino a mano izquierda reflejan directamente el esquema dantesco. Pero Quevedo, una vez más, lo ha enriquecido y modificado con aportaciones derivadas de su arte conceptista.

3.iv. Personajes

La galería de personajes quevedianos encuentra bastantes paralelos con la que Dante nos presenta en su *Inferno*. Esto vale tanto para personajes concretos —con

---

[49] Pensemos en el caso de *Inf.* XVI, donde se contiene un fuerte alegato antiburgués en contra de la 'gente nova' sobre la que recaían muchas de las culpas por la decadencia moral de Florencia.

nombre y apellidos—, como para los imprecisos. La semejanza puede apreciarse incluso en los aspectos más triviales de la caracterización. Por ejemplo, tanto los condenados de Dante como los de Quevedo están desnudos:

> Questi sciaurati, che mai non fur vivi,
> erano ignudi. (*Inf.* III, 64–65)
>
> vidi genti fangose in quel pantano,
> ignude tutte. (*Inf.* VII, 110–11)

Salieron fuera muy alegres de verse gallardas y desnudas. (*Juicio Final*, 97)

—¿No me dejarás vestir?
—No es menester —respondió [la Muerte]—, que conmigo nadie va vestido. (*Sueño de la Muerte*, 328)

Además de estar desnudos, los condenados se nos presentan a veces amasados los unos encima de los otros o amontonados en grupos informes:

> Qual sovra 'l ventre e qual sovra le spalle
> l'un de l'altro giacea. (*Inf.* XXIX, 67–68)

Estaban casi todos los zapateros vomitando de asco de unos pasteleros que se les arrimaban a las puertas, que no cabían en un silo donde estaban tantos que andaban mil diablos con pisones atestando almas de pasteleros, y aún no bastaban. (*Sueño del infierno*, 194)

Por lo que respecta a la caracterización moral, en ambos autores aparecen con frecuencia pecadores mezquinos, acusándose los unos a los otros. En el canto XXXII del *Inferno*, por ejemplo, Dante pregunta al alma de un condenado quién es, pero ésta se niega a contestar. El poeta intenta en vano obligarla a hablar:

> Allor lo presi per la cuticagna
> e dissi: 'El converrà che tu ti nomi,
> o che capel qui sú non ti rimagna'.
> Ond'elli a me: 'Perché tu mi dischiomi,
> né tidirò ch'io sia, né mosterrolti
> se mille fiate in sul capo mi tomi.' (*Inf.* XXXII, 97–102)

Pero otro condenado se apura a decir su nombre, para que se descubra su infamia:

> Io avea già i capelli in mano avvolti,
> e tratti glien'avea piú d'una ciocca,
> latrando lui con li occhi in giú raccolti,
> quando un altro gridò: 'Che hai tu, Bocca? […]
> 'Omai', diss'io, 'non vo' che piú favelle,
> malvagio traditor; ch'a la tua onta
> io porterò di te vere novelle.' (*Inf.* XXXII, 103–106 y 109–11)

Estas almas ruines y delatoras aparecen también en los *Sueños* de Quevedo. Judas es descubierto por Lutero y Mahoma, que lo exponen así ante las acusaciones divinas y lo dejan a la vergüenza pública:

En esto, que era todo acabado, quedaron descubiertos Judas, Mahoma y Martín Lutero, y preguntando un ministro cuál de los tres era Judas, Lutero y Mahoma dijeron cada uno que él, y corrióse Judas. (*Juicio Final*, 130)

3. DANTE EN LOS *SUEÑOS*

Además, muchas de las almas de los condenados de Quevedo y Dante se caracterizan moralmente por su falta de arrepentimiento. Padecen en el infierno, pero continúan aún atadas a sus viejos vicios terrenales[50]. Los avaros de Dante siguen siéndolo en el infierno y los pródigos también. Su castigo es chocar entre ellos reprochándose cada uno por su pecado, los avaros desesperados porque los otros malgastan el dinero y los pródigos porque los avaros no hacen más que guardarlo: 'Percotëansi 'ncontro; e poscia pur lí | si rivolgea ciascun, voltando a retro, | gridando: 'Perché tieni?' e 'Perché burli?' (*Inf.* VII, 28–30). Así como el avaro de Quevedo en el día del Juicio Final sigue atado a sus posesiones materiales (*Juicio Final*, 119–21) y los zapateros siguen haciendo zapatos también en el otro mundo (*Sueño del infierno*, 193–94).

Pasemos ahora a ver más de cerca los tipos de pecadores de los *Sueños* y el *Infierno*. Podemos distinguir dos primeros grupos: las almas individualizadas y las no individualizadas. Las no individualizadas son las que se incluyen en grupos generales y no tienen voz propia, y se dividen en otros dos tipos: las almas de las que no se dice su nombre y las de las que sí se dice. En ambos grupos hay coincidencias entre Dante y Quevedo. Pensemos por ejemplo en los anónimos 'enamorados' que se incluyen tanto en el *Alguacil endemoniado* (152–54) como en el *Sueño del infierno* (227–28), y a los que Dante dedica el canto V de su primera *cantica*[51] (aunque los llama 'lujuriosos'). Ahora bien, la diferencia es que, una vez que se han presentado, Dante singulariza a varios personajes mítico-literarios y reales que han caído en este pecado: Semíramis, Cleopatra, Aquiles, Paris y —los más emblemáticos de este episodio— Paolo y Francesca.

Quevedo se permite todo tipo de juegos con respecto a la tradición literaria de la que se alimentaba para la creación de sus propias obras. Otro tipo de personajes que debemos señalar dentro de este grupo es el de los 'porteros' que aparecen a la entrada del infierno: 'En la primera entrada hallamos siete demonios escribiendo los que íbamos entrando' (*Sueño del infierno*, 183). Dante, desde luego, no había colocado ningún diablo portero en la puerta de su mundo infernal. En su lugar, aparecía en el canto V Minos como guardián y juez del otro mundo: 'Stavvi Minòs orribilmente, e ringhia: | essamina le colpe ne l'intrata' (*Inf.* V, 4–5). Según la tradición clásica, Minos era el que juzgaba las almas que descendían al Hades; éste es el papel que cumple tanto en Homero y en Virgilio como en Dante[52]. Quevedo, sin embargo, trivializó su figura y prefirió servirse de siete diablos burócratas. Estamos ante uno de los tantos guiños irónicos y paródicos del autor de los *Sueños*.

Los porteros infernales nos llevan a tratar ahora de otra clase de personajes importantes dentro de la sátiras quevedianas: los diablos. Los diablos de los *Sueños* son

---

[50] Iffland 1978–82, II, 24. Es excepcional el remordimiento de un alma atormentada en *Sueño del infierno*, 217 ('¡Ay, qué terrible demonio eres, memoria del bien que pude hacer y de los consejos que desprecié, y de los males que hice!').

[51] Recordemos también la *Eneida*, donde se les dedican unos versos (VI, 440–76), y el *Infierno de los enamorados* del Marqués de Santillana (1988, 135–55), directamente inspirado en Dante.

[52] *Odisea* XI, 568–71; *Eneida* VI, 431–33. También en las obras de Luciano Minos es presentado como el juez del Hades (ver, por ejemplo, el *Menipo* y el *Zeus confundido*).

caracterizados siguiendo la tradición más popular y festiva, a la que se añade todo tipo de detalles grotescos y ridículos, como en estos ejemplos tomados del *Sueño del infierno*: 'un diablo de marca mayor, corcovado y cojo' (184), 'un diablo lleno de cazcarrias, romo y calvo' (187), 'un demonio mulato y zurdo' (189), 'un diablo zambo, con espolones y grietas, lleno de sabañones' (190), 'Y lo mismo digo de los diablos, que todos son capones sin pelo de barba y arrugados, aunque sospecho que como todos se queman, que el estar lampiños es de chamuzcado el pelo con el fuego, y lo arrugado del calor, y debe de ser así, porque no vi ceja ni pestaña y todos eran calvos' (221)[53]. Incluso cuando se señalan los rasgos más típicos del aspecto de los demonios (cuernos, colas, alas), Quevedo sigue haciendo un uso paródico y burlesco de ellos: 'De los sodomitas y viejas, no solo no sabemos dellos, pero ni querríamos saber que supiesen de nosotros, que en ellos peligran nuestras asentaderas, y los diablos por eso traemos colas, porque como aquellos están acá, habemos menester mosqueador de los rabos' (*Sueño del infierno*, 207), 'demonios con colas y cornudos y ahumados, con tetas de cochinos y alas de murciélagos' (*Discurso de todos los diablos*, 244). Dante, por su parte, no se detiene demasiado en la descripción de los demonios, aunque cuando lo hace coincide en los mismos rasgos tradicionales que Quevedo: 'vidi demon cornuti con gran ferze' (*Inf.* XVIII, 35), 'e vidi dietro a noi un diavol nero | [...] con l'ali aperte e sovra i piè leggero' (*Inf.* XXI, 29 y 33); o este pasaje de la descripción de Lucifer: 'Sotto ciascuna uscivan due grand' ali, | [...] Non avean penne, ma di vispistrello | era lor modo' (*Inf.* XXXIV, 46 y 49–50).

En la *Commedia* se contiene un breve intermedio casi entremesil en los cantos XXI y XXII, donde entra de lleno el mundo de los diablos. Se trata de figuras grotescas y ridículas, de seres necios y torpes[54]. Es en estos dos cantos donde se respira un mayor parecido entre los *Sueños* y el *Inferno*, por lo que se refiere a los aspectos más puramente cómico-grotescos (Fernández 1950, 221). La última escena del canto XXII, donde los diablos terminan clavándose su arpón entre ellos y acaban todos en el lago hirviente, es bastante ilustrativa a este respecto:

> Irato Calcabrina de la buffa,
>   volando dietro li tenne, invaghito
>   che quei campasse per aver la zuffa;
> e come 'l barattier fu disparito,
>   cosí volse li artigli al suo compagno,
>   e fu con lui sopra 'l fosso ghermito.
> Ma l'altro fu bene sparvier grifagno
>   ad artigliar ben lui, e amendue
>   cadder nel mezzo del bogliente stagno.
> Lo caldo sghermitor súbito fue;
>   ma però di levarsi era neente,
>   sí avieno inviscate l'ali sue.

---

[53] Para los rasgos populares véase Iffland 1978–82, II, 27. Sin embargo, Quevedo ha manejado también fuentes eruditas, como el tratado de Psello sobre los demonios que parodia al principio del *Alguacil endemoniado* (Martinengo 1983, 11–12; Quevedo 1996, 134–135 n.3). También el autor italiano Anton Francesco Doni utiliza el mismo pasaje de Psello en sus *Mondi* (1994, 184–85).

[54] Spitzer 1944; Curtius 1976, II, 519; Lagercrantz 1983, 40–51.

> Barbariccia, con li altri suoi dolente,
> quattro ne fé volar da l'altra costa
> con tutt' i raffi, e assai prestamente
> di qua, di là discesero a la posta;
> porser li uncini verso li 'mpaniati,
> ch'eran già cotti dentro da la crosta.
> E noi lasciammo lor cosí 'mpacciati. (*Inf.* XXII, 133–51)

Dentro de este episodio, es importante destacar también los juegos dantescos en la creación de los nombres de los diablos. El florentino se recrea en la invención onomástica del tipo más cómico, que Landino aclara en su comentario (*DCQ*, fol. 110r). Los demonios se llaman: Alichino, Calcabrina, Cagnazzo, Barbariccia, Libicocco, Draghignazzo, Ciriatto, Graffiacane, Farfarello y Rubicante (*Inf.* XXI, 118–123). Este otro aspecto de la caracterización de los diablos dantescos pudo también atraer a Quevedo, tan ducho en la creación de nombres ingeniosos y cómicos[55].

Sin embargo, hay un rasgo muy importante en los diablos quevedianos que es totalmente original. En el infierno de los *Sueños*, los demonios son a menudo los que sermonean a los pecadores, los que satirizan contra la corrupción moral de la sociedad, y son los portavoces de las opiniones del autor[56]. En este sentido, toman el papel que cumplen algunos condenados del *Inferno* dantesco y, sobre todo, el de Virgilio. Quevedo ha renunciado a utilizar un guía en sus *Sueños*[57], pero no a sus funciones adoctrinadoras. En sus sátiras, ha operado un desplazamiento, colocando los sermones y discursos satírico-morales en boca de los diablos. El diálogo Dante-Virgilio de la *Commedia* ha pasado a ser uno entre el narrador y los demonios[58].

Los personajes pertenecientes al segundo tipo de los no individualizados son aquellos de los que se dice el nombre. Aquí también hay varios parecidos entre Quevedo y Dante. Uno de los más destacados es la condena de astrólogos y alquimistas[59]. En Quevedo aparecen en el *Sueño del infierno* y, parcialmente, también en el

---

[55] Iventosch 1961. Otro aspecto chistoso que se repite en Dante y Quevedo es la burla basada en el pasaje del evangelio de San Juan 8:44: 'Io udi' già dire a Bologna | del diavol vizi assai, tra' quali udi' | ch'elli è bugiardo e padre di menzogna' (*Inf.* XXIII, 142–44); 'Cuando el diablo predica, el mundo se acaba. ¿Pues cómo, siendo tú padre de la mentira —dijo Calabrés—, dices cosas que bastan a convertir una piedra?' (*Alguacil*, 168), 'el diablo nunca dijo verdad por no tener cierta noticia de las cosas que justamente nos esconde Dios' (*Sueño del infierno*, 172). La misma broma se repite en los *Mondi* de Doni: 'In effetto il diavolo è padre della bugia' (1994, 232).

[56] Rovatti 1968, 123; Sieber 1982. El poner las 'verdades' en boca de narradores no fidedignos es un recurso habitual en Quevedo: pensemos en *El Buscón* (se trata de un rasgo propio del género picaresco; Rey 1979), o en el discurso del letrado bermejo en *Hora de todos*, cuadro XL, 357–64.

[57] Salvo en el *Mundo por de dentro* y a menciones aisladas al principio del *Sueño del infierno* 172: 'vi, guiado del ángel de mi guarda', y en el *Sueño de la Muerte*, cuando la Muerte se presenta al protagonista: 'Vivo has de venir conmigo a hacer una visita a los difuntos' (328). Sobre el personaje del guía en los sueños literarios véase Gómez Trueba 1999, 238–48.

[58] Fernández (1950, 222–223) ha encontrado parecidos entre el diablo del Cohecho de Quevedo (*Discurso de todos los diablos*, 249) y el Gerione de Dante (*Inf.* XVII, 1–15).

[59] Hutton 1907–08, 123–24; Jan 1951, 35; Martinengo 1983, 37; 1983a, 217-19; Quevedo 1996, 251 n.384.

Sueño del Juicio Final (131–32). El primer ataque del *Sueño del infierno* es indirecto y parte de la repulsa de los boticarios:

> Estos son los verdaderos alquimistas, que no Demócrito Abderita en la *Arte sacra*, Avicena, Géber ni Raimundo Lull. (209)

El ataque directo se da más adelante (237–42). Sin embargo, aquí Quevedo es mucho más parco a la hora de citar nombres: vuelve a mencionar a Llull y nombra a Hermes Trismegisto. Dante, por su parte, habla de los alquimistas en el canto XXIX. Allí aparecen dos personajes bastante ridículos, caracterizados por su necedad en el intento de 'hacer magia': Griffolino di Arezzo (*Inf.* XXIX, 109–20) y Capocchio (*ibid.* 124–39), contemporáneos del florentino. El segundo de ellos explica el motivo de su condena, la falsificación de los metales:

> sí vedrai ch'io son l'ombra di Capocchio,
>   che falsai li metalli con l'alchímia;
>   e te dee ricordar, se ben t'adocchio,
> com'io fui di natura buona scimia. (*Inf.* XXIX, 136–39)

Dante y Quevedo se acercan aún más en su condena de los astrólogos, que el florentino considera dentro de la categoría de los 'adivinos' en el canto XX del *Inferno*. Esta vez cita nombres de adivinos legendarios: Anfiarao, Tiresias, Manto. Pero nos interesan los que les siguen, porque se trata de personajes históricos:

> Quell'altro che ne' fianchi è cosí poco,
>   Michele Scotto fu, che veramente
>   de le magiche frode seppe 'l gioco.
> Vedi Guido Bonatti[60]; vedi Asdente,
>   ch'avere inteso al cuoio e a lo spago
>   ora vorrebbe, ma tardi si pente. (*Inf.* XX, 115–20)

Pues bien, también Quevedo incluye a Miguel Scoto en su listado de astrólogos embusteros: 'A Escoto el italiano no vi allá por hechicero y mágico, sino por mentiroso y embustero' (*Sueño del infierno*, 250–51). La forma en que ambos autores lo atacan tiene hasta coincidencias léxicas: se trata de un fraudulento y embaucador de gentes ('frode'/'mentiroso y embustero'). Creo muy probable que el episodio de los alquimistas y, sobre todo, el de los astrólogos del *Sueño del infierno* se haya inspirado en estos pasajes de la *Divina Commedia*[61].

Una última clase de personajes que debemos tratar dentro de este grupo es la de los herejes. En el *Sueño del infierno* (252–65) se incluye un extenso pasaje donde se presenta un listado de herejes anteriores y posteriores a Cristo. La fuente principal de la que Quevedo tomó estos nombres parece haber sido la obra *Liber de haeresibus* de Filastrio y su *Supplementum*[62]. Sin embargo, hay que destacar un dato que creo

---

[60] Se conserva un libro de Guido Bonatti que fue propiedad de Quevedo y que lleva su firma en la portada (Maldonado 1975, 406 n.6).

[61] Pudo influir también la *Tabla de Cebes*, donde se incluyen como personajes a astrólogos y geómetras (López Poza 1994, 94).

[62] Del Piero 1958a; Nolting-Hauff 1974, 27–28; Quevedo 1996, 252 n.388. Sobre las relaciones entre los herejes de Quevedo y Dante véanse Martinengo 1983a; Nolting-Hauff 1991, 178–81.

importante: la nómina de herejes no aparece en las antiguas versiones manuscritas. Se trata de una adición posterior que recogen sólo las ediciones impresas. La única excepción es el manuscrito que Crosby denomina *U* en su edición de los *Sueños y discursos* (Quevedo 1993). Buscar una causa precisa para justificar este añadido resulta muy complicado. Desde luego, se puede pensar que Quevedo intentaba aumentar el grado de erudición de sus *Sueños* con este catálogo de nombres a menudo exóticos y misteriosos. A su vez, el escritor español pudo haberse visto estimulado por alguna otra obra que le sirviera como modelo.

Dante, como Quevedo, incluyó a los herejes entre sus condenados y Landino se encargó de hacer en su comentario un listado de herejías muy parecido al del escritor español. Tanto uno como el otro parecen haber utilizado unas mismas fuentes:

> Luego fui, y llegando vi que antes dél estaban muchos, como Menandro y Simón Mago, su maestro. Estaba Saturnino inventando disparates. Estaba el maldito Basílides heresiarca. Estaba Nicolás antioqueno, Carpócrates y Cerinto y el infame Ebión. (*Sueño del infierno*, 257)

> diremo il primo essere Simon mago [...]. Menandriani pigliano il nome da Menandro mago, discepolo di Simone. [...] Basiliadi da Basilide [...]. Nicolaite da Nicolao [...]. Carpocratiani da Carpocrate [...]. Cherintiani da Cerinto. (*DCQ*, fol. 58v)

De todos modos, la correspondencia entre los herejes de Landino y los de Quevedo no es perfecta: ni el orden, ni el catálogo de nombres son siempre coincidentes. Quevedo no tomó la lista de Landino. Sin embargo, no es imposible que después de 1608 en una lectura, o relectura, de Dante y Landino se viera impulsado a incluir esta nómina de herejes, acercándose así aún más al modelo que le ofrecía su ejemplar de la *Commedia*.

El segundo gran grupo de personajes infernales de Quevedo está constituido por los que aparecen individualizados. De ellos se nos puede decir el nombre o no, pero su papel es más relevante: no son sólo mencionados, sino que tienen voz propia. El modelo dantesco parece estar muy presente en estos casos. Estos condenados pueden ser conocidos del narrador-protagonista cuando aún estaban vivos. Este aspecto de familiaridad[63] con los espíritus malditos parece tener como referente directo al poeta florentino. Es cierto que también Eneas se encuentra con conocidos, amigos y parientes en el Hades, pero se trata siempre de héroes, de grandes figuras. En Dante y Quevedo, en cambio, pueden aparecer personajes corrientes. El esquema del diálogo es muy parecido al dantesco en ciertos casos: el narrador se encuentra con el alma y no la reconoce, entonces ésta le dice quién es y le cuenta su culpa y su pena. Veamos unos ejemplos. En el *Sueño del infierno* se encuentra con un librero que había sido amigo suyo[64]:

---

[63] Este carácter de familiaridad del protagonista con los condenados puede apreciarse incluso en el grupo de los pecadores no individualizados. Al topar con unos mercaderes reconoce a uno: 'y lleguéme con codicia de ver si era barbinegro o bermejo, cuando le conozco, y era un mercader que poco antes había muerto' (*Sueño del infierno*, 195).

[64] También Nolting-Hauff (1974, 98; 1991, 175–77) señala el parecido de ciertos diálogos entre el narrador y los condenados (incluido éste) con el modelo dantesco.

> Volví a la voz los ojos, casi tan medrosa como ellos, y hablóme un hombre que por las tinieblas no pude divisar más de lo que la llama que le atormentaba me permitía.
> —¿No me conoce? —me dijo—, a … —ya lo iba a decir— … —y prosiguió, tras su nombre—, el librero. Pues yo soy. ¿Quién tal pensara? […]
> —¿Qué quiere? —me dijo, viéndome suspenso tratar conmigo estas cosas—, pues es tanta mi desgracia que todos se condenan por las malas obras que han hecho, y yo y todos los libreros nos condenamos por las obras malas que hacen los otros. (*Sueño del infierno*, 184–86)

El mismo tipo de conversación se da muchas veces en la *Commedia*. Citemos sólo un caso a modo ilustrativo. En el canto VI del *Inferno* Dante se encuentra con el alma de Ciacco, un florentino condenado por su gula, que lo llama y le pregunta si lo reconoce, pero el poeta no es capaz de hacerlo:

> Elle giacean per terra tutte quante,
> fuor d'una ch'a seder si levò, ratto
> ch'ella ci vide passarsi davante.
> 'O tu che se' per questo 'nferno tratto',
> mi disse, 'riconoscimi, se sai […]
> Voi cittadini mi chiamaste Ciacco:
> per la dannosa colpa della gola,
> come tu vedi, a la pioggia mi fiacco. (*Inf.* VI, 37–41 y 52–54)

Está claro que este esquema es poco frecuente en los *Sueños* y que el caso que acabo de citar es bastante excepcional, pero me parece significativo el parecido con Dante[65].

Hay un personaje individualizado que está a mitad de camino entre aquellos de los que sabemos el nombre y aquellos que no se nombran. En el *Mundo por de dentro* el narrador se encuentra con el Desengaño, que le va a guiar para que aprenda a reconocer la hipocresía social oculta en la vida cotidiana. Se trata de un personaje alegórico y, por lo tanto, no podemos considerarlo en el mismo nivel que los demás. El Desengaño es presentado como un viejo venerable: 'Era un viejo venerable en sus canas, maltratado, roto por mil partes el vestido y pisado; no por eso ridículo, antes severo y digno de respeto' (*Mundo por de dentro*, 274). Pues bien, su caracterización podría tener ecos de la *Commedia*. Pensemos en la figura de Catón del canto I del *Purgatorio*: 'vidi presso di me un veglio solo, | degno di tanta reverenza in vista, | che piú non dee a padre alcun figliuolo. | Lunga la barba e di pel bianco mista | portava, a' suoi capelli simigliante, | de' quai cadeva al petto doppia lista' (31–36).[66]

Junto con estos personajes individualizados de los que no se dice el nombre, aparecen también otros de los que sí se sabe. Los dos casos más destacados de los *Sueños* son el de Mahoma en el *Sueño del infierno* y el de Villena en el *Sueño de la*

---

[65] Casos parecidos en la *Eneida* se dan cuando Eneas se encuentra con Palinuro (VI, 337 & ss.) o con Deífobo (VI, 494 & ss.).

[66] Tampoco es de descartar la posible influencia del anciano que aparece en la *Tabla de Cebes* (López Poza 1994, 90–92), aunque este tipo de personajes sabios de edad veneranda responden a un modelo tópico de larga tradición (cf., por ejemplo, el *Somnium* de Maldonado: Avilés 1981, 172).

Muerte. El 'gran hereje' nos es presentado de esta forma:

> Fui pasando por estos y llegué a una parte donde estaba uno solo arrinconado, y muy sucio, con un zancajo menos y un chirlo por la cara, lleno de cencerros y ardiendo y blasfemando. (*Sueño del infierno*, 260)

A su vez, en el *Inferno* dantesco Mahoma aparece individualizado y se dirige al poeta, como el quevediano. Es más, la descripción de Dante se asemeja bastante a la de Quevedo[67]: también el Mahoma de la *Commedia* está desfigurado por unos cortes, partido en dos al igual que su yerno Alí como castigo por haber sido un cismático. Ya sabemos que la descripción que ofrece el escritor español está motivada también por el viejo chiste que se burlaba de la creencia de que en la Meca se conservaban las reliquias ('zancajo') del Profeta, pero aun así el pasaje dantesco parece haber influido de forma determinante en la representación de Mahoma en el *Sueño del infierno*[68]. Nótese, por ejemplo, el paralelismo entre los sintagmas 'un chirlo por la cara' y 'fesso nel volto':

> Già veggia, per mezzul perdere o lulla,
> com'io vidi un, cosí non si pertugia,
> rotto dal mento infin dove si trulla.
> Tra le gambe pendevan le minugia;
> la corata pareva e 'l tristo sacco
> che merda fa di quel che si trangugia.
> Mentre che tutto in lui veder m'attacco,
> guardommi e con le man s'aperse il petto,
> dicendo: 'Or vedi com' io mi dilacco!
> vedi come storpiato è Mäometto!
> Dinanzi a me sen va piangendo Alí,
> fesso nel volto dal mento al ciuffetto. (*Inf.* XXVIII, 22–33)

Otro personaje destacado de las sátiras quevedianas es Enrique de Villena, que aparece en el *Sueño de la Muerte*. Por la extensión de su diálogo con el protagonista, y por la entidad de su discurso, puede ser considerado como el personaje secundario más importante de todos los *Sueños*. De hecho, es tan importante que en algunas versiones manuscritas esta obra se titula *Discurso de la muerte y visita del Marqués de Villena en la redoma*. Se ha dicho a veces que una gran diferencia entre Dante y Quevedo es que el segundo no incluye a condenados de la altura moral de los dantescos: los pecadores de sus obras son siempre unos necios sin personalidad[69]. El caso de Villena desmiente parcialmente estos juicios. Pese a los aspectos cómicos de

---

[67] Quevedo coincide con Landino en pintar a Mahoma como un hipócrita que se finge virtuoso para encubrir sus vicios: 'con questo fauore acquistò la Signoria, & massime fingendosi di santissima uita, & costumi' (*DCQ*, fol. 138r), '—¿Y el tocino por qué lo vedaste [...]? —Eso hice por no hacer agravio al tocino, que lo fuera comer torreznos y beber agua; aunque yo vino y tocino gastaba' (*Sueño del infierno*, 261).

[68] Jan 1951, 36. Nolting-Hauff (1974, 84) prefiere asociar el Mahoma quevediano con Luciano. También recuerda al Deífobo de la *Eneida*, que se presenta desfigurado ante Eneas (VI, 494–97), aunque me parece más probable que influyera antes en Dante y luego, a partir de éste, en Quevedo.

[69] Jan 1951, 32; Fernández 1950, 221–22.

la escena y a la tradición supersticiosa que decía que el cuerpo de Villena se conservaba en una redoma (se le atribuían poderes mágicos desde la Edad Media), don Enrique es una de las figuras más nobles y moralmente dignas de los *Sueños*[70].

Quevedo recoge esta leyenda negra de Don Enrique y nos lo pinta en el *Sueño de la Muerte* como un nigromántico en la redoma. Pero, a la vez, ridiculiza estas creencias y defiende el talante noble y culto de Villena. Desde su redoma, el marqués sentencia y critica la corrupción moral de España. El Villena de Quevedo es, ante todo, un hombre de letras a quien el vulgo necio condenó por su propia ignorancia: 'estudié y escribí muchos libros, y los míos quemaron no sin dolor de los doctos' (*Sueño de la Muerte*, 347). En este sentido, es fácil apreciar la identificación de Quevedo con este personaje, en un momento de su vida donde se veía perseguido y enjuiciado por sus supuestos fraudes en Italia cuando era consejero del Duque de Osuna.

La figura de Villena, tal y como la construye el escritor español, guarda mucho parecido con otros personajes dantescos nobles y elevados, pese a estar en el infierno. Pensemos en el caso de Brunetto Latini (canto XV), que es condenado por su pecado de sodomía, pero que pese a su condición degradada en el otro mundo sigue guardando un cierto aire de superioridad y distinción. También el maestro de Dante sermonea contra la corrupción moral de Florencia:

> Ma quello ingrato popolo maligno
> che discese di Fiesole *ab* antico,
> e tiene ancor del monte e del macigno,
> ti si farà, per tuo ben far, nimico;
> ed è ragion, ché tra li lazzi sorbi
> si diconvien fruttare al dolce fico.
> Vecchia fama nel mondo li chiama orbi;
> gent'è avara, invidiosa e superba. (*Inf.* XV, 61–68)

La codicia y la soberbia son asimismo algunos de los aspectos criticados por el narrador en su diálogo con Villena. Ahora bien, además de la catadura del personaje y del tono del diálogo, quizás podamos señalar más semejanzas entre este episodio y la *Commedia*. Recordemos cómo se nos presenta por primera vez a Don Enrique:

> vi un jigote que se bullía en un ardor terrible y andaba danzando por todo el garrofón, y poco a poco se fueron juntando unos pedazos de carne y unas tajadas, y desta se fue componiendo un brazo, y un muslo, y una pierna, y al fin se coció y enderezó un hombre entero. (*Sueño de la Muerte*, 346)

En el *Inferno* del poeta florentino hay unas escenas de transformaciones bastante similares. La más cercana a la quevediana se encuentra en el canto XXV, donde los ladrones son condenados a tener que transformarse fusionándose con serpientes:

---

[70] Para Martinengo 1983, 122, Villena aparece 'como el depositario, el guardián y el símbolo de los valores típicos de un pasado modélico, en el cual puede reconocerse Quevedo; y, al mismo tiempo, se configura como un espíritu-guía, capaz de arrojar luz y abrir caminos en la oscuridad y las dificultades del presente'. Nolting-Hauff (1991, 181) evidencia la importancia de este personaje y su relación con Dante.

3. DANTE EN LOS *SUEÑOS*

> Com'io tenea levate in lor le ciglia,
>   e un serpente con sei piè si lancia
>   dinanzi a l'uno, e tutto a lui s'appiglia.
> Co' piè di mezzo li avvinse la pancia
>   e con li anterïor le braccia prese;
>   poi li addentò e l'una e l'altra guancia;
> li diretani a le cosce distese,
>   e miseli la coda tra 'mbedue
>   dietro per le ren sú la ritese. [. . .]
> Poi s'appiccar, come di calda cera
>   fossero stati, e mischiar lor colore,
>   né l'un né l'altro già parea quel ch'era. (*Inf.* XXV, 49–57 & 61–63)

Las figura de Villena nos sirve para introducir una última clase de pecadores: los personajes políticos (reyes, privados, consejeros). Este conjunto de condenados guarda relación con ciertos pasajes de la *Commedia* de Dante. Ambos autores son bastante duros con los reyes que no cumplen con su deber y que se ocupan antes de satisfacer sus deseos personales que del bien público. El poeta florentino trata de los 'tiranos' en el canto XII del *Inferno* y Quevedo de los 'malos reyes' en varios pasajes de sus *Sueños*[71]. En el *Sueño de la Muerte* se agudiza el carácter autobiográfico y político (elementos muy dantescos, por cierto) de las sátiras quevedianas. Quevedo es aquí mucho más explícito con respecto a la situación política contemporánea y en cuanto a la teoría política en general. Este peso del aspecto histórico-político pasará también al *Discurso de todos los diablos*. Es precisamente en este último escrito donde se aprecian los mayores contactos entre Dante y Quevedo por lo que respecta al ámbito que estamos tratando ahora[72]. Lo más llamativo es la coincidencia entre ciertos personajes y la manera de tratarlos de ambos autores.

Ante todo, es crucial la figura de Bruto. El asesino de César aparece frecuentemente en las obras del escritor español. Pensemos en su *Marco Bruto*: en este texto quedaba clara desde un principio la relación Quevedo-Bruto-Dante, con la cita tomada de la *Commedia* estudiada anteriormente. El Bruto de Quevedo puede ser considerado también, en parte, como un Bruto dantesco. De hecho, la primera vez que aparece Bruto en una obra del español es en el *Sueño del infierno*. Se trata de un pasaje colocado justo al final del *sueño*, en la zona más baja del infierno donde reside Lucifer. Bruto se nombra junto con Casio. Por su colocación y por la pareja de personajes escogidos la escena parece haberse inspirado directamente en la *Commedia*. Dante, en el último canto del *Inferno*, pone a Judas, Bruto y Casio en las tres bocas de Lucifer, castigados como los tres peores pecadores de la historia (*Inf.* XXXIV, 61–67). Quevedo conocía muy bien estos versos, ya que son los mismos que citará en el *Marco Bruto*. El hecho de que los esté recordando ya antes de 1608 (fecha *ad quem* para la composición del *Sueño del infierno*) demuestra, una vez más, que tuvo

---

[71] *Alguacil*, 157–60; *Sueño del infierno*, 178–79 & 265–66. Ver también el comentario de Landino al canto XII del *Inferno*, sobre todo *DCQ*, fol. 70v.

[72] Nolting-Hauff (1991, 184) señala el aumento del influjo dantesco en las obras tardías de Quevedo, especialmente en los temas políticos y de actualidad; se centra en el *Sueño de la Muerte*.

presente a Dante y que le sirvió como fuente de inspiración desde fechas muy tempranas. Este pasaje aparece sólo en las versiones manuscritas del *Sueño del infierno* ya que las ediciones impresas lo han suprimido. He aquí el texto que ofrece Crosby en su edición de los *Sueños y discursos*, que se basa en la tradición manuscrita: 'Julio Çessar estaua llamando de traydores a Bruto y Casio' (Quevedo 1993, I, 188–89).

Bruto se incluye, pues, también en el *Discurso de todos los diablos*, 223–24. Pero lo que nos interesa aquí es el discurso de César que precede a su aparición en escena:

> —Yo soy —le respondió— el gran Julio César; y después de que se desbarató y mezcló tu reino, di con Bruto y Casio, los que me mataron a puñaladas con pretesto de la libertad, siendo persuasión de la invidia y cudicia propia estos perros, el uno hijo y el otro confidente. No aborrecieron estos infames el imperio, sino el emperador. Matáronme porque fundé la monarquía; no la derribaron, antes apresuradamente ellos instituyeron la sucesión della. [...] Malditos, mirad cuál era el gobierno de los senadores, que habiendo gustado el pueblo de la invención de la monarquía, quisieron antes Nerones, Tiberios, Calígulas y Eliogábalos que leyes y senadores. (*Discurso de todos los diablos*, 223)

Por su parte, Dante juzgó positivamente a César y, pese a ponerlo en el infierno por ser pagano, lo colocó entre los virtuosos del *Inferno* junto con figuras como Séneca, Aristóteles, Platón y Homero (*Inf.* IV, 123), mientras que condenó sin reservas a Casio y Bruto, poniéndolos al mismo nivel que Judas: éste traicionó al señor de los cielos, aquéllos al de la tierra. Sin embargo, la postura de los comentaristas de la *Commedia* ante César, Bruto y Casio fue bastante divergente y polémica (Parker 1993). Por ejemplo, el juicio que Vellutello da de este episodio está pensado en abierta oposición a la lectura que ofrecía Landino: para el primero Dante tuvo razón en condenar a Bruto y Casio. Landino, en cambio, intenta salvar la imagen de ambos a través de malabarismos argumentativos que se apoyan en una intrincada lectura alegórica del pasaje. Está claro que para su planteamiento Vellutello tuvo que apoyarse en fuentes clásicas —como él mismo indica— de las que probablemente también bebió Quevedo. Aun así, es notable el parecido del pasaje de Vellutello comparado con el ataque de César a Bruto y Casio del *Discurso de todos los diablos*:

> Nè mi estenderò in dire, come questi due [Bruto y Casio] furon capi de la congiura contra di Cesare, come poi, perseguitati da Ottauiano, furon da lui condotti a disperata morte, perche tale historia è notissima, per quello che ne scriue, e Suetonio, e Plutarco. Nè giudico inconueniente, come altri fanno, che il poeta li ponga in sì misero luogo, perche dato che l'animo loro fosse quello di liberar Roma da la seruitù di Cesare, e ridurla ne la libertà di prima, Doueano nondimeno considerare, se questo era riuscibile, e se togliendola a Cesare, era peggiorare, come fece, e non megliorar di conditione. [...] Non liberarono costoro la patria per occider Cesare, ma la dierono in preda a tre horrendi mostri, che lungamente l'afflissero con ogni spetie di crudeltà. (*DCQ*, fol. 160v)

Tanto Quevedo como Vellutello insisten sobre la virtud de César, sobre el error que cometieron Bruto y Casio matándolo y sobre el triste fin que tuvo Roma tras su asesinato al caer en manos de tiranos mucho peores que César. Tanto el poema de Dante, como los textos de sus comentaristas, han de ser tenidos en cuenta entre los posibles materiales empleados por Quevedo para sus propias creaciones.

Otros personajes políticos destacados del *Discurso de todos los diablos* son Alejandro Magno (229–30) y Dionisio (240–41). Dante habla de ellos en el *Inferno*, en la parte dedicada a los tiranos: 'Quivi si piangon li spietati danni; | quivi è Alessandro, e Dïonisio fero | che fé Cicilia aver dolorosi anni' (*Inf.* XII, 106–108). Por lo que respecta a Alejandro, hay también un paralelismo entre los comentarios de Landino y el pasaje en el que Quevedo se refiere a él. Habla Clito, uno de sus privados:

> —Hicieron a este maldito insensato, de quien la soberbia aprendió furores, señor de todo con título de rey de los reyes. Persuadióse de que era hijo de Dios; a Júpiter Ammón llamaba padre, y por autorizarse con el sello de Júpiter, se introdujo en testa de carnero y se rizó de cuernos [...] Yo (¡desdichado de mí!), quise tener lástima dél; atrevíme a ser leal al tirano (esto que no es nada), y viéndole desacreditar las cosas de su padre Filipo y desnacerse, con la lengua y las obras, de tan gran príncipe que le dió el ser, desengañábale de la divinidad. [...] Pues para ver quién fué este desatinado tirano y cuál su violencia, por testigo de su grandeza, por voz de las alabanzas de su padre, con sus propias manos me mató a puñaladas, mas él murió en la mesa y vivió en la guerra. [...] A Parmenion y Filotas, sus privados, también los mandó matar, aunque le adoraban y tenían por hijo de Júpiter. A Amintas, su prima, y a su madrastra y hermano y a Callisthenes, su privado, mandó matar. (*Discurso de todos los diablos*, 229–30)

Así se refiere a él Landino en su comentario:

> Alessandro magno Re de Macedoni, merita senza alcun dubio di essere numerato tra i tiranni: perche in uero senza essere prouocato con alcuna ingiuria occupò la tirannide [...]. Fu di tanta insania, che uolle essere detto & stimato figliuol di Dio, & non d'huomo, & uinto c'hebbe i Persi, uolle secondo il barbarico costume, & con grande indignation de' suoi essere adorato per Iddio. Et Calistene ottimo Filosofo suo condiscepolo, & discepolo di Aristotele, che tentaua di ritrarlo da tanta insania fece crudelissimamente morire. Per ira, & ebrietà uccise Clito suo tanto amico, che dopò penténdosene, uolle uccidere se medesimo: ne si potrebbe senza historico uolume narrare, non dico i particolari amici, come ne' primi fu Clito, il quale perche modestamente l'ammoniua, che non si preponesse al suo padre Filippo, ma i popoli, & le nationi, lequali senza senza alcuna ingiuria riceuuta mandò in ultimo esterminio, & rouina, dalle quali non era mai stato prouocato. [...] Ne si uergognò farsi figliuolo di Gioue, & uolere come Dio essere adorato. (*DCQ*, fol. 72r)

Aunque ambos autores compartan unas fuentes comunes[73], es probable que Quevedo incluyera ciertos personajes en el *Discurso de todos los diablos* inspirándose en Dante y que completara su caracterización yendo a las fuentes clásicas bajo el auspicio de los comentarios de Landino y Vellutello, semejante al caso de los herejes del *Sueño del infierno*.

Quevedo parece, pues, haber tenido en cuenta el modelo dantesco para la redacción de su *Discurso de todos los diablos*. Según Sergio Fernández (1950, 226–27), el escritor español imitó a Dante también en el listado de sabios que ofrece en su obra, tomando como referencia el canto IV del *Inferno*, donde aparecen los virtuosos condenados a permanecer en el limbo:

---

[73] El peso de Suetonio, de Plutarco y de los *Diálogos de los muertos* 12, 13 y 14 de Luciano es bastante acusado en estos pasajes (Nolting-Hauff 1974, 42).

> Poi ch'innalzai un poco piú le ciglia,
> vidi 'l maestro di color che sanno
> seder tra filosofica famiglia.
> Tutti lo miran, tutti onor li fanno:
> quivi vid'ïo Socrate e Platone,
> che 'nnanzi a li altri piú presso li stanno;
> Democrito che 'l mondo a caso pone,
> Dïogenès, Anassagora e Tale,
> Empedoclès, Eraclito e Zenone. (*Inf.* IV, 130–38)

> —Yo soy —dijo— Solón; aquéllos los Siete Sabios; aquél que maja allí aquel tirano Nicocroante, es Anaxarco; éste, Sócrates; aquél pobre cojo y esclavo, Epicteto; Aristóteles, el que detrás de todos saca la cabeza con temor; Platón, aquel que no puede echar la habla del cuerpo; Sócrates, el que no ha vuelto en sí, y tiene, como véis, dudosa vida. (*Discurso de todos los diablos*, 240)

El componente político del *Discurso de todos los diablos* parece haber bebido del poeta florentino. Si en el *Sueño del infierno* Quevedo se había servido del modelo dantesco fundamentalmente para la representación infernal, ahora, tras su vuelta de Italia y tras haber profundizado en el conocimiento de la *Commedia*, le interesa ante todo el aspecto más grave e ideológico de Dante.

Otra semejanza entre algunos de los condenados del *Discurso de todos los diablos* y el *Inferno* es posible rastrearla en personajes como Clito o Belisario (233–34), que, como validos, se han dedicado fielmente a servir a su señor y que han sido injustamente retribuidos por éste con castigos crueles. La figura del privado defraudado tiene un importante precedente en el canto XIII del *Inferno*. Se trata de Pier della Vigna, muerto suicida al verse acusado injustamente por su señor Federico II:

> Io son colui che tenni ambo le chiavi
> del cor di Federigo, e che le volsi,
> serrando e diserrando, sí soavi,
> che dal secreto suo quasi ogn' uom tolsi;
> fede portai al glorïoso offizio,
> tanto ch'i' ne perde' li sonni e' polsi.
> La meretrice che mai da l'ospizio
> di Cesare non torse li occhi putti,
> morte comune e de le corti vizio,
> infiammò contra me li animi tutti;
> e li 'nfiammati infiammar sí Augusto,
> che ' lieti onor tornaro in tristi lutti.
> L'animo mio, per disdegnoso gusto,
> credendo col morir fuggir disdegno,
> ingiusto fece me contra me giusto. (vv. 58–72)

El Séneca de Quevedo también fue acusado injustamente y se vio obligado a suicidarse, debido a las murmuraciones de los envidiosos[74]:

> Yo soy Séneca, español, maestro y privado de Nerón. […] Yo vi adolecer mi opinión y enfermar mi buena dicha, no mi culpa, sino mi crecimiento, porque el escándalo no

---

[74] Quevedo dedicó dos sonetos al mismo tema (*Poesía original* §43 & §44).

está en el que priva, sino en todos los que no privan; y nunca puede ser bienquisto de todos quien tiene, puesto que los que son como él desean para sí y los que no, para otro en quien tengan más afianzada la medra. [...] Yo, metido en un baño, cortadas las venas, me despaché para este puesto. (*Discurso de todos los diablos*, 230–31)

Además del valido traicionado, en el *Discurso* nos encontramos con la figura del valido obligado a comportarse de forma inmoral por la voluntad de su señor. El caso de Seyano, urdidor político al servicio de Tiberio, es emblemático:

Mi ruina empezó desde que quise prevenir todos los hados, quitar a la fortuna el poder, burlar sus diligencias a la providencia de Dios. Entonces, más sacrílego que prudente, me fortalecí contra la maña de los hombres, haciendo morir los buenos y los atentos, desterrando a los ociosos y advertidos, y provoqué por enemigo al cielo, a quien quise excluir de mi causa. [...] El caso es, Lucifer, que los príncipes tienen por disculpa de lo que permiten, la ruina del medio que para ello escogieron. (*Discurso de todos los diablos*, 232–33)

Un caso bastante cercano al del Seyano es Guido da Montefeltro, que aparece en el canto XXVII del *Inferno*, entre los políticos fraudulentos. Él también se condenó por culpa de un poderoso que le forzó a obrar mal: el papa Bonifacio VIII que le pidió consejo para sus maquinaciones políticas. Guido da Montefeltro se presenta, igual que Seyano, como un experto en las retorcidas maniobras del hombre de corte, basadas en la astucia ('volpe') y en la disimulación ('coperte vie'):

Mentre ch'io forma fui d'ossa e di polpe
che la madre mi diè, l'opere mie
non furon leonine, ma di volpe.
Li accorgimenti e le coperte vie
io seppi tutte, e sí menai lor arte,
ch'al fine de la terra il suono uscìe. (vv. 73–78)

El personaje dantesco se corresponde perfectamente con la imagen del político maquiavélico sin escrúpulos. Los versos de Dante insisten sobre varios aspectos que retomaría Machiavelli años más tarde: el disimular, la astucia. Las concomitancias con este pasaje y el capítulo XVIII de *Il Principe* —obra que Quevedo conocía muy bien— son notables, hasta en las imágenes empleadas (león/zorro):

Sendo, dunque, uno principe necessitato sapere bene usare la bestia, debbe di quelle pigliare la golpe e il lione [...]. Ma è necessario questa natura saperla bene colorire, ed essere gran simulatore e dissimulatore. (Machiavelli 1979, 99)

Pues bien, el Seyano de Quevedo también representa al consejero maquiavélico, y en su discurso no es difícil captar un ataque a la concepción del estado basada en el interés y conveniencia, por la que se justifica toda acción por muy inmoral que sea ('los príncipes tienen por disculpa de lo que permiten, la ruina del medio que para ello escogieron'). El escritor español pudo encontrar en la figura de Guido da Montefeltro ecos del *Príncipe* y, a su vez, un estímulo para crear un personaje semejante con el que atacar los postulados de Machiavelli.

En conclusión, existen importantes semejanzas entre los personajes del *Inferno* y los de los *Sueños* de Quevedo. Los condenados de Dante y los del escritor español se acercan en varios aspectos y son, a menudo, coincidentes entre ambos (astrólogos, alquimistas, Mahoma, Alejandro). El parecido se hace aún más llamativo si comparamos determinados pasajes de los comentarios de Landino y Vellutello con otros de Quevedo. El autor de los *Sueños* parece haber tenido en cuenta tanto el poema dantesco como las exposiciones que lo acompañaban.

3.v. Penas y castigos

El infierno es, ante todo, un lugar de castigo. En él los pecadores pagan por las culpas cometidas en vida. En este sentido, los infiernos de Dante y Quevedo no son una excepción.

En el mundo de ultratumba del florentino la ley que rige las penas es la del *contrapasso*, como queda explicitado en el caso de Bertran de Born, que por haber causado disensiones políticas entre padre e hijo (Enrique II de Inglaterra y Enrique III) debe deambular decapitado por el infierno con su cabeza en la mano:

> Perch' io parti' cosí giunte persone,
> partito porto il mio cerebro, lasso!,
> dal suo principio ch'è in questo troncone.
> Cosí s'osserva in me lo contrapasso. (*Inf.* XXVIII, 139–42)

El *contrapasso*, como la misma palabra indica, quiere decir que el condenado sufre como castigo ('passo', del latín *passio, -onis*: 'dolor') el mismo daño que ha causado entre los vivos. Bertrán dividió a una familia, por lo tanto su cuerpo también es dividido. La idea del *contrapasso* está directamente tomada de la ley del talión ('ojo por ojo, diente por diente') de raíz bíblica[75]. Así lo expone Landino en su comentario al poema dantesco:

> È in iure ciuili ordinata la pena del talione: la quale è, che chi ha fatto ingiuria, sia punito in quel medesimo, come uerbigratia, Chi taglia la mano a uno, uuole tal legge, che a lui similmente sia tagliata la mano, & questo cosi punito in Latino è contrapassus, perche ha patito all'incontro quello, che haua inferito ad altri. (*DCQ*, fol. 141r)

En Quevedo el supuesto parámetro que rige las culpas de sus condenados no está tan alejado del dantesco. Al final del *Sueño del Juicio Final* el narrador describe la garganta del infierno: los escribanos tienen que tragarse sus letras, los médicos penan en sus orinales y los boticarios en sus *melecinas*. A todos se les han vuelto en contra sus pecados terrenales:

> un escribano comiendo solo letras que no había querido solo leer en esta vida; [...] un avariento contando más duelos que dineros; un médico penando en un orinal y un boticario en una melecina. (*Juicio Final*, 132–33)

Los poetas del *Sueño del infierno* son condenados a oír las malas composiciones de los otros que penan con ellos: 'Unos se atormentan oyendo las obras de otros' (148). A los despenseros, por ladrones, unas aves les 'hurtan' las entrañas: 'vi que la

---

[75] Éxodo 21:23–25; Levítico 24:17–20; Deuteronomio 19:19–21. *Diccionario de Autoridades*, s.v. *Talion*: 'Pena, que se imponia al delito igual, y correspondiente à el, castigando por el mismo modo, que se delinquia. Los Hebreos le usaban rigurosamente, dando ojo por ojo. Los Romanos solo en los delitos atroces. Oy está abolida, sustituyendo otras penas correspondientes.'

pena de los dispenseros era que, como a Titio le come un buitre las entrañas, a ellos se las descarnaban dos aves que llaman sisones' (221). Los barberos son sometidos a una tantálica privación de guitarras y ajedrez: 'Pasé allá y vi [...] los barberos atados y las manos sueltas, y sobre la cabeza una guitarra, y entre las piernas un ajedrez con las piezas de juego de damas, y cuando iba con aquella ansia natural de pasacalles a tañer, la guitarra se le huía, y cuando volvía abajo a dar de comer a una pieza, se la sepultaba el ajedrez y esta era su pena' (212)[76]. Está aquí muy clara la idea de que el castigo llega a través del objeto o medio que les ha servido para pecar. Tal idea se hace extensible a las partes del cuerpo con las que cada pecador cometió su falta:

> Después ya que a noticia de todos llegó que era el día del Juicio, fue de ver cómo los lujuriosos no querían los hallasen sus ojos por no llevar al tribunal testigos contra sí, los maldicientes las lenguas, los ladrones y matadores gastaban los pies en huir de sus mismas manos. (*Juicio Final*, 96)

> ¿No hurta el amor con los ojos, el discreto con la boca, el poderoso con los brazos [...], el valiente con las manos, el músico con los dedos, el gitano y cicatero con las uñas, [...]? Y al fin, cada uno hurta con una parte o con otra. (*Alguacil*, 163–64)[77]

Uno de los casos más evidentes de un planteamiento semejante en Dante puede hallarse en el canto VII de su primera *cantica*, donde se dice que los avaros van a resurgir el día del Juicio con los puños cerrados y los pródigos con los cabellos rapados (señal de su desprendimiento desmedido). El pecado, su representación, y su condena, se cifran a través de las partes del cuerpo:

> In etterno verranno a li due cozzi:
> questi resurgeranno del sepulcro
> col pugno chiuso, e questi coi crin mozzi. (*Inf.* VII, 55–57)

O también todo el canto XXVIII, donde aparecen los que causaron discordia (entre ellos los ya recordados Mahoma y Bertran de Born). Todos ellos se ven condenados a la mutilación de partes de su cuerpo. Por ejemplo, hay algunos a los que les han sido cortadas la lengua, o las manos, como al tribuno romano Curión o a Mosca dei Lamberti (†1243):

> Oh quanto mi pareva sbigottito
> con la lingua tagliata ne la strozza
> Curïo, ch'a dir fu cosí ardito!
> E un ch'avea l'una e l'altra man mozza,

---

[76] Séneca, *Apocolocyntosis* XIV, 4–15 —otra posible fuente de los *Sueños* quevedianos— también incluye en clave paródica un castigo semejante. El emperador Claudio es condenado a echar los dados en un cubilete agujereado y a no poder así satisfacer sus ansias de jugador empedernido.

[77] Quevedo expone ideas semejantes en otras obras suyas, como por ejemplo en *Virtud militante* (1985, 83): '¿Quántas peregrinaçiones debe la curiosidad de tus ojos a tus pasos, quántos riesgos deue tu cabeça a los pasos de tus pies, quántos peligros todo tu cuerpo, a las palabras de tu boca?'. Algo parecido se halla en Luciano, *Diálogos de los muertos* X, 3, donde los espíritus de los difuntos tienen que renunciar a las partes de su cuerpo que les proporcionaron belleza y placer en vida: 'Pues despójate de la hermosura de los labios con sus besos, de la espesa cabellera, del color de tus mejillas y de toda la piel … Está bien así; ya estás aligerado. Sube ya'.

> levando i moncherin per l'aura fosca,
> sí che 'l sangue facea la faccia sozza. (*Inf.* XXVIII, 100–105)⁷⁸

Hay un pasaje en el *Sueño del infierno* que recuerda el anterior de Dante. Allí el narrador-protagonista se encuentra con Henri Estienne, sabio humanista convertido al protestantismo, cuya lengua ha sido lacerada como castigo por su culpa:

> Y allí lloré viendo el doctísimo Enrico Stéfano. Preguntéle no sé qué de la lengua griega, y estaba tal la suya que no pudo responderme sino con bramidos. (*Sueño del infierno*, 264)

El arte conceptista de Quevedo le lleva a menudo a hacer que a sus condenados se les atribuya una pena por analogía o asociación, y no por la ley del talión. Es el caso de los malos poetas del *Sueño del infierno* (190–91) que son condenados a padecer en el hielo por sus 'frialdades', o el de las dueñas que son transformadas en ranas (203–204). Sin embargo, la pena por analogía y asociación no es ajena tampoco al *Inferno* de Dante⁷⁹. Un ejemplo bastante claro de ello se da en el canto V. Allí las almas de los lujuriosos son condenadas a tener que ser arrastradas por el viento, donde éste representa por analogía la fuerza de las pasiones:

> Io venni in loco d'ogne luce muto,
>   che mugghia come fa mar per tempesta,
>   se da contrari venti è combattuto.
> La bufera infernal, che mai non resta,
>   mena li spirti con la sua rapina;
>   voltando e percotendo li molesta. (*Inf.* V, 28–33)

El castigo puede llegar por diferentes vías. Una de las más clásicas es la del fuego infernal, que no falta en el otro mundo quevediano: 'pasé adelante donde estaban juntos los ensalmadores ardiéndose vivos' (*Sueño del infierno*, 235), 'Uno de los senadores, que sepultado en ascuas enfadaba a las penas' (*Discurso de todos los diablos*, 224). Dante también utiliza el fuego como tormento. En el canto XV se encuentra con los sodomitas, condenados a arder. Entre ellos destaca Brunetto Latini, que el poeta florentino nos describe con su rostro y miembros quemados: 'E io, quando 'l suo braccio a me distese, | ficcäi li occhi per lo cotto aspetto, | sí che 'l viso abbrusciato non difese | la conoscenza süa al mio 'ntelletto (*Inf.* XV, 25–28).

Los condenados también padecen en aguas hirvientes. Tanto esta pena como la

---

[78] Un caso semejante —de clara inspiración dantesca— se halla en los *Mondi* de Doni, donde los que escribieron obras perniciosas son condenados a que se les corten las manos: 'Chi scriveva cattiva dottrina, s'aggira con le mani tagliate' (1994, 231). También hay que tener en cuenta los posibles ecos bíblicos de estos pasajes de Dante y Quevedo: 'Si, pues, tu mano o tu pie te es ocasión de pecado, córtatelo y arrójalo en el fuego eterno. Y si tu ojo te es ocasión de pecado, sácatelo y arrójalo de ti' (San Mateo 18:8–9).

[79] Pasquazi 1972a, 191. Sin embargo, Martinengo (1983, 12 & 22; 1983a, 218) opina que los castigos de Dante y de Quevedo son diferentes justamente porque los del primero se dan por contraste y los del segundo por analogía. En cambio, Nolting-Hauff (1974, 193) y Rovatti (1968, 132–33) ven la presencia de la ley del talión en los *Sueños*. Tal ley está muy arraigada en el pensamiento quevediano; la mención más explícita de ella que he encontrado está en la *Política de Dios*, Parte II: 'cada vno se condena en lo mismo que haze padecer, a padecer lo mismo' (Quevedo 1966, 284).

anterior pueden ser llevadas a cabo materialmente por los diablos ('se estaban abrasando unos hombres en fuego inmortal, el cual encendían los diablos', *Sueño del infierno*, 195), o algún sustituto suyo como el Pero Gotero del *Discurso de todos los diablos* ('Yo soy —dijo— Pero Gotero; ésa es mi caldera, tan famosa entre los cuentos, y los muchachos […]. En esto empezó a alborotarse la caldera y a hacer espuma; veíase un figurón danzando entre el caldo y chirriando. Asió el cucharón, y encajándole en el bodrio, dijo: —Aún no está en su punto. Dióle con él dos empellones, y zambullóse dando fieros gritos', 247). Esta última escena del *Discurso* puede ser emparejada con otras de los cantos XXI y XXII del *Inferno*. Allí los diablos hieren a todo condenado que se asome fuera del lago hirviente en el que padecen y vuelven a echarlo dentro, lo cual lleva a Dante a compararlos con cocineros: 'Non altrimenti i cuoci a' lor vassalli | fanno attuffare in mezzo la caldaia | la carne con li uncin, perché non galli' (*Inf.* XXI, 55–57). En el canto XXII asiste a la captura de uno de estos pecadores que se había asomado demasiado:

> I' vidi, e anco il cor me n'accapriccia,
> uno aspettar cosí, com' elli 'ncontra
> ch'una rana rimane e l'altra spiccia;
> e Graffiacan, che li era piú di contra,
> li arrunciglió le 'mpegolate chiome
> e trassel sú, che mi parve una lontra. (*Inf.* XXII, 31–36)

Queda bastante clara la función castigadora de los demonios en ambas obras, como puede apreciarse también en otros pasajes de los *Sueños* y la *Commedia*: 'en una gran zahúrda andaban mucho número de ánimas gimiendo y muchos diablos con látigos y zurriagas azotándolos' (*Sueño del infierno*, 186), '—Pues pagad espalda —dijo un diablo; y diole luego cuatro palos en ellas' (*Sueño del infierno*, 198), 'Y diciendo esto, sacando tizones, empezaron a oficiar sobre ellos una paliza de difuntos' (*Discurso de todos los diablos*, 246); 'A la man destra vidi nova pieta, | novo tormento e novi frustatori, | di che la prima bolgia era repleta' (*Inf.* XVIII, 22–24), o el caso de Caronte: 'Caron dimonio, con occhi di bragia | loro accennando, tutte le raccoglie; | batte col remo qualunque s'adagia' (*Inf.* III, 109–11).

Sin embargo, no siempre son necesarios estos seres infernales para infligir las penas a las almas de los pecadores. A menudo son ellas mismas las que se castigan entre sí (Iffland 1978–82, II, 30–31): 'estaban muchos hombres arañándose y dando voces' (*Sueño del infierno*, 204), 'Tirábanse unos a otros, por falta de lanzas, los miembros ardiendo; arrojábanse a sí mismos, encendidos los cuerpos, y se fulminaban con las propias personas' (*Discurso de todos los diablos*, 223); 'quant' io vidi in due ombre smorte e nude, | che mordendo correvan di quel modo | che 'l porco quando del porcil si schiude. | L'una giunse a Capocchio, e in sul nodo | del collo l'assannò' (*Inf.* XXX, 25–29), 'Con legno legno spranga mai non cinse | forte cosí; | ond'ei come due becchi | cozzaro insieme, tanta ira li vinse' (*Inf.* XXXII, 49–51).

Tampoco es infrecuente el autocastigo: 'Y volviendo vi un hombre asentado en una silla a solas sin fuego, ni hielo, ni demonio, ni pena alguna, dando las más desesperadas voces que oí en el infierno, llorando el propio corazón, haciéndose pedazos a golpes y a vulcos' (*Sueño del infierno*, 217), 'Hincóse de rodillas, y despedazándose a bofetadas, lloraba como un niño' (*Sueño de la Muerte*, 371); 'e 'l fiorentino spirito bizzarro | in sé medesmo si volvea co' denti' (*Inf.* VIII, 62–63), 'Quindi sentimmo gente che si nicchia | ne l'altra bolgia e che col muso scuffa, | e sé medesma con le palme picchia' (*Inf.* XVIII, 103–105).

Diablos que azotan o queman, condenados que se hieren a sí mismos o entre ellos; en general, el mundo de ultratumba parece un escenario alocado. Los pecadores viven su condena en una repetición eterna y frenética: 'volví la cara hacia el mundo y vi venir por el mismo camino despeñándose a todo correr cuanto había conocido allá' (*Sueño del infierno*, 183), 'asomaron por un cerro unos hombres corriendo tras unas mujeres; ellas gritaban que las socorriesen' (*Discurso de todos los diablos*, 224); 'E io, che riguardai, vidi una 'nsegna | che girando correva tanto ratta, | che d'ogne posa mi parea indegna; | e dietro le venía sí lunga tratta | di gente, ch'i' non averei creduto | che morte tanta n'avesse disfatta' (*Inf.* III, 52–57), 'Ed ecco due da la sinistra costa, | nudi e graffiati, fuggendo sí forte, | che de la selva rompieno ogne rosta' (*Inf.* XIII, 115–17).

Este 'frenesí infernal' contrasta, sin embargo, con la representación del otro mundo como un reino organizado y coherente, donde las penas y los penados se dividen en clases y categorías: el infierno tiene su propia organización legal. Esta idea es empleada también en clave paródica por Dante y Quevedo. La escena del juicio, donde santos, ángeles y diablos se pelean por las almas de los difuntos[80], aparece tanto en los *Sueños* como en la *Commedia* —en el poema dantesco, con cierre claramente cómico, ya que un diablo se jacta de ser buen retórico ('löico'):

> Alegó un ángel por el boticario que daba de balde a los pobres, pero dijo un diablo que hallaba por su cuenta que habían sido más dañosos dos botes de su tienda que diez mil de pica en la guerra, porque todas sus medicinas eran espurias [...]. El médico se disculpaba con él, y al fin el boticario fue condenado, y el médico y el barbero, intercediendo san Cosme y san Damián, se salvaron. (*Juicio Final*, 123–24)

> Francesco venne poi, com'io fu' morto,

---

[80] Se trata de un motivo bastante frecuente en las representaciones sagradas (Nolting-Hauff 1974, 17); pensemos en el sacristán fornicario de Gonzalo de Berceo, *Milagros de Nuestra Señora*:

> Mientre yazié en vanno el cuerpo en el río,
> digamos de la alma en qual pleito se vío:
> vinieron de diablos por ella grand gentío,
> por levarla al váratro, de deleit bien vazío.
>
> Mientre que los diablos la trayén com a pella,
> vidiéronla los ángeles, descendieron a ella,
> ficieron los diablos luego muy grand querella,
> que suya era quita, que se partiessen d'ella.
>
> Non ovieron los ángeles razón de vozealla,
> ca ovo la fin mala e asín sin falla;
> tirar no lis podieron valient una agalla,
> ovieron a partirse tristes de la vatalla.
>
> Acorrió la Gloriosa, reína general,
> ca tenién los diablos mientes a todo mal;
> mandólis atender, non osaron fer ál,
> moviólis pletesía firme e muy cabdal. (coplas 85–88, en Berceo 1985, 85–86).

> per me; ma un d'i neri cherubini
> li disse: 'Non portar; non mi far torto.
> Venir se ne dee giú tra' miei meschini
> perché diede 'l consiglio frodolente, [...]
> ch'assolver non si può chi non si pente,
> né pentere e volere insieme puossi
> per la contradizion che nol consente'.
> Oh me dolente! come mi riscossi
> quando mi prese dicendomi: 'Forse
> tu non pensavi ch'io löico fossi!' (*Inf.* XXVII, 112–16 & 118–23)

Las penas del infierno dantesco tienen, además de un claro valor de venganza personal contra los enemigos del poeta, un sentido moral y ejemplar. Sirven como escarmiento, tanto para el poeta como para sus lectores, para que no caigan en los mismos errores[81]. Así lo pone de manifiesto el propio Dante en un pasaje de su obra, donde hace clara referencia al lector ('ciascun che legge'):

> O vendetta di Dio, quanto tu dei
> esser temuta da ciascun che legge
> ciò che fu manifesto a li occhi mei! (*Inf.* XIV, 16–18)

El mismo carácter ejemplar ofrecen muchos de los castigos de los *Sueños*. Claro está, su aspecto moralizante se oculta y confunde a veces entre la maraña de chistes y juegos de ingenio de Quevedo. Sin embargo, las bromas del escritor español sólo en algunas ocasiones son totalmente gratuitas. La pena como advertencia para el lector también está muy presente en los *Sueños*:

> Sólo pido a quien las leyere las lea de suerte que el crédito que les diere le sea provechoso para no experimentar ni ver estos lugares. (*Sueño del infierno*, 269)

En el fondo, tampoco en la *Commedia* faltan —junto con los serios y terribles— castigos ridículos y cómicos. Un caso bastante representativo es el episodio de los papas simoníacos del canto XIX de la primera *cantica*. Allí el poeta se encuentra con el alma del papa Nicolás III. Este personaje se halla sumergido en la tierra boca abajo, y de él asoman sólo las piernas. Dante se acerca a él 'como hace el confesor con el condenado a muerte' y le interroga. Nicolás III contesta a través de una cómica pantomima en la que se aúnan su voz y el agitarse de sus pies. El desprecio y el sarcasmo dantescos son evidentes[82]:

> Fuor de la bocca a ciascun soperchiava
> d'un peccator li piedi e de le gambe
> infino al grosso, e l'altro dentro stava.[...]
> Io stava come 'l frate che confessa
> lo perfido assesin, che, poi ch'è fitto,

---

[81] 'They are not sinners as such. Rather, their negative examples are alternative models of behavior that speak directly to the pilgrim's life and that he must learn from and then apply that learning to the crucial decisions he must make as poet and statesman in his journey from exile to the heavenly Jerusalem' (Herzman 1992, 404).

[82] Borzi 1991, 36–37. Ilse Nolting-Hauff (1974, 258 n.79) ha señalado el recurso de la pantomima y gesticulación como rasgo compartido entre Dante y Quevedo.

> richiama lui per che la morte cessa. […]
> Per che lo spirto tutti storse i piedi; […]
> E mentr'io li cantava cotai note,
>   o ira o coscienza che 'l mordesse,
>   forte spingava con ambo le piote. (*Inf.* XIX, 22–24, 49–51, 64 y 118–20)

Lo grotesco de la escena —'spingava con ambo le piote' quiere decir que el Papa 'sacudía los pies', que 'pataleaba'— no nos hace olvidar, sin embargo, el grave mensaje de condena que recogen los versos dantescos contra la corrupción de la Iglesia. Lo cómico en la *Commedia* tiene mucho menor cabida que en los *Sueños*, pero no es del todo inexistente. Las penas de Dante y de Quevedo combinan lo dulce con lo amargo, aunque la dosificación de ambos sea diferente en los dos autores.

3.vi. Técnica narrativa

El siguiente aspecto del que me voy a ocupar en la comparación entre los *Sueños* y la *Commedia* es el relacionado con la técnica narrativa de ambas obras.

El poema de Dante está escrito en primera persona, y el poeta es a la vez protagonista y narrador de los hechos que le es dado presenciar[83]. La narración se hace desde un presente en el que se van recordando experiencias vividas en el pasado. Por lo tanto, el tiempo predominante del discurso es el pretérito indefinido.

Este esquema tan sencillo es el mismo que emplea Quevedo en la mayoría de sus *Sueños* (Sieber 1982). Las excepciones más notables son el *Alguacil endemoniado* y el *Discurso de todos los diablos*. En el primero, el narrador-protagonista que abre la obra se ve pronto sustituido por la voz del diablo que se convierte en el narrador principal. En el segundo, la historia se narra —en principio— en primera persona, pero ésta tiene una presencia muy escasa y lo que predomina es la tercera persona. Otra semejanza entre la construcción de las dos obras es el carácter itinerante de la acción. Tanto en las sátiras del español como en el poema del florentino, el protagonista se mueve en un simbólico camino que le lleva a la exploración de los pecados humanos. Además, en este viaje se para a hablar con diferentes personajes. Por lo tanto el narrador *ve*, *oye*, *huele*, *anda* y *habla* en los reinos de ultratumba. Las referencias a todos estos aspectos son constantes en los dos textos: 'vid'io', 'intesi', 'veggio', 'dissi'; 'vi', 'lleguéme', 'oí', 'pregunté'.

Encontramos la misma técnica narrativa en los poemas cancioneriles de visiones del siglo XV, en los versos del Marqués de Santillana, de Mena y de Imperial. Para todos ellos, el modelo fundamental es la *Commedia* de Dante, lo cual ha llevado a Margherita Morreale a hablar de *microcomedias* para denominar a estas composiciones[84]. Según Guillermo Fernández Escalona (1993, 197), éstos son sus rasgos más característicos desde el punto de vista de su desarrollo narrativo:

---

[83] Sobre el yo poético medieval, a la vez ficticio y biográfico, que aparece en obras como el *Libro de buen amor* y la misma *Commedia* véase Rey 1979a.

[84] Morreale 1966, 13. Véanse Webber 1957; Pérez Priego 1978; Fernández Escalona 1993.

1. Argumento alegórico, personificación de entes abstractos.
2. Acción que transcurre en un mundo irreal, generalmente en el ámbito de un sueño o una visión onírica.
3. Estructura abierta: la visión da fin sin que la acción se desenlace.
4. Redacción en primera persona.

El primer punto se cumple en los *Sueños*, aunque el peso de las alegorías no sea demasiado en las sátiras de Quevedo. En general, no son figuras que hayan conseguido incorporarse totalmente a la acción de las obras y parecen más bien adornos superficiales[85]. Por lo que se refiere al marco onírico-irreal, ya se ha señalado su importancia en páginas anteriores.

Los dos puntos finales —más estrictamente relacionados con la técnica narrativa— se dan claramente en los *Sueños*: la narración es en primera persona y el final de las sátiras queda abierto. En casi todas ellas es muy notable la sensación de final abrupto que experimenta el lector al llegar a su conclusión. En el *Sueño del Juicio Final* el narrador se despierta de golpe: 'Diome tanta risa ver esto que me despertaron las carcajadas' (133). En el *Alguacil endemoniado* el diablo es interrumpido por el licenciado Calabrés justo en medio de su discurso: 'Usó de sus exorcismos y, sin poder yo con él, le apremió a que callase' (168). Al final del *Sueño del infierno* el protagonista nos dice que 'sale' del infierno sin mayores explicaciones: 'No acabara ya de contar lo que vi en el camarín si lo hubiera de decir todo. Salíme fuera y quedé como espantado, repitiendo conmigo estas cosas' (269). En el *Mundo por de dentro* en la edición *princeps* el discurso se corta de forma muy brusca, sin ningún tipo de marca de conclusión: 'Y avergüénzate de andar perdido por cosas que en cualquier estatua de palo tienen menos asqueroso fundamento' (306). En la versión de *Juguetes* la obra acaba de forma menos abrupta, pero no menos abierta. El narrador se queda dormido en el medio de su diálogo con el Desengaño: 'Yo tal estaba, di conmigo en el sueño y en el suelo, obediente y cansado' (502). El *Sueño de la Muerte* se interrumpe con el sobresaltado despertar de su protagonista: 'desperté de un vulco que di en la cama' (404).

Al acabar de leer estas obras nos quedamos con la sensación de que la historia podría haberse prolongado. Esto mismo ocurre con los varios poemas alegóricos de visiones de Santillana, Mena o Imperial. Una vez más, Quevedo parece haberse inscrito en la tradición medieval dantesco-castellana, de la que ya había aprovechado el recurso del sueño. La narración en primera persona y el final abierto son dos rasgos característicos de la *Commedia*, de los *dezires* del XV y de los *Sueños*.

Ahora bien, estos aspectos son rastreables también en otras obras que normalmente suelen ponerse en relación con las sátiras quevedianas. El *Somnium Scipionis* de Cicerón está narrado en primera persona y tiene un final abierto; el sueño acaba sin más ('Ille discessit; ego somno solutus sum', XXVI, 29). Lo mismo vale para el

---

[85] A este respecto hay opiniones divergentes: según Nolting-Hauff (1974, 272–73) las alegorías tienen mucha relevancia en los *Sueños*, para Iffland (1978–82, II, 46) son poco importantes. Los personajes alegóricos más destacados de las sátiras quevedianas son el Desengaño que guía al protagonista en el *Mundo por de dentro* y la Muerte que lo lleva al infierno en el *Sueño de la Muerte*.

Somnium de Lipsio ('mihi somnus solutus est', Matheeussen & Heesakkers 1980, 70). El *Somni* de Metge ofrece un caso paralelo: 'E yo desperté'm fort trist e desconsolat' (1959, 370–72). Se trata, en último término, de unas características comunes a muchas obras donde aparece un contexto onírico o visionario. Pensemos en la *República literaria* de Saavedra Fajardo: 'el sueño era tan bivo, que me enojé mucho, y levantando el brazo (como si estuviera despierto), me arrojé a dalle una puñada en el rostro, y dando en un brazo de la cama, desperté' (1942, 133).

Sin embargo, es la combinación de estos elementos con otros y, sobre todo, su dosificación lo que permite apreciar el influjo del modelo dantesco-castellano en los *Sueños*. Tanto la obra de Cicerón como la de Lipsio y la de Metge son, ante todo, diálogos. La voz del narrador es muy poco significativa en todas ellas, salvo en las partes iniciales y conclusivas del texto; el peso discursivo de la obra lo llevan siempre otros personajes. Además, su estatismo contrasta con el deambular de los narradores de la *Commedia*, de los poemas alegóricos del XV y de los *Sueños*. Los diálogos de Cicerón, Lipsio y Metge se llevan a cabo casi siempre en un mismo escenario y con una escasa variación de personajes. El único caso que cumple con casi todos los rasgos que acabamos de señalar y que pudo influir en las sátiras quevedianas, además de los poetas del XV y Dante, es el *Menipo* de Luciano. El personaje de Menipo le narra a un amigo su viaje al otro mundo, indicando los espíritus con los que se encontró y sus desplazamientos por el Hades.

Menipo, como Dante, cuenta con un guía en su descenso al reino de los muertos, Mitrobarzanes. Sin embargo, las diferencias con respecto a la *Commedia* son muy evidentes; el narrador casi no se relaciona con los muertos, y su guía es un personaje muy secundario, que apenas tiene voz propia. La figura del guía aparecía ya en el libro VI de la *Eneida*, donde Eneas se hacía conducir por la Sibila de Cumas. Dante tuvo muy en cuenta este modelo y lo amplificó hasta darle un gran relieve. El poeta florentino tiene dos guías: Virgilio para el infierno y casi todo el purgatorio, y Beatrice para el paraíso terrestre y el paraíso. El guía aparece también en algunas composiciones alegóricas del XV, como el *Dezir a las syete virtudes* de Imperial, donde el protagonista se encuentra con Dante que le acompaña en su visión; o el *Triunphete de amor* de Santillana (1988, 108–15), donde es Tiresias el guía sabio.

En cambio, Quevedo no emplea a un personaje para conducir a sus narradores-protagonistas por el infierno de los *Sueños*. En el *Sueño del infierno* el narrador anuncia que ha sido 'guiado del ángel de mi guarda' (172), pero no vuelve a mencionarlo más adelante. En el *Sueño de la Muerte*, la Muerte le dice al protagonista que ha venido a guiarle en su descenso al infierno ('Vivo has de venir conmigo a hacer una visita a los difunctos', 328), pero a continuación su papel no se cumple y el narrador sigue en su viaje solo ('Íbame poco a poco y buscando quien me guiase', 400); en el *Discurso de todos los diablos* Lucifer actúa sólo parcialmente como un guía. La única excepción significativa es la del *Mundo por de dentro*. Su arranque —el protagonista que deambula perdido hasta encontrarse con el Desengaño— y la figura del guía son los elementos más dantescos de este *sueño* tan didáctico y ambientado en un mundo *quasi* cotidiano, que guarda bastante parentesco con la *Commedia*, de la que aparentemente está tan alejado. Es más, se trata del único *sueño* en el que el esquema narrativo de Dante se recoge casi al ciento por ciento. Tenemos a un protagonista-narrador perdido (*puer*) que es guiado y adoctrinado por un sabio, Desengaño (*magister*); 'si tú quieres, hijo, ver el mundo,' le dice Desengaño al principio, 'ven conmigo, que yo te llevaré a la calle mayor' (*Mundo por de dentro*, 275). No hay diablos que adopten el papel de moralistas, como en los demás *Sueños*, sino que éste se reserva totalmente para un personaje moralmente digno y respetable, como el Virgilio del poema dantesco; el protagonista se equivoca, pregunta y Desengaño le enseña[86]. Ambos se mueven por un marco urbano en el que van encontrándose con diferentes escenas de hipocresía, que Desengaño termina siempre por desenmascarar. Como en los demás *Sueños*, asistimos al deambular narrativo de sus personajes principales[87]. El viaje, además de ser un recurso con el que se va construyendo la acción de las obras, tiene también un importante valor simbólico.

En la *Divina Commedia* el viaje de Dante tiene un sentido moral evidente. El narrador es un peregrino que, a medida que avanza en su camino, va conociendo sus errores y se acerca a la verdad y a su redención (Herzman 1992, 403). La estructura de la obra condiciona su significación. El camino lleva a un perfeccionamiento personal del peregrino. El protagonista es muy consciente de ello y lo recalca en más de una ocasión. Sabe que para llegar a la visión celestial tiene que pasar antes por el mundo infernal:

> Lascio lo fele e vo per dolci pomi
> promessi a me per lo verace duca;
> ma 'nfino al centro pria convien ch'i' tomi. (*Inf*. XVI, 61–63)

Además, esta peregrinación está auspiciada por la voluntad divina. Dante es un objeto del poder divino, cuyo crecimiento personal debe servir también al crecimiento de sus lectores. Es un testigo mandado por Dios a recorrer sus reinos para que aprenda y enseñe a los demás; y es —en definitiva— el canal del que se sirve para transmitir su doctrina a los hombres[88]. La idea de que la peripecia del poeta es una misión divina queda reflejada en varios versos de la *Commedia*, y se resume perfectamente en una sentencia que recurre en más de una ocasión (*Inf*. III, 95–96; V, 23–24), siempre puesta en boca de Virgilio cuando se encuentra con algún obstáculo en su camino: 'vuolsi cosí colà dove si puote ciò che si vuole' ('así se quiere allí [en el cielo, donde reina Dios] donde se puede cualquier cosa').

También el deambular de los narradores de los *Sueños* tiene algo de peregrina-

---

[86] Algo parecido ocurre en la *Tabla de Cebes* (López Poza 1994, 90).

[87] La única excepción se da en el *Alguacil endemoniado*, pero incluso allí no falta la sucesión de lugares y escenas, ya que el diablo va describiendo los moradores y las partes del infierno dándonos la impresión de que lo estuviéramos visitando con él.

[88] Aspecto que heredaron los poemas narrativo-alegóricos del XV: 'Las comedias dantescas proponen a un 'yo' portavoz de instancias sobrenaturales. En tanto que instrumento de ellas, la primera persona se despoja de todo matiz individualizador para enfatizar la función que se le ha encomendado: la de comunicar esa experiencia. [...] El mensaje pretende convertirse en estímulo que provoque la modificación del comportamiento actual de su destinatario' (Fernández Escalona 1993, 203–204).

ción[89]. Como Dante, tienen que visitar el infierno para desengañarse y perfeccionarse interiormente, y así poder luego enseñar al prójimo. Esta idea queda patente en varios pasajes de las sátiras quevedianas. En el *Sueño de la Muerte*, por ejemplo, el narrador declara escarmentado: 'Si yo vuelvo al mundo, yo procuraré empezar a vivir' (338), y Pero Grullo le reprende porque no atiende diciéndole: 'Oíd noramala, que a oír habéis venido, y a aprender' (366). El protagonista tiene que llevar a término una tarea doble, personal y colectiva.

Además, el *Sueño del Juicio Final*, el *Sueño del infierno* y el *Sueño de la Muerte* hacen referencia —de forma más o menos explícita— al elemento providencial de su visión. El narrador es un escogido, y tiene que cumplir un viaje de reconocimiento por el infierno para amonestar a los hombres y alejarlos del pecado. El arranque del *Sueño del Juicio Final* en clave apocalíptica es bastante claro a este respecto. Como ya lo había hecho Dante, el narrador se está colocando en el lugar de Juan en el texto bíblico. La visión es, en realidad, una revelación divina[90]. La misma idea se expresa de un modo más directo al comienzo del *Sueño del infierno*: 'vi, guiado del ángel de mi guarda, lo que se sigue, por particular providencia de Dios; que fue para traerme en el miedo la verdadera paz' (172). Algo semejante ocurre en el *Sueño de la Muerte*. Allí la Muerte va expresamente a buscar al protagonista con la intención de llevarlo a visitar el infierno (328).

Está claro que no podemos equiparar el tono trascendente de la *Commedia* con el de los *Sueños*. Sin embargo, tampoco las sátiras de Quevedo están demasiado lejos de ser una misión divina o, cuando menos, sobrenatural. El escritor español, entre burlas y veras, quiere apoyar su autoridad como juez de la humanidad en una fuente irrebatible[91]. El narrador de los *Sueños* no es uno cualquiera, sino un elegido. Su deber es entrar en contacto con los muertos y referir lo que ha aprendido a los vivos: 'Vivo has de venir conmigo a hacer una visita a los difuntos [...], razón será que vaya un vivo a los muertos y que los muertos sean oídos' (*Sueño de la Muerte*, 328).

El modelo seguido por Quevedo parece ser, otra vez, la *Commedia*. Dante hace de intermediario entre dos mundos: el de los vivos y el de los muertos. Para ello, tiene que hablar con las almas de los condenados. Así pues, interroga o es interrogado por ellas. Además, no es infrecuente que éstas le pidan que lleve noticias suyas a los vivos: 'Ma quando tu sarai nel dolce mondo, | priegoti ch'a la mente altrui mi rechi' (*Inf.* VI, 88–89), 'Però, se campi d'esti luoghi bui | e torni a riveder le belle stelle, | [...] fa che di noi a la gente favelle' (*Inf.* XVI, 82–83 y 85), 'rimembriti di Pier da

---

[89] Al final del *Sueño de la Muerte* se lee: 'Con esto me hallé en mi aposento tan cansado y tan colérico como si la pendencia hubiera sido verdad y la peregrinación no hubiera sido sueño' (404–405).

[90] Herzman 1992, 413. En el prólogo del Apocalipsis 1:1–2 se dice lo siguiente: 'Revelación de Jesucristo; se la concedió Dios para manifestar a sus siervos lo que ha de suceder pronto; y envió a su Ángel para dársela a conocer a su siervo Juan, el cual ha atestiguado la Palabra de Dios y el testimonio de Jesucristo: todo lo que vio'.

[91] Sieber 1982, 109: 'With Divine guidance he will enter hell to investigate the claims he had only reported in the first two *Sueños* and will confirm their veracity and his own with the help of an authority that cannot easily be disputed'. Nolting-Hauff (1974, 23) es de opinión contraria.

Medicina, | se mai torni a veder lo dolce piano | che da Vercelli a Marcabò dichina' (*Inf.* XXVIII, 73–75).

Quevedo también hace que su narradores dialoguen con los espíritus de los condenados. Los narradores de los *Sueños* pueden ser interpelados por algún otro personaje ('No me conoce —me dijo', *Sueño del infierno*, 185), o pueden ser ellos los que interroguen, lo cual es más frecuente en las sátiras quevedianas: 'Lleguéme a preguntarle por qué se lavaba tanto' (*Juicio Final*, 100)[92], 'Dime —dije yo—, ¿qué eres y de qué te quejas' (*Sueño del infierno*, 217), '¿Quién eres? —dije' (*Mundo por de dentro*, 274). También los espíritus y demás personajes del infierno de los *Sueños* piden a los narradores que lleven memoria y mensajes de ellos a los vivos: 'Lucifer manda que porque tengáis que contar en el otro mundo, que veáis su camarín' (*Sueño del infierno*, 266), 'Y quiero, por amor de Dios, que vayas al otro mundo y digas cómo has visto al Otro' (*Sueño de la Muerte*, 371), 'Oíd acá, y pues habéis venido por estafeta de los muertos a los vivos, cuando vais allá decildes que me tienen muy enfadado todos juntos' (*Sueño de la Muerte*, 372).

Junto con su caracterización como mensajeros e intermediarios, los protagonistas de la *Commedia* y de los *Sueños* se definen por unos rasgos semejantes. Ante todo, se nos transmiten sus sensaciones más básicas, como el miedo: 'ma non sí che paura non mi desse | la vista che m'apparve d'un leone' (*Inf.* I, 44–45), 'Già mi sentia tutti arricciar li peli | de la paura e stava in dietro intento' (*Inf.* XXIII, 19–20); 'Espantóme la novedad de la causa con que se habían condenado aquellas mujeres' (*Sueño del infierno*, 217)[93], 'Atemoricéme, púsoseme en pie el cabello, sacudióme el temor los huesos' (*Sueño de la Muerte*, 394). La piedad ante el horror infernal tampoco les es ajena: 'Gran duol mi prese al cor quando lo 'ntesi' (*Inf.* IV, 43), 'Ciacco, il tuo affanno | mi pesa sí, ch'a lagrimar mi 'nvita' (*Inf.* VI, 58–59); 'Hiciéronme lástima, no lo pude sufrir y pasé adelante' (*Sueño del infierno*, 205), 'Y allí lloré viendo el doctísimo Enrico Stéfano' (*Sueño del infierno*, 264). Además de miedo y piedad, los narradores pueden verse sorprendidos por las maravillas que les es dado presenciar. La sorpresa lleva al empleo de ciertos recursos argumentativos, uno de ellos es la declaración de que nadie va a creer lo que se está contando por ser demasiado extraordinario: 'Se tu se' or, lettore, a creder lento | ciò ch'io dirò, non sarà maraviglia, | ché io che 'l vidi, a pena il mi consento' (*Inf.* XXV, 46–48); 'vi la más infame casilla del mundo, y una cosa que no habrá quien lo crea' (*Sueño del infierno*, 191). Otro, muy empleado por Dante, es el tópico de lo inefable o indecible[94]. Tanto en el *Inferno* como en los *Sueños* se hallan ejemplos donde el narrador expresa su incapacidad de contar los horrores que vio y le pide favor al cielo para poder hacerlo: 'Chi poria mai pur con parole sciolte | dicer del sangue e

---

[92] Nótese cómo en el *Sueño del Juicio Final* el estilo indirecto predomina claramente sobre el directo.

[93] Aquí 'espantóme' puede también querer decir 'me asombró'.

[94] Jacomuzzi 1995; Botterill 1988; Curtius 1976, I, 231–32; Gómez Trueba 1999, 211. Para una teorización dantesca sobre el tópico, resulta fundamental consultar la *Epistola a Cangrande* XXVIII, 77: 'Et postquam dixit quod fuit in loco illo Paradisi per suam circumlocutionem, prosequitur dicens se vidisse aliqua que recitare non potest qui descendit'.

de le piaghe a pieno | ch'i' ora vidi, per narrar piú volte? | Ogne lingua per certo verria meno | per lo nostro sermone e per la mente | c'hanno a tanto comprender poco senno' (*Inf.* XXVIII, 1–6); 'asoméme a parte donde sin favor particular del cielo no se podía decir lo que había' (*Sueño del infierno*, 251).

Un recurso muy característico de la *Commedia* es el uso constante por parte del narrador de apelaciones directas al lector[95]. En ciertos momentos cruciales de su viaje Dante se detiene y hace detener con él al que está leyendo su obra: 'Pensa, lettor, se io mi sconfortai' (*Inf.* VIII, 94); 'Se Dio ti lasci, lettor, prender frutto | di tua lezione' (*Inf.* XX, 19–20); 'O tu che leggi, udirai nuovo ludo' (*Inf.* XXII, 118). El empleo de estas apelaciones pasó también a los imitadores castellanos del siglo XV del poeta florentino. En los varios *dezires* y poemas alegóricos de cancionero se aprecia claramente su utilización[96]. Sin embargo, Quevedo renunció a este recurso argumentativo, pese a que en los *Sueños* el narrador tenga muy en cuenta al lector y haga —implícitamente— referencia a él en sus varios monólogos y reflexiones[97]. En realidad, sólo en las partes iniciales o finales de sus sátiras Quevedo hace uso del vocativo 'lector' o se dirige a él directamente: 'Digo esto, señor lector' (prólogo de la *princeps* de los *Sueños*, Quevedo 1996, 82), 'Sueños son estos que si se duerme V. Excelencia sobre ellos' (*Juicio Final*, 133), 'Vuestra Excelencia con curiosa atención mire esto' (*Alguacil*, 169), 'Sólo pido a quien las leyere' (*Sueño del infierno*, 269). El recurso dantesco está muy diluido en las obras de Quevedo. En este sentido, el escritor español se separó de la tradición dantesco-castellana con la que, en cambio, le relacionan otros varios aspectos que hemos ido viendo en estas páginas.

3.vii. Neologismos parasintéticos

Uno de los rasgos más destacados de los *Sueños* y, en general, de la obra satírico-burlesca de Quevedo es la creación de neologismos jocosos[98]. Dante, por su parte, también sobresale dentro de la literatura italiana por su creación de voces a partir de diferentes procedimientos lingüísticos. En este sentido, ambos autores introdujeron en sus obras numerosas neoformaciones creadas a través de la parasíntesis.

El concepto de parasíntesis ha pasado por muchas revisiones y discusiones en los últimos años. Las posturas teóricas y las definiciones que pretenden describirlo no siempre son unánimes y homogéneas[99]. En nuestro caso no nos incumbe profundizar en estos aspectos. No nos interesa la justificación teórica de la parasíntesis, sino su uso para fines literarios. Por ello recojo la definición que ofrece Blanco Rodríguez (1993, 431), por parecerme la más clara y operativa:

---

[95] Auerbach 1953–54; Wood 1989.

[96] Arce 1984, 191–92; Fernández Escalona 1993, 204.

[97] No me parece que este aspecto pueda definirse como 'direct address to the reader' como hace Sieber (1982, 111–13).

[98] El trabajo fundamental sobre los neologismos quevedianos es Alarcos García 1955; siguen sus planteamientos Bleznick (1972, 114–16), Snell (1981, 31–33), Llano Gago (1984). Durán (1955; 1978, 56–73), Lázaro Carreter (1981), Arellano (1984, 201–07; 1984a) y Gariano (1984) aportan nuevos datos y matizaciones; sobre el neologismo literario en general ver Romero Gualda 1978–79.

[99] Ver Lázaro Mora 1986; Lang 1992, 241–44; Blanco Rodríguez 1993; Serrano Dolader 1995.

3. DANTE EN LOS *SUEÑOS*

consideramos que las palabras parasintéticas son una especie de derivados 'dobles', formados por la aglutinación simultánea de un prefijo y un sufijo a una misma base y que esto se debe a su gran capacidad condensadora, puesto que en un único vocablo —que es percibido sintácticamente como una unidad— se resume el significado de un sintagma completo, y así, por ejemplo, *ennegrecer* es 'poner todo/algo negro'.

La parasíntesis es, pues, un procedimiento de formación de vocablos en el que intervienen tres elementos simultáneamente: PREFIJO + BASE + SUFIJO (ej: en + negro + (ec) er → ennegrecer). Dada la riqueza y la importancia de estos neologismos en la obra del autor español he preferido ampliar el campo de estudio en este último apartado de mi trabajo. Además de los *Sueños* y del *Discurso de todos los diablos*, tengo en cuenta todas las obras quevedianas donde hay neoformaciones parasintéticas.

A través de la parasíntesis Quevedo crea fundamentalmente verbos o adjetivos deverbales. Los prefijos empleados por él son tres: *a-*, *en-* y *des-*[100]. Éste es el *corpus* seleccionado[101]:

1. A-

Amostachado, apesamado[102], *abernardarse*[103], *azurronado, afrisonado, amohecido, aseñorarse, atarascar, atraidorado, azumbrado*[104], *abigotado, agrillado, ahigadado*[105] y *avisionarse*[106].

2. EN-

Entigrecido, enserpentado, endragonido, enviperado[107], *enaguacilado*[108], *encabellarse, encaballerado, empobrar, ensuegrado, encalvar, engravedar, empapagayar, enagüelar, encarroñar*[109], *enmaridado* y *embodarse*[110].

3. DES-

Desasnar/-ado[111], *despiernar, desantañarse*[112], *despiedrar*[113], *desmuelo, desmujerar*[114], *desfranciar,*

---

[100] *A-* y *en-* son los prefijos más empleados en castellano para la formación de parasintéticos (Serrano Dolader 1995, 76).

[101] Considero neologismos todos los términos que no he encontrado recogidos ni en el *Tesoro de Covarrubias* (1993), ni en *Diccionario de Autoridades* ni en Corominas & Pascual 1980–91. Muchas de las creaciones léxicas de Quevedo aparecen en el *Diccionario de Autoridades*, donde se especifica que se trata de voces jocosas inventadas por él. En todos estos casos, evidentemente, considero que se trata de neoformaciones quevedianas.

[102] *Memorial a una academia* y *La culta latiniparla* (*Prosa festiva*, 321 & 457).

[103] *Hora de todos*, 275.

[104] *Poesía original* §702:27, §750:166, §752:103, §753:101, §858:135, §866:60, 71. *Amohecido* se recoge en Corominas & Pascual 1980–91, pero se usa a Quevedo como fuente para documentarlo. Creo que se trata de un neologismo quevediano.

[105] *El Buscón*, en Quevedo 1993a, 173, 175 & 225. Quevedo emplea *ahigadado* también en *Poesía original* §866:34 y en la versión manuscrita del *Sueño del Juicio Final* (Quevedo 1993, I, 135).

[106] *Chitón de las tarabillas*, en Quevedo 1998, 74.

[107] *Hora de todos*, 191 & 369.

[108] *Alguacil*, 144.

[109] *Poesía original* §527:rótulo, §634:21, §682:2, §699:61, §703:95, §753:102, §757:48, §762:63–64.

[110] *Entremés del Marido fantasma*, 11 (*Obras en verso*, 573–77 [573]); *Discurso de todos los diablos*, 236.

[111] *Poesía original* §855:90; *Sueño de la Muerte*, 372.

[112] *Hora de todos*, 179 & 188.

despicarar, desmoñar, descapar, desmancebar, desnoviar, desbudelar, desitinerar, desporqueronar[115], *desgalalonar* y *desviñar*[116].

Los adjetivos neológicos creados sobre los prefijos *a-* y *en-* sirven, generalmente, para indicar que un determinado personaje posee unas cualidades o características físicas. Por ejemplo, *amostachado* quiere decir que dicho personaje tiene mostachos (supuestamente muy largos y llamativos), y lo mismo vale para *abigotado*. Otros como *atraidorado* (que es traidor), *ahigadado* (que tiene valor) o los que aparecen en *La Hora de todos* (*entigrecido, enserpentado, endragonido, enviperado*) indican un estado de ánimo o cualidad moral: estar enfurecido como un tigre, como una serpiente, como un dragón o una víbora. *Atraidorado* indica también hipocresía: se emplea para calificar a la barba de un 'valentón' ('zaino viene de bigotes | y atraidorado de barba'), con lo cual atribuye metonímicamente a la barba y a los bigotes cualidades que pertenecen a su dueño.

Apesamado se usa como sinónimo de 'viudo', ya que vale por 'el que recibe los pésames'. Se asemeja a otros que sirven para indicar una situación particular en la que se encuentra un individuo: *azumbrado* (está borracho), *agrillado* (lleva grillos puestos), *azurronado* (tiene los ojos cerrados) o *encaballerado* (es hecho caballero y presume de ello), *enmaridado* (que se va a casar). Dos neologismos que están bastante relacionados son *enaguacilado* y *ensuegrado*: ambos se construyen sobre la base del adjetivo 'endemoniado', con lo cual Quevedo está estableciendo una comparación burlesca de los alguaciles y las suegras con los diablos, para degradar a los primeros.

Los verbos formados sobre los prefijos *a-* y *en-* funcionan de forma paralela a los adjetivos. Indican que un individuo adopta una determinada actitud o postura: *abernardarse* ('actuar como Bernardo del Carpio', héroe que derrotó las tropas francesas en Roncesvalles; para indicar rechazo hacia los franceses), *aseñorarse* ('actuar como una señora', ponerse seria), *engravedar* ('ponerse grave', seria), *atarascar* ('comportarse como una tarasca', morder, herir), *avisionarse* ('parecerse a una visión', persona fea y ridícula, hacer ademanes y gestos para ocultar algo). También señalan la condición en la que se encuentra alguien: *empobrar* ('hacerse pobre'), *encalvar* ('casarse con calvos'), *encarroñarse* ('envejecer, morir'), *embodarse* ('casarse'). En este último caso es posible que haya también un juego con el término *bode* ('macho cabrío', documentado por Corominas & Pascual desde 1582), con lo cual, Quevedo estaría asociando de forma burlesca el matrimonio a los cuernos. Por otro lado, el *Diccionario de Autoridades* recoge el verbo *encalvar* como sinónimo de 'encalvecer' y señala que 'Tiene poco uso'. Creo que nos encontramos ante un neologismo semántico: Quevedo emplea un término que ya existía con una acepción distinta y jocosa. El verbo

---

[113] *Chitón de las tarabillas*, 107.

[114] En los entremeses de *La ropavejera* y *El marido fantasma* (*Obras en verso*, 571 & 577). *Desmuelo* es sustantivo deducido del verbo inventado *desmuelar*.

[115] En *Poesía original* §689:44, §693:109, §754:78, §761:25 & 27, §772:41 & 42, §834:1, §838:8 y §856:31. Quevedo emplea el verbo *desporqueronar* también en la jácara inicial de su obra conservada de forma incompleta *Pero Vázquez de Escamilla* v. 166 (*Un Heráclito cristiano*, 626).

[116] *Poema de Orlando*, I, 370 & 380.

enagüelar guarda cierto paralelismo con los adjetivos *enaguacilado* y *ensuegrado*, quiere decir —según el contexto del poema donde se recoge— 'meter a una vieja tercera en casa'. Aquí también el recuerdo del verbo 'endemoniar' está presente, y permite la asociación negativa de la celestina con los diablos.

Las voces creadas sobre el prefijo *des-* son el reverso exacto de los casos que acabamos de ver. Implican que alguien renuncia a algo o es privado de algo: *despiernar* (dama a quien le quitan las pantorrillas postizas), *desantañarse* (dama que encubre su edad), *desmujerar* (perder la mujer), *desfranciar* (cortarse el cabello), *descapar* (que le ha sido robada la capa), *desgalalonar* (dejar a los paladines sin Galalón, porque va a ser matado). También significan que alguien carece de algo, como *desmuelo* ('falta de muelas') o *desasnado* ('sin asno', sin cabalgadura). En el caso de *desasnar* es posible que se trate de un neologismo semántico, como ocurriría también con *encalvar*; Quevedo usa el verbo con el sentido de 'quitar el asno', pero el *Diccionario de Autoridades* (s.v. *desasnar*), además de citar este sentido en *Poesía original* §855:90, recoge otra acepción, que es la que se sigue empleando hoy en día y que aparece en otros textos de la época: 'metaphoricamente, es desbastar y hacer perder la rudeza y torpeza de alguno'[117]. Probablemente, pues, Quevedo está utilizando una palabra que ya existía con un significado nuevo.

Junto con estos tres grandes grupos de neologismos parasintéticos cabe destacar otros que combinan los dos prefijos *des-* y *en-*. Se trata de unos pocos ejemplos, pero son sin duda de una gran fuerza expresiva: *desempadrar*, *desendueñar* y *desengongorar*[118].

El paso siguiente es intentar averiguar el posible origen de dichos neologismos parasintéticos. Hasta ahora la postura más aceptada ha sido la de considerarlos como partos del ingenio quevediano[119]. Sin embargo, el parecido entre alguno de estos neologismos y otros de Dante Alighieri invita a plantear un estudio comparativo entre ambos autores también por lo que se refiere a este aspecto. Desde luego, Quevedo pudo disponer de otras numerosas fuentes para la acuñación de voces nuevas, entre las que podemos citar las obras de Aristófanes, Plauto o Luciano[120]. Pero, por lo que respecta a las parasintéticas, la *Divina Commedia* resulta un modelo especialmente rico y acaso más determinante.

---

[117] Comparar Rojas Zorrilla, *Donde hay agravios no hay celos, y amo criado* (1861, 158): 'Ahora bien, | yo me quiero desasnar, | que no han de ser vizcaínas | las novias'.

[118] *Discurso de todos los diablos*, 225; *Poema de Orlando*, I, 704; *Poesía original* §841:131, respectivamente. Alarcos García (1955, 22) y Llano Gago (1984, 62) consideran *desendiablar* (*Poema de Orlando*, I, 704 & II, 555) como neologismo formado por la combinación de *des-* + *en-* simultáneamente, sin tener en cuenta que el término *endiablado* ya está atestiguado en Covarrubias (1993, 468 s.v. *diablo*). En realidad no se trata de un caso de parasíntesis, sino de una derivación a través del prefijo *des-*.

[119] El primero en plantearse la cuestión en otros términos ha sido Maxime Chevalier (1992 & 1994), que traza una breve historia de la agudeza verbal en la España de los siglos XVI y XVII.

[120] Ver Cacho Casal 2000a. Quizás haya que considerar también el posible influjo de los neologismos de la *Alejandra* de Licofrón; en efecto, en sus anotaciones a la *Retórica* de Aristóteles, Quevedo traduce dos neoformaciones de la *Alejandra* citadas por el Estagirita: 'muchifrente' y 'mendigohablantes' (López Grigera 1998, 125). López Grigera (1998, 25) da también noticia de un ejemplar de la *Alejandra* con la firma de Quevedo en la portada (BNM R/21758); sin embargo, he consultado personalmente el texto y Quevedo no anota ningún neologismo.

Los neologismos de Dante son uno de los aspectos más llamativos de su lengua[121]. La creación de nuevos vocablos se da en toda la *Commedia*, pero sobre todo en el *Paradiso*. Frente al espanto y maravilla de las visiones celestiales, el poeta retuerce la lengua toscana en un esfuerzo agónico por intentar representar lo irrepresentable. De aquí se deriva una poesía que o se queda sin palabras o crea otras nuevas, porque las que conoce no le sirven para pintar la cara de Dios. El tópico de *lo inefable* abunda en todo el poema dantesco y se hace más frecuente a medida que el florentino asciende en su viaje, así como los neologismos.

Tales neoformaciones resultaron muy chocantes para toda la crítica dantesca del Renacimiento. Ningún autor las había usado antes, y muy pocos las usarían después; los neologismos de Dante parecen nacer y morir con él, salvo algunas excepciones que comentaremos a continuación. Ya desde Bembo el uso de estas palabras fue criticado por su carácter novedoso y anti-tradicional ('e talora, senza alcuna scelta o regola, da sé formandone [voci] e fingendone'), y tal rechazo fue constante a lo largo de los siglos XVI y XVII. Veamos, por ejemplo, el *Della poetica* de Bernardino Daniello (1536), que critica algunos neologismos de Dante como *intuare, inmiare, indiare* o *insemprare* porque 'essi son nuovi alla toscana favella, non sono però belli né da mescolar per entro le vostre scritture, ma da fuggirli e ischifarli quanto per voi fia possibile (Daniello 1970, 279); o, pasando ya al siglo XVII, el juicio negativo de Paolo Beni en su *Il Cavalcanti, ovvero la difesa dell'Anticrusca* (1614):

> pare a me [...] che egli usi molte parole e frasi non già perfette e divine [...], ma parte pedantesche e parte sforzate e strane, poscia che il dir 'se mai continga' e 'la tua vita *s'infutura'*, sono frasi pedantesche delle fine, e però non si troverà che buon poeta l'abbia seguito. (Tavani 1976, 43)

Dentro de la variedad que ofrecen las innovaciones léxicas de la *Commedia*, las que nos interesan ahora más de cerca son las de tipo parasintético. Dante, como Quevedo, emplea muchos neologismos formados por parasíntesis en sus versos (Tollemache 1960). Está claro que estas palabras tienen en el poeta florentino un significado y una función muy diferentes a los que tienen en la obra del escritor español. En el primero predomina un tono serio y en el segundo cómico, ya que la mayoría de los parasintéticos dantescos aparecen en el *Paradiso*. Sin embargo, el efecto básico que producen en el lector es idéntico: ambos buscan causar estupor y admiración. Además, lo que nos interesa es que el procedimiento de formación de estos neologismos es el mismo en ambos autores.

La delimitación de los neologismos dantescos es una tarea muy compleja. Ciertas voces que se consideran como creaciones dantescas en unos estudios, no lo son en otros. La lista que doy a continuación es, por tanto, provisional y parcial. Para ella me baso fundamentalmente en el trabajo de Di Pretoro (1970):

---

[121] Ver Di Pretoro 1970; Baldelli 1984; *Enciclopedia dantesca*, s.v. 'Neologismi'; Schildgen 1989; Coletti 1993, 51.

3. DANTE EN LOS SUEÑOS

A-

acceffare (de *ceffo* 'cara', *Inf.* XXIII, 18), *ammusare* (*muso* 'morro', *Purg.* XXVI, 35), *appastare* (*pasta* 'masa', *Inf.* XVIII, 107), *arruncigliare* (*ronciglio* 'garfio', *Inf.* XXI, 75; XXII, 35), *attergare* (*tergo* 'dorso, espalda', *Inf.* XX, 46), *adimare* (*imo* 'bajo', *Purg.* XIX, 100; *Parad.* XXVII, 77), *ammassicciare* (*massa*, *Purg.* IX, 100), *appulcrare* (*pulcro*, *Inf.* VII, 60) y *adduare* (*due*, *Parad.* VII, 6)

IN-

imborgare (de *borgo* 'ciudad', *Parad.* VIII, 61), *imparadisare* (*paradiso*, *Parad.* XXVIII, 3), *impelare* (*pelo*, *Purg.* XXIII, 110), *impolare* (*polo*, *Parad.* XXII, 67), *incielare* (*cielo*, *Parad.* III, 97), *indracare* (*drago* 'dragón', *Parad.* XVI, 115), *infrondare* (*fronda*, *Parad.* XXVI, 64), *infuturare* (*futuro*, *Parad.* XVII, 98), *ingigliare* (*giglio* 'lirio', *Parad.* XVIII, 113), *ingradare* (*grado*, *Parad.* XXIX, 130; XXX, 125), *inlibrare* (*libra*, *Parad.* XXIX, 4), *inurbare* (*urbe*, *Purg.* XXVI, 69), *inventrare* (*ventre*, *Parad.* XXI, 84), *inzaffirare* (*zaffiro*, *Parad.* XXIII, 102), *inverare* (*vero*, *Parad.* XXVIII, 39), *immegliare* (*meglio*, *Parad.* XXX, 87), *indovare* (*dove*, *Parad.* XXXIII, 138), *insemprare* (*sempre*, *Parad.* X, 148), *insusare* (*suso* 'arriba', *Parad.* XVII, 13), *immiare* (*mio*, *Parad.* IX, 81), *intuare* (*tuo*, *Parad.* IX, 81), *inleiare* (*lei*, *Parad.* XXII, 127), *inluiare* (*lui*, *Parad.* IX, 73), *immillare* (*mille*, *Parad.* XXVIII, 93), *incinquare* (*cinque*, *Parad.* IX, 40), *internare* (*terno* 'tres', *Parad.* XXVIII, 120) y *intreare* (*tre*, *Parad.* XIII, 57)

DIS-

discarnare (de *carne*, *Inf.* XXX, 69), *dislagare* (*lago*, *Purg.* III, 15), *dismalare* (*male*, *Purg.* XIII, 3), *disfrancare* (*franco* 'libre', *Parad.* VII, 79) y *disunire* (*uno*, *Parad.* XIII, 56)

Podemos añadir a esta lista otros tres verbos que no recoge Di Pretoro, pero que me parecen relevantes para nuestro estudio comparativo: *abbarbicare* (de *barba* en la acepción de 'raíz'; *Inf.* XXV, 58), *incappellare* (*cappello* 'sombrero', *Parad.* XXXII, 72), *dischiomare* (*chioma* 'cabellera', *Inf.* XXXII, 100).

Junto con estos tres prefijos, Dante emplea algunos más para formar neologismos parasintéticos que no encontramos en Quevedo (*di-*, *tra-*, *ri-*, *s-*). En total hay unos 84 neologismos en la *Commedia* (23 en el *Inferno*, 21 en el *Purgatorio* y 44 en el *Paradiso*; algunos se repiten en más de una *cantica*). De estas voces, 70 son verbos, y de estos 70 verbos 59 son de tipo parasintético (Di Pretoro 1970, 265). Además, en su obra encontramos un total de 468 verbos parasintéticos, contando también los neologismos (Tollemache 1960, 112), lo cual confirma el abundante uso de este tipo de construcciones en el poema de Dante. Todo ello llamaría sin duda la atención de un lector tan atento como Quevedo.

Por otra parte, en el ejemplar de la *Divina Commedia* que poseyó el escritor español se recalca en varias ocasiones esta particularidad de la poesía dantesca. En sus preliminares se recoge una tabla (*DCQ*, signs. A3r–A4v) donde se glosan las 'voci difficili' de la obra, preparada por Francesco Sansovino; entre ellas aparecen algunos neologismos dantescos. También los comentaristas Landino y Vellutello dejan constancia de lo llamativo de estas voces e intentan aclararlas. En los preliminares Landino las menciona de forma explícita: 'Vsa uerbi proprii, & triti in consuetudine. Vsa alcuna uolta gli antichi, come souente, & simili. Fabrica de nuoui, come *immiare*, & *intuare*, & *inoltrare*' (sign. B4v). A lo largo de sus anotaciones ambos comentaristas explican lo que significan estas palabras a medida que van apareciendo.

En este sentido, a Quevedo le pudieron también servir algunos diccionarios y vocabularios muy empleados en el Siglo de Oro. Pensemos, por ejemplo, en el *Vocabulario de las dos lenguas toscana y castellana* (1570) de Cristóbal de las Casas, 'el primer diccionario italiano-español conocido —y el único publicado durante todo el siglo XVI'[122]. O también en el *Vocabulario italiano e spagnuolo* de Lorenzo Franciosini impreso por primera vez en Roma en 1620, que tuvo grandísimo éxito y fue el vocabulario italo-español más usado del siglo XVII[123].

Por último, también debemos tomar en consideración los diccionarios de italiano de los que pudo disponer Quevedo, con el *Vocabolario degli Accademici della Crusca* (1612) a la cabeza[124]. En los primeros dos se recogen varios neologismos de Dante y en el tercero casi todos. Hay que destacar también que el repertorio de entradas ofrecido por el vocabulario de la Crusca indica siempre la fuente o fuentes empleadas para documentar la palabra en cuestión. Por lo tanto, Quevedo podría haber identificado fácilmente las voces dantescas, comparándolas además con otras obras italianas posteriores citadas por el *Vocabolario* que las volvieron a emplear.

Quevedo dispuso, pues, de varios canales para poder apreciar y asimilar las creaciones dantescas. Tanto la crítica de los siglos XVI y XVII, en la que destaca Bembo[125], como los comentarios y tablas explicativas de su ejemplar de la *Commedia* y los varios vocabularios y diccionarios de la época evidencian sus neologismos. Junto con ello, debemos considerar también otro dato relevante para justificar la posible influencia de los neologismos parasintéticos de Dante en Quevedo: algunas de las construcciones parasintéticas dantescas ya habían pasado a la lírica castellana del siglo XV. En la poesía de Santillana y de Imperial se registran voces como *inflora*, *entuase*, *enmías* o *transumar*, todas ellas de claro cuño dantesco[126]. Quevedo, que conocía muy bien esta tradición, no dejaría pasar inadvertidos estos vocablos.

Como hipótesis de trabajo, pues, planteo la influencia de la lengua del poeta florentino en la creación de palabras parasintéticas burlescas en la obra de Quevedo. El mecanismo lingüístico es el mismo, y también el efecto inmediato que produce: la sorpresa. Está claro que hay diferencias de matices y significados entre ambos autores. Por ejemplo, Dante sólo crea verbos y no adjetivos deverbales como Quevedo. Por otra parte, sus creaciones son aún más atrevidas que las del español, ya que se permite formaciones partiendo de adverbios (*insemprarsi*) y pronombres (*intuarsi*), mientras que entre los neologismos quevedianos sólo hallamos formaciones a partir de sustantivos.

Sin embargo, existen también ciertas coincidencias que merecen ser señaladas.

---

[122] Lope Blanch 1988, x. Sobre el *Vocabulario* véase también Gallina 1959, 161–80.

[123] Gallina 1959, 261–84; Lope Blanch 1988, xxii. El *Vocabulario* de Franciosini conoció más de doce ediciones durante los siglos XVII y XVIII.

[124] Della Valle 1993, 29–54. Entre la lista de los posibles libros italianos poseídos por Quevedo, realizada por Martinengo (1983, 179) a partir del *Índice* del monasterio de San Martín, se encuentra también un ejemplar del *Vocabolario della Crusca*.

[125] Autor del que sabemos con total seguridad que el escritor español poseía obras (Maldonado 1975, 426–27).

[126] Morreale 1966, 18; Arce 1981; 1984, 192.

3. DANTE EN LOS *SUEÑOS*

Hay algunos neologismos quevedianos que recuerdan muy de cerca otros de Dante. Por ejemplo, los adjetivos deverbales *amostachado* y *abigotado*. El primero se incluye en el *Memorial a una academia* y sirve para hacer el autorretrato del autor, destacando el hecho de que tiene bigotes:

> mozo *amostachado* y diestro en jugar las armas, a los naipes y a otros juegos. (*Prosa festiva*, 321)

El siguiente se emplea en *El Buscón* III, 4. Aquí también sirve para describir a un personaje que tiene bigotes:

> Había en el calabozo un mozo tuerto, alto, *abigotado*, mohíno de cara, cargado de espaldas y de azotes en ellas. (Quevedo 1993a, 173)

Ambos neologismos pueden encontrar un correlato semejante en el verbo dantesco *abbarbicare*. Deriva de la palabra *barba*, con lo cual, el parecido con las voces quevedianas se hace patente: a + mostacho + ado, ar/a + bigote + ado, ar/a + barba + ar. Eso sí, hay que precisar que *barba* es usada con el sentido de 'raíz', y sirve para señalar que una serpiente está totalmente enlazada a un pecador, igual que una hiedra con un árbol:

> Ellera *abbarbicata* mai non fue
> ad alber sí, come l'orribil fiera
> per l'altrui membra avviticchiò le sue. (*Inf.* XXV, 58–60)

El siguiente ejemplo que vamos a comentar está en un romance (*Poesía original* §689:41–44), donde se describe a un personaje grotesco que se ve obligado a cortarse el pelo a causa de una premática. Allí se emplea el neologismo *desfranciar* con el sentido de 'cortarse el pelo' (alude a la moda francesa de llevar el pelo largo):

> Sacaráme de pelón,
> cosa que no ha sido fácil,
> y a España daré la vuelta,
> luego que el gesto *desfrancie*.

En la *Commedia* nos encontramos con el mismo neologismo, aunque empleado en otro sentido. 'Franco' quiere decir 'libre' y, como indica Di Pretoro (1970, 275), deriva 'dal nome del popolo dei Franchi, per cui *Franco* equivaleva a *uomo libero*'. Dante dice *disfranca* con el valor de 'quitar la libertad', sin embargo, etimológicamente el término es muy parecido al quevediano:

> Di tutte queste dote s'avvantaggia
> l'umana creatura; e s'una manca,
> di sua nobilità convien che caggia.
> Solo il peccato è quel che la *disfranca*,
> e falla dissimile al sommo bene. (*Parad.* VII, 76–80)

El soneto de Quevedo 'Pelo fue aquí, en donde calavero' (*Poesía original* §527) lleva el siguiente epígrafe: 'Calvo que no quiere *encabellarse*'[127]. Verbos parecidos

---

[127] La autoría de los epígrafes de los poemas quevedianos publicados en el *Parnaso* está en entredicho. González de Salas, cuidador de la edición, declara en los preliminares haber sido él

surgen en otras composiciones del escritor español, que se deleita en más de una ocasión burlándose de los calvos: 'Yo no he de *cabellar* por mi dinero' (*Poesía original* §528:12), 'Calvos van los hombres, madre, | calvos van; | mas ellos *cabellarán*' (*Poesía original* §703: estribillo). En la *Commedia* se utiliza una voz semejante, el verbo *impelare* en el sentido de 'echar barba', de 'madurar'. Su significado es diferente al del neologismo quevediano, pero el parecido está bastante claro[128]:

> ché, se l'antiveder qui non m'inganna,
> prima fien triste che le guance *impeli*
> colui che mo si consola con nanna. (*Purg.* XXIII, 109–111)

Junto con éste, Dante utiliza otro verbo, *incappellare* 'colocar encima de la cabeza, en lo más alto; igual que un sombrero', cuya cercanía con la voz *encabellarse*, pese a que su significado sea diferente, resulta notable:

> Però, secondo il color d'i capelli,
> di cotal grazia l'altissimo lume
> degnamente convien che *s'incappelli*. (*Parad.* XXXII, 70–72)

Además, este término fue empleado por otros autores, con lo cual Quevedo dispuso de más canales para poderse hacer con él. Pensemos en las *Stanze* de Poliziano:

> questa di verde gemma *s'incappella*,
> quella si mostra allo sportel vezosa,
> l'altra, che 'n dolce foco ardea pur ora,
> languida cade e 'l bel pratello infiora. (Libro I, 78, 5–8; 1988, 82–83)

Siguiendo con los verbos asociados a los cabellos, encontramos en Quevedo la voz *desmoñar* en *Poesía original* §754:77–80. Aquí el mes de agosto es visto como el castigador de las 'pidonas', ya que les causa enfermedades que las dejan calvas:

> tú, que a poder de tercianas,
> las *desmoñas*, las destrenzas
> y a la que vendió billetes
> haces que compre recetas.

El sentido de 'privación' aparece también en otro verbo del poeta florentino. Éste es el caso de *dischiomare*, que equivale a 'arrancar la cabellera, quitar el pelo'. Se encuentra en una escena donde Dante está tironeando de los pelos a un pecador para hacerle confesar su nombre:

> Ond'elli a me: 'Perché tú mi *dischiomi*,
> né ti dirò ch'io sia, né mosterrolti
> se mille fiate in sul capo mi tomi.' (*Inf.* XXXII, 100–102)

El verbo fue también empleado por Ariosto en su *Orlando furioso*, XV, 87, 1–2:

---

quien rotuló los poemas; sin embargo, es muy probable que utilice notas y apuntes del propio Quevedo para titular las composiciones (Cacho Casal 2001).

[128] Además debemos tener en cuenta que, a diferencia de la mayoría de los neologismos dantescos, éste tuvo algo de fortuna y fue utilizado por algunos autores del XVI y del XVII como Tansillo, Grazzini y Chiabrera (Di Pretoro 1970, 277–78).

> E tenendo quel capo per lo naso,
> dietro e dinanzi lo *dischioma* tutto.

Otro neologismo dantesco que puede recordar uno de Quevedo es *inventrarsi* que el poeta florentino usa con el sentido de 'residir en el vientre', 'estar dentro de':

> Luce divina sopra me s'appunta,
> penetrando per questa in ch'io *m'inventro*,
>   la cui virtú, col mio veder congiunta,
>   mi leva sopra me tanto, ch'i' veggio
>   la somma essenza de la quale è munta. (*Parad*. XXI, 83-87)

Quevedo en una de sus sátiras contra Góngora le acusa de sacar versos del vientre como si fueran excrementos, expresándolo con el verbo *desbudelar*: '¿Socio otra vez? ¡Oh tú, que *desbudelas* | del toraz veternoso inanidades' (*Poesía original* §834:1-2). El escritor español ha formado su neologismo partiendo casi seguramente de una palabra italiana, *budella* 'intestinos'[129]. En cierto modo, pues, el verbo quevediano vale como contrario del dantesco. Ambos se refieren a una parte del cuerpo (vientre/intestinos) sobre la que han construido sus neoformaciones, una con el prefijo *in-* y otra con *des-*.

Otro caso interesante es el término dantesco *indonnare* ('hacerse dueña o señora de algo', 'apoderarse de algo'), referido a Beatrice:

> Io dubitava, e dicea 'Dille, dille!'
>   fra me: 'dille' dicea, a la mia donna
>   che mi disseta con le dolci stille;
> ma quella reverenza che *s'indonna*
>   di tutto me, pur per *Be* e per *ice*,
>   mi richinava come l'uom ch'assonna. (*Parad*. VII, 10-15)

No está muy claro si esta voz es de cuño dantesco o formaba parte del toscano corriente (Baldelli 1984, 72). Volvemos a encontrarla en el *Canzoniere* de Petrarca:

> parmi vedere in quella etate acerba
> la bella giovenetta, ch'ora è donna;
> poi che sormonta riscaldando il sole,
> parmi qual esser sòle
> fiamma d'amor che 'n cor alto *s'endonna*. (CXXVII, 21-25; 1968, 103)

Nuevamente tenemos un ejemplo donde se da el mismo origen etimológico para un neologismo de Dante y otro de Quevedo, aunque tengan diferente significado. El escritor español usa el contrario del verbo dantesco creando el término *desendueñar* a través de la combinación de los prefijos *des-* y *en-*: 'y que se desendiable y *desendueñe*' (*Poema de Orlando*, I, 704)[130].

---

[129] Arellano (1984, 529) anota el posible origen del término (se ocupa de este neologismo también en Arellano 1984a) partiendo de la forma catalana —en esto sigue a Durán— 'budells' ('intestinos'), o de la italiana 'budello' (forma popular de decir 'intestino').

[130] Si tenemos en cuenta que 'donna' en italiano quiere decir mujer —además del valor de 'dueña' que tiene en los veros de Dante— también podríamos comparar el *indonnarsi* dantesco con el *desmujerar* de Quevedo.

Un último caso que voy a comentar aparece en *La Hora de todos*, donde se describe a la diosa Juno enfurecida al ver a Ganimedes junto a Júpiter:

> Juno que le vio al lado de su marido, y que con los ojos bebía más del copero que del licor, *endragonida* y *enviperada*. (*Hora de todos*, 368–69)

A su vez, Dante emplea el mismo neologismo para referirse a la crueldad y saña de una familia florentina, los Adimari:

> L'oltracotata schiatta che *s'indraca*
> dietro a chi fugge, e a chi mostra 'l dente
> o ver la borsa, com'agnel si placa. (*Parad.* XVI, 115–117)

Como puede apreciarse, en ambos casos el neologismo se usa para caracterizar la actitud violenta y agresiva de alguien. Así lo había explicado también Vellutello en su comentario: 'come 'l draco incrudelisce' (*DCQ*, fol. 340r). Además, como ocurría con las palabras *incappellare*, *indonnare* y *dischiomare*, el verbo *indracare* tuvo descendencia y fue empleado por otros autores italianos posteriores a Dante. Tenemos el ejemplo del *Morgante* (1478) de Luigi Pulci:

> ed atilon, che gridando *s'indraca*
> drieto alla volpe, se l'asino vede. (XXV, 329, 4–5; 1955, 932)

Sin embargo, en este caso parece casi seguro que la fuente directa de Quevedo no fue la *Commedia*. De hecho, el mismo doblete de neologismos (*endragonida*/*enviperada*) aparece en los tercetos que cierran el canto XII de la *Arcadia* (1504) de Iacopo Sannazaro:

> Quest'è sol la cagione ond'io mi esaspero
> incontra'l cielo, anzi mi *indrago* e *invipero*,
> e via più dentro al cor mi induro e inaspero. (1961, 119: vv. 7–9)

Los dos neologismos quevedianos son, pues, un calco del italiano, siguiendo el texto de Sannazaro[131]. Esto quizás explique el hecho de que *endragonida* sea un adjetivo deverbal derivado de una supuesta forma de la tercera conjugación (*endragonir*), cuando lo más esperable hubiera sido una de la primera (*endragonar*), siempre más productiva que las otras dos. Por lo tanto, Dante en esta ocasión puede considerarse tan sólo como una fuente intermedia.

También puede asociarse el neologismo quevediano *atarascar* a la voz *indracare*. De hecho, cambia el prefijo (*a-*/*en-*), pero el significado se acerca bastante. Lo mismo ocurre con los sustantivos sobre los que se forman: 'dragón'/'tarasca'. El *Diccionario de Autoridades* ofrece la siguiente definición de este última: 'Figura de sierpe, que sacan delante de la Procession del Corpus [...]. Es voz tomada del verbo Griego *Theracca*, que significa amedrentar, porque espanta, y amedrenta à los muchachos' (s.v. *tarasca*). Ambos neologismos implican una acción violenta y feroz. De hecho, Quevedo lo emplea en un romance donde se relata una pendencia entre

---

[131] Quevedo debió seguir directamente el texto original italiano, puesto que la traducción española de la *Arcadia* de Diego López de Ayala y Diego de Salazar (Sannazaro 1547) utiliza un giro para adaptar los dos neologismos: 'Esa es sola la occasion | porque yo como dragon | contra el cielo me embrauezco | y emponçoño: y endurezco | con este mi coraçon'.

jaques y rufianes (*Poesía original* §858:133–38):

> diciendo: 'Chirlo por chirlo,
> goce deste la Pebete;
> quien a mi amigo *atarasca*,
> mi brazo le calavere'.
> A puñaladas se abrazan;
> unos con otros se envuelven;

Una vez vistos estos paralelismos, debo aclarar que no pretendo afirmar que Quevedo haya tomado estos últimos neologismos directamente de Dante. Sin embargo, lo que sí parece haberse puesto de manifiesto es la versatilidad y riqueza con la que ambos autores se dedican a la creación de neologismos parasintéticos. Existen serias posibilidades de que Quevedo se inspirara, o encontrara un estímulo, en Dante para la formación de estas voces.

Un último dato que cabe tener en cuenta es que Quevedo emplea los neologismos parasintéticos con mucha más frecuencia en sus últimas obras. *Amostachado* aparece en el *Memorial a una academia* (anterior a 1605) y *enaguacilado* en el *Aguacil endemoniado* (1605–1608). Los ejemplos, pese a ser significativos, son algo escasos en sus primeros escritos[132]. En sus obras en prosa Quevedo usó los neologismos parasintéticos desde fechas muy tempranas, aunque no intensificó ese uso hasta sus sátiras de madurez, como en el *Discurso de todos los diablos* o *La Hora de todos*.

Las muestras de neologismos que tenemos en los poemas no nos sirven para establecer una cronología, ya que la mayoría de los versos quevedianos no están fechados. Sin embargo, el gran uso que hace de ellos en una obra seguramente muy tardía como es el *Poema de las necedades y locuras de Orlando* parece confirmar que el empleo de las creaciones léxicas se acrecienta en la madurez del escritor español[133], sobre todo si consideramos que en sus composiciones recogidas en las *Flores de poetas ilustres* (1605) no se encuentra ni siquiera una.

Esta mayor aparición de los neologismos en etapas más avanzadas de la carrera del autor ha de ser entendida, a mi modo de ver, dentro de las tendencias generales que configuran la evolución de su escritura. Quevedo fue buscando en sus obras cada vez una mayor concisión, que se refleja en el aumento de la sentenciosidad, del paralelismo y de los períodos de miembros breves de su prosa[134].

Los neologismos parasintéticos consisten en la fusión y unión de ideas y palabras diferentes. *Desendueñar* presupone *endueñar* y ésta, a su vez, presupone *dueña* y *endemoniar*. El empleo de estas construcciones implica un importante ejercicio de concisión y conceptismo (en el sentido más gracianesco del término).

Sin embargo, por lo que respecta a los neologismos, hay que tener en cuenta

---

[132] Cabe señalar que en las versiones manuscritas del *Alguacil endemoniado* no aparece el neologismo *enaguacilado*, sino *alguaçilado* (MS X ofrece la variante *aguaçilado*; Quevedo 1993, I, 147 & 392); pero está claro que no podemos atribuir con seguridad esta vacilación al propio Quevedo.

[133] Para la datación de los poemas de Quevedo puede consultarse el índice cronológico realizado por Blecua (Quevedo 1969-81, III, 549 & ss.). Sobre las fechas de las poesías satírico-burlescas véase Vaíllo 1990.

[134] López Grigera 1982; Quevedo 1985, 310–24; Azaustre Galiana 1995 & 1996.

también otros factores para justificar su mayor utilización en obras posteriores del satírico, como el influjo de la *Commedia*. El aumento de los neologismos parasintéticos coincide con la segunda etapa de la vida de Quevedo, que se desarrolla a partir de su regreso de Italia, donde había profundizado en el conocimiento de la poesía de Dante. Mientras no se encuentre otro modelo más cercano al escritor español, los neologismos del florentino han de ser tenidos en cuenta como posible influencia en las creaciones léxicas parasintéticas de Quevedo, una influencia que debió hacerse más intensa con el paso del tiempo.

4
Conclusiones

Quevedo se interesó en profundidad por la obra de Dante. Sus anotaciones en el ejemplar de la *Commedia* nos hablan del respeto y de la admiración con los que se enfrentó a ella. El cotejo que realizó con otras versiones del texto guarda relación con sus hábitos humanísticos, pero al mismo tiempo demuestra su estima por el poeta toscano. En la *Divina Commedia* encontró un caudal poderoso de poesía moral y satírica, de doctrina y de burla. De las tres *cantiche*, la que más apreció fue seguramente el *Inferno*. Sus tercetos le ofrecían una amplia alegoría de condena de los vicios de la humanidad que, en más de un aspecto, seguía planteamientos ideológicos paralelos a los suyos.

Como los demás poetas barrocos, Quevedo no parece haber tenido demasiado en cuenta a Dante para sus composiciones líricas. Fue sin embargo su faceta narrativa y satírica la que mayor atracción ejerció en él. Por eso, la huella de la *Commedia* se aprecia sobre todo en los *Sueños*. Frente a otros viajes literarios de ultratumba, como el de la *Eneida*, la *Commedia* representaba un modelo mucho más crudo, grotesco y escatológico que le impresionó decididamente. Pese a las evidentes diferencias con los *Sueños*, supo entresacar del poema italiano aquellos elementos que más le interesaron y los reaprovechó en sus visiones.

Quevedo combina la imitación de la *Divina Commedia* con la de otras obras y las adapta a su arte conceptista. Tanto Virgilio como Dante son reinterpretados en clave ingeniosa y, a menudo, paródica. El autor español juega con sus fuentes y, sobre todo, con los lectores más preparados capaces de detectar su sutil proceso artístico de recreación. Pese a las numerosas deudas contraídas con diferentes obras, los *Sueños* dependen sobre todo de dos géneros literarios: la sátira menipea de Luciano y de sus seguidores renacentistas, y la poesía de visiones medieval con Dante a la cabeza. A través de esta combinación, Quevedo supo renovar la corriente lucianesca, a la vez que recuperó la tradición medieval. El ejemplo de los *Sueños* caló hondo en la literatura española y europea, y conoció numerosas imitaciones y traducciones.

El éxito de estas obras se debe, pues, en buena medida a la originalidad con la que Quevedo fusionó y manipuló sus fuentes. Entre ellas, la *Divina Commedia* ocupa un lugar destacado. El escritor español encontró en este clásico olvidado un modelo rico y estimulante, que le sirvió de apoyo en la creación del universo satírico de los *Sueños*. Si es verdad que la fortuna de un libro no se define 'únicamente por la extensión de su público, sino también por la fuerza de la atracción que ejerce sobre unos ingenios escogidos' (Chevalier 1976, 196), podemos concluir que la suerte de la *Divina Commedia* en la España del XVII fue notable porque, precisamente en un siglo donde su difusión se había reducido considerablemente, encontró en Quevedo a uno de sus lectores más aventajados.

Bibliografía

Alarcos García, Emilio, 'Quevedo y la parodia idiomática', *Archivum*, 5 (1955), 3–38.

Alatorre, Antonio, 'Quevedo, Erasmo y el Doctor Constantino', *Nueva Revista de Filología Hispánica*, 7 (1953), 673–85.

Alighieri, Dante, *Dante, con l'espositioni di Christoforo Landino et d'Alessandro Vellutello sopra la sua Comedia dell'Inferno, del Purgatorio, et del Paradiso*, ed. Francesco Sansovino, Venetia, Giovambattista Marchio Sessa & Fratelli, 1578.

——, *La Divina Commedia*, I: *Inferno*, ed. Tommaso Di Salvo, Bologna, Zanichelli, 1985.

——, *La Divina Commedia*, II: *Purgatorio*, ed. Tommaso Di Salvo, Bologna, Zanichelli, 1985.

——, *La Divina Commedia*, III: *Paradiso*, ed. Natalino Sapegno, 2ª ed., Firenze, Nuova Italia, 1968.

——, *Convivio*, ed. Giorgio Inglese, Milano, Rizzoli, 1993.

——, *La Commedia secondo l'antica vulgata*, ed. Giorgio Petrocchi, 4 vols., 2ª reimp., Firenze, Società Dantesca Italiana, 1994 (1ª ed. 1966–67).

——, *Epistola a Cangrande*, ed. & trad. Enzo Cecchini, Firenze, Giunti, 1995.

Alvar, Carlos, ed. y trad., *Guillaume de Lorris. Le Roman de la Rose: El libro de la rosa*, Barcelona, Quaderns Crema, 1985 (El festín de Esopo, 5).

Andrés, Enriqueta de, *Helenistas españoles del siglo XVII*, Madrid, Fundación Universitaria Española, 1988.

Arce, Joaquín, 'El terceto dantesco en la poesía española', en Helmut Hatzfeld & al., *Dante en su centenario*, Madrid, Taurus, 1965 (Persiles, 29), 291–303.

——, 'Léxico dantesco y lengua poética castellana', en *XIV Congresso Internazionale di Linguistica e Filologia Romanza*, Napoli, Gaetano Macchiaroli & John Benjamins, 1981, V, 129–43.

——, 'Dante y el Humanismo español', *Cuadernos para la Investigación de la Literatura Hispánica*, 6 (1984), 185–94.

Arellano, Ignacio, *Poesía satírico burlesca de Quevedo*, Pamplona, Eunsa, 1984 (Publicaciones del Departamento de Literatura Española, Universidad de Navarra, 7).

——, 'Un soneto de Quevedo a Góngora y algunos neologismos satíricos', *Revista de Estudios Hispánicos*, 18 (1984a), 3–17.

Aström, Paul, 'Une volume de la bibliothèque de Quevedo', *Bulletin du Musée National Hongrois des Beaux-Arts*, 15 (1959), 34–38.

Auerbach, Erich, 'Dante's Addresses to the Reader', *Romance Philology*, 7 (1953–54), 268–78.

Avilés, Miguel, *Sueños ficticios y lucha ideológica en el Siglo de Oro*, Madrid, Editora Nacional, 1981 (Biblioteca de visionarios, heterodoxos y marginados, n.s. 13).

Azaustre Galiana, Antonio, 'Sintaxis del estilo en la prosa de Quevedo', en Fernández Mosquera 1995, 187–205.

——, *Paralelismo y sintaxis del estilo en la prosa de Quevedo*, Santiago de Compostela, Universidade de Santiago de Compostela, 1996.

Azaustre, Antonio, & Juan Casas, *Manual de retórica española*, Barcelona, Ariel, 1997.
Balcells, José María, 'Quevedo y las matemáticas', *Revista de Literatura*, 41.81 (1979), 169–80.
Baldelli, Ignazio, 'Lingua e stile nelle opere volgari di Dante', en *Enciclopedia dantesca*, VI: *Appendice: biografia, lingua e stile, opere*, 55–112.
Barblan, Giovanni, ed., *Dante e la Bibbia. Atti del convegno internazionale, Firenze, 26–27–28 settembre 1986*, Firenze, L.S. Olschki, 1988 (Biblioteca dell'*Archivum romanicum*, 1.210).
Bembo, Pietro, *Prose della volgar lingua*, ed. M. Marti, Padova, Liviana, 1967.
Berceo, Gonzalo de, *Milagros de Nuestra Señora*, ed. Michael Gerli, Madrid, Cátedra, 1985 (Letras Hispánicas, 224).
Blanco Rodríguez, L., 'Sobre la parasíntesis en español', *Verba. Anuario Galego de Filoloxía*, 20 (1993), 425–32.
Bleznick, Donald W., *Quevedo*, New York, Twayne, 1972 (Twayne's World Authors Series, 153).
Boccaccio, Giovanni, *Trattatello in laude di Dante*, ed. P.G. Ricci, en *Tutte le opere*, III: *Amorosa visione. Ninfale fiesolano. Trattatello in laude di Dante*, ed. Vittore Branca & al., Milano, Mondadori, 1974, 425–96.
Borzi, Italo, 'La cupidigia sacrilega dei Pontefici (Canto XIX dell'*Inferno*)', *L'Alighieri. Rassegna bibliografica dantesca*, 32.2 (1991), 28–51.
Bosco, Umberto, ed., *Enciclopedia dantesca*, 2ª ed, 6 vols., Roma, Istituto della Enciclopedia Italiana, 1984.
Botterill, Steven, '*Quae Non Licet Homini Loqui*: The Ineffability of Mystical Experience in *Paradiso* and the *Epistle to Can Grande*', *Modern Language Review*, 83 (1988), 332–41.
Boza Masvidal, Aurelio A., *El Dante: su influencia en la literatura castellana. Ensayo crítico-literario*, La Habana, Sociedad Editorial Cuba Contemporánea, 1920.
Brownlee, Kevin, 'Dante and the classical poets', en *The Cambridge Companion to Dante*, ed. Rachel Jacoff, Cambridge, Cambridge University Press, 1993, 100–19.
Cacho Casal, Rodrigo, 'Quevedo y su lectura de la *Divina Commedia*', *Voz y Letra*, IX, 2 (1998), 53–75.
——, 'Dos aspectos del infierno en Quevedo y Dante: ordenación y penas', *Criticón*, 78 (2000), 75–92.
——, 'El neologismo parasintético en Quevedo y Dante', *La Perinola*, 4 (2000a), 417–45.
——, 'El marco onírico e infernal en Quevedo y Dante: los *Sueños* y la *Divina Commedia*', *Boletín de la Biblioteca de Menéndez Pelayo*, 76 (2000b), 147–79.
——, 'González de Salas editor de Quevedo: *El Parnaso español* (1648)', *Annali dell'Istituto Universitario Orientale. Sezione Romanza*, 43 (2001), 245–300.
——, 'Anton Francesco Doni y los *Sueños* de Quevedo', *La Perinola*, 7 (2003), 123–45.
——, 'Dante en el Siglo de Oro', *Rivista di Filologia e Letterature Ispaniche*, 6 (2003a), 87–106.

Chevalier, Maxime, *Lectura y lectores en la España del siglo XVI y XVII*, Madrid, Turner, 1976.
——, *Quevedo y su tiempo: la agudeza verbal*, Barcelona, Crítica, 1992.
——, 'Para una historia de la agudeza verbal', *Edad de Oro*, 13 (1994), 23–29.
——, 'La cultura del gentilhombre en la España del Siglo de Oro', *Bulletin Hispanique*, 97 (1995), 341–45.
Chiappini, Gaetano, 'Francisco de Quevedo e la mediazione culturale di San Tommaso d'Aquino', en su *Francisco de Quevedo e i suoi 'auctores': miti, simboli e idee*, Firenze, Alinea, 1997 (Secoli d'Oro, 6), 141–233.
Clamurro, William H., 'The Adequacy of Wit: Quevedo's *El mundo por de dentro*', *Hispanófila*, 80 (1984), 55–69.
Coletti, Vittorio, *Storia dell'italiano letterario. Dalle origini al Novecento*, Torino, Einaudi, 1993.
Corominas, Joan, & José A. Pascual, *Diccionario crítico etimológico castellano e hispánico*, 2ª ed., 6 vols., Madrid, Gredos, 1980–91.
Cosmo, Ugo, *Con Dante attraverso il Seicento*, Bari, Laterza, 1946.
——, *Guida a Dante*, 2ª ed., Firenze, La Nuova Italia, 1967.
Courtney, E., *A Commentary on the Satires of Juvenal*, London, The Athlone Press, 1980.
Covarrubias, Sebastián de, *Tesoro de la lengua castellana o española, según la impresión de 1611, con las adiciones de Benito Remigio Noydens publicadas en la de 1674*, ed. M. de Riquer, 3ª ed., Barcelona, Alta Fulla, 1998.
Crosby, James O., *En torno a la poesía de Quevedo*, Madrid, Castalia, 1967.
Curtius, Ernst Robert, *Literatura europea y Edad Media latina*, trad. M. Frenk Alatorre & A. Alatorre, Madrid, 2ª reimp., 2 vols., Fondo de Cultura Económica, 1976.
Cvitanovic, Dinko, 'Hipótesis sobre la significación del sueño en Quevedo, Calderón y Shakespeare', en *El sueño y su representación en el Barroco español*, ed. D. Cvitanovic, Bahía Blanca, 1969 (Cuadernos del Sur), 9–89.
Daniello, Bernardino, *Dante con l'espositione di M. Bernardino Daniello da Lvcca sopra la sua Comedia dell'Inferno, del Purgatorio, & del Paradiso; nuouamente stampato, & posto in luce*, Venetia, Pietro da Fino, 1568 (BNM 3/50285).
——, *Della poetica*, en *Trattati di poetica e retorica del Cinquecento*, ed. Bernard Weinberg, 4 vols., Bari, Laterza, 1970-74 (Scrittori d'Italia, 247–48, 253, 258), I (1970), 227-318.
Della Valle, Valeria, 'La lessicografia', en *Storia della lingua italiana*, I: *I luoghi della codificazione*, ed. Luca Serianni & Pietro Trifone, Torino, Einaudi, 1993, 29–91.
Del Piero, Raúl A., 'Quevedo y la *Polyanthea*', *Hispanófila*, 4 (1958), 49–55.
——, 'Algunas fuentes de Quevedo', *Nueva Revista de Filología Hispánica*, 12 (1958a), 36–52.
Di Pretoro, Piero Adolfo, 'Innovazioni lessicali nella *Commedia*', *Rendiconti degli Atti della Accademia Nazionale dei Lincei. Classe di Scienze morali, storiche e filologiche*, serie 8ª, 25 (1970), 263–97.

Doni, Anton Francesco, *I Mondi e gli Inferni*, ed. P. Pellizzari, introd. M. Guglielminetti, Torino, Einaudi, 1994.
Durán, Manuel, 'Algunos neologismos en Quevedo', *Modern Language Notes*, 70 (1955), 117–19.
——, *Quevedo*, Madrid, Edaf, 1978.
Dutton, Brian, ed., *El cancionero del siglo XV (1360–1520)*, 7 vols., Salamanca, Universidad de Salamanca, 1990–91 (Biblioteca Española del Siglo XV, Serie maior, 1–7).
Ettinghausen, Henry, 'Quevedo Marginalia: His Copy of Florus's *Epitome*', *Modern Language Review*, 59 (1964), 391–98.
——, 'Un nuevo manuscrito autógrafo de Quevedo', *Boletín de la Real Academia Española*, 52 (1972), 211–84.
——, 'Quevedo's Annotations to Seneca', en su *Francisco de Quevedo and the Neostoic Movement*, Oxford, Oxford University Press, 1972a, 140–51.
Farinelli, Arturo, 'Dante in Ispagna nell'Età Media', en su *Dante in Spagna-Francia-Inghilterra-Germania (Dante e Goethe)*, Torino, Fratelli Bocca, 1922, 31–195.
Feijóo de Capurro Robles, C.A., 'El tema del sueño y la imagen del laberinto en Quevedo', en *El sueño y su representación en el Barroco español*, ed. D. Cvitanovic, Bahía Blanca, 1969 (Cuadernos del Sur), 130–41.
Fernández, Sergio E., *Ideas sociales y políticas en el 'Infierno' de Dante y en los 'Sueños' de Quevedo*, México, Universidad Nacional, 1950.
Fernández de Villegas, Pedro, *La traducción del Dante de lengua toscana en verso castellano*, Burgos, Fadrique Alemán de Basilea, 1515.
Fernández Escalona, Guillermo, 'La primera persona en las *comedias* dantescas', *Epos*, 9 (1993), 195–215.
Fernández Mosquera, Santiago, ed., *Estudios sobre Quevedo. Quevedo desde Santiago entre dos aniversarios*, Santiago de Compostela, Universidad y Consorcio de Santiago de Compostela, 1995.
Friederich, Werner Paul, 'The Unsolved Problem of Dante's Influence in Spain, 1515–1865', *Hispanic Review*, 14 (1946), 160–64.
——, 'Dante in Spain', en su *Dante's Fame Abroad, 1350–1850. The Influence of Dante Alighieri on the Poets and Scholars of Spain, France, England, Germany, Switzerland and The United States*, Roma, Edizioni di Storia e Letteratura, 1950, 13–55.
Gallego Morell, Antonio, ed., *Garcilaso de la Vega y sus comentaristas*, 2ª ed., Madrid, Gredos, 1972.
Gallina, Annamaria, *Contributi alla storia della lessicografia italo-spagnola dei secoli XVI e XVII*, Firenze, Olschki, 1959.
Gariano, Carmelo, 'La innovación léxica en Quevedo', *Boletín de la Real Academia Española*, 64 (1984), 319–32.
Garin, Eugenio, *La cultura del Rinascimento*, 2ª ed., Milano, Il Saggiatore, 1990
——, *Medioevo e Rinascimento*, 4ª ed., Bari, Laterza, 1993
Gendreau-Massaloux, Michèle, 'Quevedo lecteur de l'*Eracleide* de Gabriele Zinano', en *Mélanges offerts à Charles-Vincent Aubrun*, Paris, Éditions Hispaniques, 1975, I, 313–20.

——, *Héritage et création: recherches sur l'humanisme de Quevedo*, Paris, Reproduction des thèses Université de Lille III, 1977.

——, 'Humanisme et mathématiques: Quevedo lecteur de Théodose de Tripoli', en *L'Humanisme dans les lettres espagnoles*, ed. Augustin Redondo, Paris, J. Vrin, 1979, 311–26.

——, 'Le gaucher selon Quevedo: un homme à l'envers', en *L'image du monde renversé et ses représentations littéraires et para-littéraires de la fin du XVIe siècle au milieu du XVIIe*, ed. Jean Lafond & Augustin Redondo, Paris, Vrin, 1979a, 73–81.

Getto, Giovanni, 'Poesia e teologia nel *Paradiso*', en Pasquazi 1972, 210–12.

Gómez Trueba, Teresa, *El sueño literario en España. Consolidación y desarrollo del género*, Madrid, Cátedra, 1999.

Góngora, Luis de, *Letrillas*, ed. Robert Jammes, Madrid, Castalia, 1980 (Clásicos Castalia, 101).

González, Beatriz, 'Hacia una edición de los *Sueños: Desvelos soñolientos*', *La Perinola*, 3 (1999), 157–70.

González de Amezúa, Agustín, 'Fases y caracteres de la influencia del Dante en España', en sus *Opúsculos histórico-literarios*, 3 vols., Madrid, CSIC, 1951–53, I (1951), 87–127.

Gracián, Baltasar, *Agudeza y arte de ingenio*, ed. Evaristo Correa Calderón, 2 vols., Madrid, Castalia, 1969 (Clásicos Castalia, 14–15).

——, *El Criticón*, ed. Santos Alonso, Madrid, Cátedra, 1980 (Letras Hispánicas, 122).

Grafton, Anthony, *Commerce with the Classics: Ancient Books and Renaissance Readers*, Ann Arbor, University of Michigan Press, 1997.

Gregores, Emma, 'El humanismo de Quevedo', *Anales de Filología Clásica*, 6 (1953–54), 91–105.

Gribanov, Alexander, 'Quevedo, Tiziano y otros encuentros', *Revista de Literatura*, 61.121 (enero–junio 1999), 19–34.

Guillén, Claudio, 'Quevedo y el concepto retórico de literatura', en su *El primer Siglo de Oro. Estudios sobre géneros y modelos*, Barcelona, Crítica, 1988, 234–67.

Gutiérrez Carou, Javier, *La influencia de la 'Divina Commedia' en la poesía castellana del siglo XV*, Tesis doctoral inédita, Santiago de Compostela, Universidad de Santiago de Compostela, 1995.

——, 'Referencias a Dante en el *Cancionero de Baena*', en *Atti del XXI Congresso Internazionale di Linguistica e Filologia Romanza, Centro di studi filologici e linguistici siciliani, Università di Palermo, 18–24 settembre 1995*, ed. Giovanni Ruffino, 6 vols., Tübingen, Max Niemeyer, 1998, VI, 639–50.

Gutmann, René A., *Dante et son temps*, Paris, A.-G. Nizet, 1977.

Hawkins, Peter S., 'Dante and the Bible', en *The Cambridge Companion to Dante*, ed. Rachel Jacoff, Cambridge, Cambridge University Press, 1993, 120–35.

Herzman, Ronald B., 'Dante and the Apocalypse', en *The Apocalypse in the Middle Ages*, ed. Richard K. Emmerson & Bernard McGinn, Ithaca, Cornell University Press, 1992, 398–413.

Higgins, David H., *Dante and the Bible: An Introduction*, Bristol, University of Bristol Press, 1992.

Highet, Gilbert, *La tradición clásica. Influencias griegas y romanas en la literatura occidental*, trad. Antonio Alatorre, 2 vols., México, Fondo de Cultura Económica, 1954.

Hoces, Hernando de, trad., *Los Trivmphos de Francisco Petrarca*, Medina del Campo, Gvillermo de Millis, 1554 (BUSC 8379).

Hollander, Robert, *Il Virgilio dantesco: tragedia nella 'Commedia'*, Firenze, Olschki, 1983 (Biblioteca di Lettere italiane, 28).

Hutton, W.H., 'The Influence of Dante in Spanish Literature', *Modern Language Review*, 3 (1907–1908), 105–25.

Iffland, James, *Quevedo and the Grotesque*, 2 vols., London, Tamesis Books, 1978–82 (Colección Tamesis, A69, 92).

——, ed., *Quevedo in Perspective*, Newark-Delaware, Juan de la Cuesta, 1982.

Imperial, Micer Francisco, *'El dezir a las syete virtudes' y otros poemas*, ed. Colbert I. Nepaulsingh, Madrid, Espasa-Calpe, 1977 (Clásicos Castellanos, 221).

Isasi, Carmen, *Estudio lingüístico estilístico de 'Il Romulo' de Malvezzi en la traducción de Quevedo*, Tesis doctoral, microficha, Bilbao, Universidad de Deusto, 1992.

Iventosch, Hermán, 'Onomastic Invention in the *Buscón*', *Hispanic Review*, 29 (1961), 15–32.

Jacomuzzi, Angelo, 'Il *topos* dell'ineffabile nel *Paradiso*', en su *L'imago al cerchio e altri studi sulla 'Divina Commedia'*, Milano, FrancoAngeli, 1995, 78–113.

Jan, Eduard von, 'Die Hölle bei Dante und Quevedo', *Deutsches Dante-Jahrbuch*, 29–30, neue Folge 20–21 (1951), 19–40.

Jauralde Pou, Pablo, 'Circunstancias literarias de los *Sueños* de Quevedo', *Edad de Oro*, 2 (1983), 119–26.

——, 'Una aventura intelectual de Quevedo: *España defendida*', en Schwartz & Carreira 1997, 45–58.

——, *Francisco de Quevedo (1580–1645)*, Madrid, Castalia, 1998 (Nueva biblioteca de erudición y crítica, 15).

Juárez, Encarnación, *Italia en la vida y obra de Quevedo*, New York, Peter Lang, 1990 (American University Studies, 2.125).

Kallendorf, Hilaire, & Craig W. Kallendorf, 'Conversations with the Dead: Quevedo and Statius, Annotation and Imitation', *Journal of the Warburg and Courtauld Institutes*, 63 (2000), 131–68.

Lagercrantz, Olof, *Scrivere come Dio. Dall'inferno al paradiso*, trad. Carmen Giorgetti Cima, Casale Monferrato, Marietti, 1983 (Collana di saggistica, 7).

Landino, Cristoforo: véase Alighieri, Dante

Lang, Mervyn F., *La formación de palabras en español. Morfología derivativa productiva en el léxico moderno*, trad. & adaptación A. Miranda Poza, Madrid, Cátedra, 1992.

Lapesa, Rafael, *Poetas y prosistas de ayer y de hoy. Veinte estudios de historia y crítica literarias*, Madrid, Gredos, 1977 (BRH, 2.263).

Lázaro Carreter, Fernando, 'Quevedo: la invención por la palabra', *Boletín de la Real Academia Española*, 61 (1981), 23–41.

Lázaro Mora, Fernando A., 'Sobre la parasíntesis en español', *Dicenda. Cuadernos de Filología Hispánica*, 5 (1986), 221–35.

Lida, Raimundo, *Prosas de Quevedo*, ed. Ana Prieto. Barcelona, Crítica, 1981.

Lida de Malkiel, María Rosa, 'Apéndice: La visión de trasmundo en las literaturas hispánicas', en Howard Rollin Patch, *El otro mundo en la literatura medieval*, trad. Jorge Hernández Campos, México, Fondo de Cultura Económica, 1956, 369–449.

Llano Gago, María Teresa, *La obra de Quevedo. Algunos recursos humorísticos*, Salamanca, Universidad de Salamanca, 1984 (Acta Salmanticensia, Filosofía y letras 153).

Lope Blanch, Juan M., 'Prólogo' a *'Vocabulario de las dos lenguas toscana y castellana' de Cristóbal de las Casas* (ed. facsímil), ed. A. David Kossoff, Madrid, Istmo, 1988, ix–xxii.

López Grigera, Luisa, 'La prosa de Quevedo y los sistemas elocutivos de su época', en Iffland 1982, 81–100.

——, 'Quevedo comentador de Aristóteles: un manuscrito inesperado', *Revista de Occidente*, 185 (1996), 119–32.

——, *Anotaciones de Quevedo a la 'Retórica' de Aristóteles*, Salamanca, Gráficas Cervantes, 1998.

López Poza, Sagrario, *Francisco de Quevedo y la literatura patrística*, A Coruña, Universidade da Coruña, 1992.

——, 'La *Tabla de Cebes* y los *Sueños* de Quevedo', *Edad de Oro*, 13 (1994), 85–101.

——, 'La cultura de Quevedo: cala y cata', en Fernández Mosquera 1995, 69–104.

——, 'Quevedo, humanista cristiano', en Schwartz & Carreira 1997, 59–81.

López Vidriero, María Luisa, & Elena Santiago Páez, 'Dante, Petrarca e Boccaccio in castigliano: i rapporti fra Italia e Spagna nella stampa e nell'illustrazione del libro', en *La stampa in Italia nel Cinquecento. Atti del Convegno, Roma, 17–21 Ottobre 1989*, ed. Marco Santoro, 2 vols., Roma, Bulzoni, 1992, II, 719–42.

Machiavelli, Niccolò, *Il Principe, con uno scritto di G.W.F. Hegel*, ed. Ugo Dotti, Milano, Feltrinelli, 1979.

Madrignani, C.A., 'Di alcune biografie umanistiche di Dante e Petrarca', *Belfagor*, 18 (1963), 29–48.

Maldonado, Felipe C.R., 'Algunos datos sobre la composición y dispersión de la biblioteca de Quevedo', en *Homenaje a la memoria de don Antonio Rodríguez Moñino, 1910–1970*, Madrid, Castalia, 1975, 405–28.

Martellotti, Guido, 'Dante e i classici', en su *Dante e Boccaccio e altri scrittori dall'Umanesimo al Romanticismo*, Firenze, Olschki, 1983, 15–38.

Martín Pérez, Marciano, *Quevedo. Aproximación a su religiosidad*, Burgos, Aldecoa, 1980 (Publicaciones de la Facultad de Teología del Norte de España, Sede de Burgos, 48).

Martinengo, Alessandro, *Quevedo e il simbolo alchimistico. Tre studi*, Padova, Liviana, 1967.

——, *La astrología en la obra de Quevedo*, Madrid, Alhambra, 1983.

——, 'De la intolerancia intelectual: algo más sobre los herejes del *Sueño del infierno*', en *Les problèmes de l'exclusion en Espagne (XVIe–XVIIe siècles): idéologie et discours. Colloque international, Sorbonne, 13, 14 et 15 mai 1982*, ed. Augustin Redondo, Paris, Publications de la Sorbonne, 1983a (Travaux du Centre de recherche sur l'Espagne des XVIe et XVIIe siècles, 1), 217–26.

Matheeussen, C., & C.L. Heesakkers, eds., *Two Neo-Latin Menippean Satires. Justus Lipsius 'Somnium'; Petrus Cunaeus 'Sardi venales'*, Leiden, E.J. Brill, 1980 (Textus minores, 54).

Mena, Juan de, *Obras completas*, ed. Miguel Ángel Pérez Priego, Barcelona, Planeta, 1989 (Autores Hispánicos, H175).

Menéndez Pelayo, Marcelino, *Biblioteca de traductores españoles*, ed. Enrique Sánchez Reyes, 4 vols., Santander, CSIC, 1952–53 (Edición Nacional de las Obras Completas de Menéndez Pelayo, 54–57).

Mérimée, Ernest, *Essai sur la vie et les œuvres de Francisco de Quevedo (1580–1645)*, Paris, Alphonse Picard, 1886.

Metge, Bernat, *Obras*, ed. & trad. Martín de Riquer, Barcelona, Universidad de Barcelona, 1959 (Biblioteca de Autores Barceloneses).

Morreale, Margherita, 'Luciano y Quevedo: la humanidad condenada', *Revista de Literatura*, 8.16 (1955), 213–27.

——, 'Dante in Spain', *Estratto dagli Annali del Corso di Lingue e Letterature straniere della Università di Bari*, VIII, 1966.

——, 'Apuntes bibliográficos para el estudio del tema "Dante en España hasta el siglo XVII"', *Estratto dagli Annali del corso di Lingue e Letterature straniere della Università di Bari*, VIII, 1967.

Müller, F.W., 'Alegoría y realismo en los *Sueños* de Quevedo', en Sobejano 1978, 218–41.

Mustard, W.P., 'Dante and Statius', *Modern Language Notes*, 39 (1924), 120.

Nardi, Bruno, 'Filosofia e teologia ai tempi di Dante in rapporto al pensiero del Poeta', en su *Saggi e note di critica dantesca*, Verona, Ricciardi, 1966, 3–109.

Nolting-Hauff, Ilse, *Visión, sátira y agudeza en los 'Sueños' de Quevedo*, trad. Ana Pérez de Linares, Madrid, Gredos, 1974 (BRH, 2.207) [trad. de su *Vision, Satire und Pointe in Quevedos 'Sueños'*, München, Wilhelm Fink, 1968 (Beihefte zu Poetica, 3)].

——, 'Quevedo y Dante', *Estudios Románicos*, 7 (1991), 167–84.

O'Connell, Patricia, 'Francisco de Quevedo's Study of Philosophy in the University of Alcalá de Henares', *Bulletin of Hispanic Studies*, 49 (1972), 256–64.

Paratore, Ettore, 'L'eredità classica in Dante', en Pasquazi 1972, 110–20.

Parker, Deborah, 'Interpretive Strategy and Ideological Commitment: The Brutus and Cassius Debate', en su *Commentary and Ideology. Dante in the Renaissance*, Durham, Duke University Press, 1993, 53–88.

Pasquazi, Silvio, ed., *Aggiornamenti di critica dantesca*, Firenze, Le Monnier, 1972.

——, 'Il contrapasso' (1972a), en Pasquazi 1972, 188–92.

Pasquini, Emilio, ed., *Atti del convegno su 'Dante e l'enciclopedia delle scienze'. Un omaggio dell'Alma Mater al poeta*, Bologna, CLUEB, 1991.

Pecoraro, P., 'Le stelle di Dante', en Pasquazi 1972, 193–202.

Pellicer de Salas y Tovar, Joseph, *Lecciones solemnes a las obras de Don Luis de Gongora y Argote*, Madrid, Pedro Coello, 1630 (BUSC 8276).

Pérez Lasheras, Antonio, *Más a lo moderno. Sátira, burla y poesía en la época de Góngora*, Zaragoza, Universidad, 1995 (Anexos de *Tropelías*, Colección Trópica, 1).

Pérez Priego, Miguel Ángel, 'De Dante a Juan de Mena: sobre el género literario de *comedia*', *1616. Anuario de la Sociedad Española de Literatura General y Comparada*, 1 (1978), 151–58.
Petrarca, Francesco, *Opere*, ed. Giovanni Ponte, Milano, Mursia, 1968 (Le Corone, 7).
Piñero Ramírez, Pedro M., ed., *Descensus ad inferos. La aventura de ultratumba de los héroes (de Homero a Goethe)*, Sevilla, Universidad de Sevilla, 1995.
Placella, Vincenzo, 'Il concetto di filosofia in Dante', en Pasquazi 1972, 68–72.
Poliziano, Angelo Ambrogini, detto il, *Stanze. Fabula di Orfeo*, ed. Stefano Carrai, Milano, Mursia, 1988 (GUM, n.s. 110).
Porqueras-Mayo, Alberto, & Joseph L. Laurenti, 'La colección de Francisco de Quevedo (impresos del siglo XVII) en la Biblioteca de la Universidad de Illinois', *Letras de Deusto*, 20 (1980), 107–48.
Price, R.M., 'Quevedo's Satire on the Use of Words in the *Sueños*', *Modern Language Notes*, 79 (1964), 169–80.
Prieto, Antonio, 'Sobre literatura comparada', *Miscellanea di Studi Ispanici*, 14 (1966–67), 310–54.
Pulci, Luigi, *Morgante*, ed. Franca Ageno, Milano, Ricciardi, 1955 (Letteratura Italiana, Storia e testi 17).
Quevedo Villegas, Francisco de, *Sueños y discursos de verdades descubridoras de abusos, vicios, y engaños, en todos los oficios, y estados del mundo*, Barcelona, Esteban Liberós, 1627.
——, *Desvelos soñolientos y verdades soñadas* [...] *corregido y añadido un tratado de la casa de locos de amor*, Zaragoza, Pedro Verges, 1627a
——, *Discurso de todos los diablos o infierno emendado*, Valencia, Viuda de Juan Crisóstomo Garrich, 1629 (BNM R/12480).
——, *Chitón de la Travillas. Obra del licenciado Todo Se Sabe*, Zaragoza, Pedro Vergés, 1630.
——, *Juguetes de la niñez y travesuras del ingenio*, Madrid, Viuda de Alonso Martín, 1631.
——, *Primera parte de la vida de Marco Bruto* [...] *por el texto de Plutarco, ponderada con discursos*, Madrid, Diego Díaz de la Carrera, 1644 (BNM R/17213).
——, *Obras de D. Francisco de Quevedo Villegas*, ed. Aureliano Fernández-Guerra y Orbe, 2 vols., Madrid, M. Rivadeneyra, 1876 (BAE, 23 & 48).
——, *Obras completas. Textos genuinos del autor, descubiertos, clasificados y anotados. Edición crítica, con más de doscientas producciones inéditas del príncipe del ingenio, y numerosos documentos y pormenores desconocidos*, I: *Obras en prosa*, & II: *Obras en verso*, ed. Luis Astrana Marín, 2 vols., Madrid, Aguilar, 1932.
——, *Epistolario completo de D. Francisco de Quevedo-Villegas. Edición crítica con extensas anotaciones, apéndices, documentos inéditos y una acabada bibliografía*, ed. Luis Astrana Marín, Madrid, Instituto Editorial Reus, 1946.
——, *Obras completas*, I: *Obras en prosa*, & II: *Obras en verso*, ed. Felicidad Buendía, 2 tomos en 3 vols., Madrid, Aguilar, 1958–60.
——, *Poema heroico de las necedades y locuras de Orlando el enamorado*, ed. Maria E. Malfatti, Barcelona, Sociedad Alianza de Artes Gráficas, 1964.

——, *Política de Dios, govierno de Christo*, ed. James O. Crosby, Madrid, Castalia, 1966.
——, *Obra poética*, ed. José Manuel Blecua, 4 vols., Madrid, Castalia, 1969–81.
——, *Poesía original completa*, ed. José Manuel Blecua, Barcelona, Planeta, 1981 (Clásicos universales, 22)
——, *Virtud militante. Contra las quatro pestes del mundo, inuidia, ingratitud, soberbia, avarizia*, ed. Alfonso Rey, Santiago de Compostela, Universidad de Santiago de Compostela, 1985.
——, *La Hora de todos y la Fortuna con seso*, eds. Jean Bourg, Pierre Dupont & Pierre Geneste, Madrid, Cátedra, 1987 (Letras Hispánicas, 276).
——, *Sueños y discursos*, ed. James O. Crosby, 2 vols., Madrid, Castalia, 1993 (Nueva Biblioteca de Erudición y Crítica, 6).
——, *La vida del Buscón*, ed. F. Cabo Aseguinolaza, intro. F. Lázaro Carreter, Barcelona, Crítica, 1993a.
——, *Prosa festiva completa*, ed. Celsa Carmen García Valdés, Madrid, Cátedra, 1993b (Letras Hispánicas, 363).
——, *Los sueños. Versiones impresas: Sueños y discursos. Juguetes de la niñez. Desvelos soñolientos*, ed. Ignacio Arellano, 2ª ed., Madrid, Cátedra, 1996 (Letras Hispánicas, 335).
——, *Anotaciones manuscritas de Francisco de Quevedo a la 'Retórica' de Aristóteles traducida por Hemógenes Hermolao. Reproducción facsimilar de la edición impresa por Theobaldus Paganus, Lyon, 1547*, Madrid, Sociedad Menéndez Pelayo-Ollero y Ramos Editores, 1997.
——, *El chitón de las tarabillas*, ed. Manuel Urí Martín, Madrid, Castalia, 1998 (Clásicos Castalia, 243).
——, *Un Heráclito cristiano, Canta sola a Lisi y otros poemas*, ed. Lía Schwartz & Ignacio Arellano, Barcelona, Crítica, 1998.
Rallo, Asunción, 'Las recurrencias creativas del sueño infernal: *El Crótalon* y Quevedo', en su *La escritura dialéctica: estudios sobre el diálogo renacentista*, Málaga, Universidad de Málaga, 1996, 129–53.
Real Academia Española, *Diccionario de Autoridades: edición facsímil*, 3 vols., Madrid, Gredos, 1984 (BRH, 5.3).
Rey, Alfonso, 'La novela picaresca y el narrador fidedigno', *Hispanic Review*, 47 (1979), 55–75.
——, 'Juan Ruiz, don Melón de la Huerta y el yo poético medieval', *Bulletin of Hispanic Studies*, 66 (1979a), 103–16.
——, 'Notas sobre la puntuación en Quevedo', en *La edición de textos. Actas del I Congreso Internacional de Hispanistas del Siglo de Oro*, ed. Pablo Jauralde, Dolores Noguera & Alfonso Rey, London, Tamesis Books (Colección Támesis, A139), 1990, 385–92.
Reynolds, L.D., & N.G. Wilson, *Copistas y filólogos. Las vías de transmisión de las literaturas griega y latina*, trad. M. Sánchez Mariana, Madrid, Gredos, 1986.
Riandière La Roche, Josette, 'Expediente de ingreso en la Orden de Santiago del caballero D. Francisco de Quevedo y Villegas. Introducción, edición y estudio', *Criticón*, 36 (1986), 43–129.

Rico, Francisco, *El sueño del humanismo. De Petrarca a Erasmo*, Madrid, Alianza, 1993.

Rohlfs, Gerhard, *Grammatica storica della lingua italiana e dei suoi dialetti*, I: *Fonetica*, trad. Salvatore Persichino, Torino, Einaudi, 1966.

Rojas Zorrilla, Francisco de, *Donde hay agravios no hay celos, y amo criado*, en *Comedias escogidas*, ed. R. de Mesonero Romanos, Madrid, Rivadeneyra, 1861 (BAE, 54), 147–68.

Romero Gualda, María Victoria, 'Hacia una tipología del neologismo literario', *Anales de la Universidad de Murcia. Filosofía y Letras*, 37 (1978–79), 145–54.

Roncero López, Victoriano, 'Aproximación al estudio y edición de la *España defendida*', *La Perinola*, 1 (1997), 215–34.

Rose, R. Selden, 'The *España defendida* by Don Francisco de Quevedo', *Boletín de la Real Academia de la Historia*, 68 (1916), 515–43 & 629–39; 69 (1916a), 140–82.

Rovatti, Loretta, 'Struttura e stile nei *Sueños* di Quevedo', *Studi Mediolatini e Volgari*, 15–16 (1968), 121–67.

Ruiz Pérez, Pedro, 'El trasmundo infernal: desarrollo de un motivo dramático en la Edad Media y los Siglos de Oro', *Criticón*, 44 (1988), 75–109.

Ryan, Christopher, 'The Theology of Dante', en *The Cambridge Companion to Dante*, ed. Rachel Jacoff, Cambridge, Cambridge University Press, 1993, 136–52.

Saavedra Fajardo, Diego, *República literaria*, ed. Vicente García de Diego, Madrid, Espasa-Calpe, 1942 (Clásicos Castellanos, 46).

Samonà, Carmelo, 'Dante e il dantismo in Spagna', *Cultura e Scuola*, 19 (1966), 99–105.

Sánchez Alonso, B., 'Los satíricos latinos y la sátira de Quevedo', *Revista de Filología Española*, 11 (1924), 33–62 & 113–53.

Sannazaro, Iacopo, *Arcadia de Jacobo Sanazaro gentilhombre napolitano*, trad. Pedro López de Ayala (prosa) & Diego de Salazar (verso), ed. Blasco de Garay, Toledo, Juan de Ayala, 1547 (BNN SQ.XXII.D.33).

——, *Arcadia*, en sus *Opere volgari*, ed. Alfredo Mauro, Bari, Laterza, 1961 (Scrittori d'Italia, 220), 1–132..

Santillana, Íñigo López de Mendoza, Marqués de, *Obras completas*, ed. Ángel. Gómez Moreno & Maximilian P.A.M. Kerkhof, Barcelona, Planeta, 1988 (Autores Hispánicos, 146).

Sanvisenti, Bernardo, *I primi influssi di Dante, del Petrarca e del Boccaccio sulla letteratura spagnuola, con appendice di documenti inediti*, Milano, Ulrico Hoelpi, 1902.

Schiff, Mario, *La Bibliothèque du Marquis de Santillane: Étude historique et bibliographique de la collection de livres manuscrits de don Iñigo López de Mendoza, 1398–1458*, Paris, E. Bouillon, 1905 (Bibliothèque de l'École des Hautes Études, Sciences historiques et philologiques, 153).

Schildgen, Brenda Deen, 'Dante's Neologisms in the *Paradiso* and the Latin Rhetorical Tradition', *Dante Studies, with the Annual Report of the Dante Society*, 107 (1989), 101–19.

Schwartz Lerner, Lía, *Quevedo: discurso y representación*, Pamplona, Universidad de Navarra, 1986 (Anejos de *Rilce*, 1).

——, 'Golden Age Satire: Transformations of Genre', *Modern Language Notes*, 105

(1990), 260–82.

—— & Antonio Carreira, eds., *Quevedo a nueva luz: escritura y política*, Málaga, Universidad de Málaga, 1997 (Thema, 3).

——, '*Las preciosas alhajas de los entendidos*: un humanista madrileño del siglo XVII y la difusión de los clásicos', *Edad de Oro*, 17 (1998), 213–30.

—— & Isabel Pérez Cuenca, 'Unas notas autógrafas de Quevedo en un libro desconocido de su biblioteca', *Boletín de la Real Academia Española*, 79 (1999), 67–91.

Seco Santos, Esperanza, *Historia de las traducciones literarias del italiano al español durante el Siglo de Oro: influencias*, Madrid, Universidad Complutense, 1985 (Colección Tesis doctorales, 71/85).

Serrano Dolader, David, *Las formaciones parasintéticas en español*, Madrid, Arco Libros, 1995.

Sieber, Harry, 'The Narrators in Quevedo's *Sueños*', en Iffland 1982, 101–16.

Sigler, María del Carmen, 'Traducción, imitación y apologética: Quevedo y el concepto humanista de la traducción', *Salina: Revista de Lletres*, 8 (1994), 42–48.

Simón Díaz, José, 'Autores extranjeros traducidos al castellano en impresos publicados durante los siglos XV–XVII', *Cuadernos Bibliográficos*, 40 (1980), 23–52.

Snell, Ana María, *Hacia el verbo: signos y transignificación en la poesía de Quevedo*, London, Tamesis Books, 1981 (Colección Támesis, A84).

Sobejano, Gonzalo, ed., *Francisco de Quevedo*, Madrid, Taurus, 1978 (El escritor y la crítica, Persiles 108).

Spitzer, Leo, 'The Farcical Elements in *Inferno*, Cantos XXI–XXIII', *Modern Language Notes*, 59 (1944), 83–88.

Tamayo de Vargas, Thomás, *Historia general de España del P. D. Iuan de Mariana*, Toledo, D. Rodríguez, 1616 (BUSC 18255).

Tarsia, Pablo Antonio de, *Vida de don Francisco de Quevedo y Villegas. Facsímil de la edicion príncipe, Madrid, 1663*, ed. Melquíades Prieto Santiago, pról. Felipe B. Pedraza Jiménez, Aranjuez, Ara Iovis, 1988 (Biblioteca Quevedesca, 1).

Tavani, Giuseppe, *Dante nel Seicento. Saggi su A. Guarini, N. Villani, L. Magalotti*, Firenze, Olschki, 1976 (Biblioteca dell' *Archivum Romanicum*, 1.125).

Timpanaro, Sebastiano, *La genesi del metodo del Lachmann*, 2ª ed., Padova, Liviana, 1981.

Toffanin, Giuseppe, *Il Cinquecento*, 6ª ed., Milano, Vallardi, 1960.

Tollemache, F., 'I parasinteti verbali e i deverbali nella *Divina Commedia*', *Lingua Nostra*, 21 (1960), 112–15.

Vaíllo, Carlos, 'Hacia la cronología de la poesía satiricoburlesca de Quevedo', en *La edición de textos. Actas del I Congreso Internacional de Hispanistas del Siglo de Oro*, ed. Pablo Jauralde, Dolores Noguera & Alfonso Rey, London, Tamesis Books (Colección Támesis, A139), 1990, 477–82.

Vallone, Aldo, 'La linea esegetica Benvenuto, Landino, Vellutello', en *Atti del Congresso Internazionale di Studi Danteschi a cura della Società Dantesca Italiana e dell'Associazione Internazionale per gli Studi di Lingua e Letteratura Italiana e sotto il patrocinio dei Comuni di Firenze, Verona e Ravenna, 20–27 aprile 1965*, 2 vols, Firenze, Sansoni, 1966 (Comitato Nazionale per le Celebrazioni del VII Centenario della Nascita di Dante, 2), 283–305.

——, 'I biografi di Dante da Giovanni a Filippo Villani', en *The Two Hesperias. Literary Studies in Honor of Joseph G. Fucilla on the Occasion of his 80th Birthday*, ed. Americo Bugliani, Madrid, José Porrua Turanzas, 1977, 359–69.

Vilar, Jean, 'Judas según Quevedo (un tema para una biografía)', en Sobejano 1978, 106–19.

Villalón, Cristóbal de, *El Crótalon de Cristóforo Gnofoso*, ed. Asunción Rallo, Madrid, Cátedra, 1982 (Letras Hispánicas, 155).

Villani, Nicola, *Ragionamento dello Academico Aldeano sopra la poesia giocosa de' greci, de' latini, e de' toscani*, Venetia, Pietro Pinelli, 1634 (BNM R/16913).

Villena, Enrique de, *Traducción y glosas de la 'Eneida'*, ed. Pedro M. Cátedra, 4 vols., Salamanca, Diputación de Salamanca, 1989 (Biblioteca Española del Siglo XV).

Vives Coll, Antonio, 'Algunos contactos entre Luciano de Samosata y Quevedo', *Helmantica*, 5 (1954), 193–208.

Webber, E.J., 'Santillana's Dantesque Comedy', *Bulletin of Spanish Studies*, 34 (1957), 37–40.

Wills, G., 'Why are the Frogs in the *Frogs*?', *Hermes*, 97 (1969), 306–17.

Wood, Chauncey, 'The Author's Address to the Reader: Chaucer, Juan Ruiz, and Dante', en *Hermeneutics and Medieval Culture*, ed. Patrick J. Gallacher & Helen Damico, New York, SUNY Press, 1989, 51–60.

Zapata, Luis, *Miscelánea, o Varia historia*, Llerena, Editores Extremeños, 1999.

Índice onomástico

Alarcos García, E. 96n, 99n
Alatorre, A. 31n
Aldana, Francisco de .... 23 n
Alejandro Magno 80–81, 83
Alvar, C. 44n
Amunátegui, C. 11
Anacreón 23, 24
Anaxágoras 81
Anaxarco 82
Andrés, E. de 24n
Anfiarao 74
Arce, J. 1n, 95n, 102n
Arellano, I. .... xi, 33n, 59n, 96n, 104n
Ariosto, Ludovico 104
Aristófanes 42, 57n, 99
Aristóteles 7n, 36, 80, 81, 82, 99n
Astrana Marín, L. 9n
Aström, P. 3n
Auerbach, E. 95n
Ausonio 45
Avicena 73
Avilés, M. 45n, 47n, 76n
Azaustre Galiana, A. .... ix, 65n, 107n
Balcells, J. M. 4n
Baldelli, I. 99n, 105
Barbariccia 72, 73
Barblan, G. 3n
Basílides (heresiarca) 75
Beatriz (Beatrice) 92, 104
Belisario 82
Bembo, Pietro 1, 99, 102
Beni, Paolo 100
Berceo, Gonzalo de 88n
Beuter, Pedro Antonio. 9n
Blanco Rodríguez, L. .... 96 & n
Blecua, J.M. .... xi, 107n
Bleznick, D.W. 96n
Bocca degli Abati 70
Boccaccio, Giovanni 37–38
Bonatti, Guido 4n, 74
Bonifacio VIII 83
Born, Bertran de 84, 85
Borzi, I. 89n
Boscán, Juan 2
Botterill, S. 95n
Boza Masvidal, A. A. 1n
Brownlee, K. 3n
Bruto, Marco 28, 36, 37, 38, 79, 80
Cacciaguida 41n

Cacho Casal, R.   1n, 7n, 41n, 44, 99n, 103n
Calabrés, licenciado 73n, 91
Calcabrina 72, 73
Calígula 80
Calístenes 81
Campo, fray Diego de 36, 41
Cantar de Mio Cid 43
Capocchio 74, 87
Caronte 43, 53n, 56, 59, 87
Carpio, Bernardo del 98
Carpócrates (heresiarca) 75
Carrillo, Alfonso 43
Casas Rigall, J. 65n
Casas, Cristóbal de las 101
Casio 37, 79–80
Castillejo, Cristóbal de 46
Castillo, Hernando del 46n
Catón 76
Catulo 45, 59n
Cebes (*Tabla de Cebes*) 55n, 56n, 68n, 74n, 76n, 92n
Cérbero 61
Cerinto (heresiarca) 75
César, Julio 79–80
Chevalier, M. 3, 99n, 109
Chiabrera, Gabriello 103n
Chiappini, G. 4n
Chifflet, Jean-Jacques 24, 29
Ciacco 76, 95
Cicerón 36, 44, 45, 47, 49, 91
Clamurro, W.H. 35n, 68n
Claudio 84n
Clito 80, 81, 82
Coletti, V. 90n
Corominas, J. 97n, 98
Correa Calderón, E. 2n
Cosmo, U. 1n
Courtney, E. 57n
Covarrubias, Sebastián de 97n, 99n
Cratino 42
Crosby, J.O. 9n, 11, 35n, 74, 79
Crusca (Academia y *Vocabulario*) .... 101 &n
Curión 85
Curtius, E.R. 41n, 72n, 95n
Cvitanovic, D. 47n
Daniello, Bernardino 28, 38, 100
Deífobo 76n, 77n
Della Valle, V. 101n
Del Piero, R.A. 31n, 59n, 74n

123

Demócrito Abderita 73, 81
Di Pretoro, P.A. ..... 99n, 100, 101, 103 & n
Diógenes 81
Dionisio de Siracusa 80
Doni, Anton Francesco 44, 45n, 49n, 56n, 59n, 72n, 73n, 85n
Dousa, Janus (Jan van der Does) 45
Durán, M. 96n, 104n
'Duza': .... ver Dousa, Janus
Ebión (heresiarca) 75
Eliano 7n
Eliogábalo 80
Empédocles 81
Eneas 55, 56, 68, 75, 76n, 77n, 92
Enrique II de Inglaterra 84
Enrique III de Inglaterra 84
Epicteto 23n, 24, 82
Epicuro 28n
Escalígero, Julio César 32, 45
Escalígero, José Justo 9n
Espinosa, Juan de 30
Estacio 7n, 27, 28n
Estienne, Henri 85, 86, 95
Ettinghausen, H. 9n, 24n, 26, 28n
Eupolis 42
Farinelli, A. 1n
Federico II 82
Feijóo de Capurro Robles, C.A. 63n
Fernández de Oviedo, Gonzalo 3
Fernández de Villegas, Pedro 1
Fernández Escalona, G. .... 50, 90 & n, 93n, 95n
Fernández, S.E. 41n, 43n, 63n, 72, 73n, 77n, 81
Fernando el Católico (*Carta*) 11
Filastrio 74
Floro .... 24 & n, 26, 28n, 36
Franciosini, Lorenzo .... 101 & n
Friederich, W.P. 1n
Galalón 98
Gallego, Juan 30
Gallina, A. 101n
Ganimedes 105
Garcilaso de la Vega 1, 3, 23n, 45
Gariano, C. 96n
Garin, E. 23n
Géber (Jabb♠r ibn ☐ayy♠n) 73
Gendreau-Massaloux, M. 3n, 4n, 55n
Getto, G. 3n
Gómez Trueba, T. 43n, 45n, 46n, 47n, 49n, 51n, 52n, 63n, 73n, 95n
Góngora, Luis de 1, 33n, 104
González, B. 33n

González de Amezúa, A. 1n, 41n
González de Salas, Jusepe Antonio   103n
Gotero, Pero 86
Gracián, Baltasar 1–2, 2n, 38, 46
Grafton, A. 29n
Grazzini, Anton Francesco 103n
Gregores, E. 3n, 23n
Gribanov, A. 27n
Griffolino di Arezzo 74
Guillén, C. 23n
Gutiérrez Carou, J. .... ix, 1n
Gutmann, R.A. 3n
Hawkins, P.S. 3n
Heesakkers, C.L. 44n
Heráclito 81
Hermes 53n
Hermes Trismegisto 74
Herrera, Fernando de 3
Herzman, R.B. 54n, 89n, 93, 94n
Higgins, D.H. 3n
Highet, G. 3n
Hipólito, Beato 33, 34, 35, 54
Hoces, Hernando de 1
Hollander, R. 3n
Horacio 42
Homero .... 47, 71 & n, 80
Hutton, W.H. 1n, 41n, 73n
Iffland, J. 41n, 47n, 48, 52n, 54, 61, 63n, 70n, 72n, 87, 90n
Imperial, Francisco .... 44, 46 & n, 50, 51n, 90, 91, 92, 102
Isasi, C. 4n
Iventosch, H. 73n
Jacomuzzi, A. 95n
Jan, E. von 34n, 41n, 54n, 63n, 68, 73n, 77n
Jauralde Pou, P. 4n, 10, 32n, 35, 37n
Jáuregui, Juan de 30n
Juan (autor del Apocalipsis) .... 50n, 53–54, 94 & n
Juan, San (evangelista) 73n
Juárez, E. 4n, 10, 11
Judas 37, 60, 65, 66, 67, 70, 79, 80
Juno 105
Júpiter 27n, 80, 81, 105
Juvenal 42, 57n
Kallendorf, C. & H. 7n, 27, 28n
Lagercrantz, O. 72n
Lamberti, Mosca dei 85
Landino, Cristoforo .... vi, 3, 6, 7–8n, 9, 10, 25n, 28 & n, 38 & n, 49, 50, 54n, 59n, 63n, 73, 75, 77n, 79n, 80, 81, 83, 84, 101
Lang, M.F. 96n
Lapesa, R. 45

ÍNDICE ONOMÁSTICO

Latini, Brunetto 78, 86
Laurenti, J.L. 8n
Lázaro Carreter, F. .... 63 & n, 96 & n
Lázaro Mora, F.A. 96n
León, obispo de: ...... ver Santos de Rissoba
León, Luis de 23n, 28n, 45, 46
Lerma, Francisco Gómez de Sandoval y Rojas, duque de 33
Licofrón 99n
Lida de Malkiel, M.R. 43n
Lida, R. 32n, 41n, 63n, 65
Lipsio, Justo ...... 23, 44, 45 & n, 49, 52, 91
Livio, Tito 9n, 30
Llano Gago, M.T. 96n, 99n
Llull, Ramon 73, 74
Longino, Cayo Casio 37
Lope Blanch, J.M. 101n
López de Ayala, Diego 106n
López de Mendoza, Íñigo: .. ver Santillana
López Grigera, L. 7n, 99n, 107n
López Poza, S. 3n, 4n, 7n, 23n, 24, 31n, 43n, 47n, 55n, 56n, 68n, 74n, 76n, 92n
López Vidriero, M.L. 1n
Lorris, Guillaume de: ver *Roman de la Rose*:
Lucano 23
Luciano de Samosata .... 36, 42, 43, 44, 45, 47 & n, 48, 49, 52, 53n, 68n, 71n, 77n, 81n, 85n, 92, 99, 109
Lucifer 66, 67, 72, 79, 83, 92, 94
Lucilio 45
Lucrecio 51n
Luis XIII (*Carta*) 9n
Lutero, Martín 67, 70
Machiavelli, Niccolò 83
Macrobio 45
Madrignani, C.A. 37n
Mahoma .... 66, 67, 70, 76, 77 & n, 83, 85
Maldonado, F.C.R. .... 3n, 4n, 7 & n, 11 & n, 74n, 102n
Maldonado, Juan .... 45 & n, 47n, 76
Malvezzi, Virgilio 4, 23n
Manilio 45
Manrique, Jorge 46
Manto 74
Marchio Sessa, Giovanbattista .. vi, 8, 32n
Marcial 57n, 59n
Mariner, Vicente .... 29 & n
Martellotti, G. 3n
Martín Pérez, M. 4n, 23n, 31
Martinengo, A. 3n, 4n, 7n, 72n, 73n, 74n, 77n, 86n, 101n
Mártir Rizo, Juan Pablo .... 29 & n
Mateo, San (evangelista) 54, 59n, 85n
Matheeussen, C. 44n

Medici, Lorenzo de' 30n
Medicina, Pier da 94
Medinaceli, Antonio Juan Luis de la Cerda, duque de 11
Mena, Juan de 46, 51, 52, 90, 91
Menandro (heresiarca) 75
Menéndez Pelayo, M. 4n
Menipo 43, 71n, 92
Mercator, Gerard 32
Mérimée, E. 41n, 43n, 63n
Mesía de Leiva, Alfonso 30, 34, 35, 36, 41
Metge, Bernat 44, 47, 59n, 60n, 91
Minos .... 71 & n
Mitrobarzanes 92
Montefeltro, Guido da 83
More, Sir Thomas 9n
Morreale, M. ... 1n, 41n, 42n, 90 & n, 102n
Müller, F.W. 41n, 43n, 63n
Mustard, W.P. 3n
Nardi, B. 3n
Nepaulsingh, C.I. 51n
Nerón 80, 82
Nicolás III, papa 89
Nicolás de Antioquia (heresiarca) 75
Nolting-Hauff, I. ... 34, 41n, 43n, 44n, 46, 49, 51n, 52n, 59n, 63n, 68n, 69, 74n, 75n, 77n, 79n, 81n, 86n, 88n, 89n, 90n, 94n
Olivares, Gaspar de Guzmán, conde-duque de 28n
Orfeo 47
Osuna, Pedro Téllez Girón, duque de . 7, 9n, 10, 11, 31, 78
Ovidio 3, 44
Oviedo, Francisco de 30
Palinuro 76n
Paratore, E. 3n
Parker, D. 38n, 80
Pascual, J.A. 97n, 98
Pasquazi, S. 86n
Pasquini, E. 3n
Pecoraro, P. 3n
Pelagonio 30n
Pellicer de Salas y Tovar, Joseph 23n
Pérez Cuenca, I. 7n
Pérez de Moya, Juan 3
Pérez Lasheras, A. 42n
Pérez Priego, M.A. 90n
Persio 42
Petrarca, Francesco 1, 2, 24n, 27n, 30, 33, 105
Petronio 45, 59n
Pimentel, padre Pedro 29n
Píndaro 9n

Piñero Ramírez, P.M. 43n
Placella, V. 3n
Platón 47n, 80, 81, 82
Plauto 45, 99
Plutarco 80, 81n
Poliziano, Angelo 24n, 30n, 104
Porqueras-Mayo, A. 8n
Price, R.M. 68n
Prieto, A. 27n
Propercio 45
Psello, Miguel 72n
Pulci, Luigi 105
Quiroga, Gonzalo (*Indice* de) 10
Rallo, A. 42n
Rambaldi da Imola, Benvenuto de' 8
Rey, A. .... ix, 26, 73n, 90n
Reynolds, L.D. .... 23n, 24n, 30 & n
Riandière La Roche, J. 10
Rico, F. 30n
Rohlfs, G. 25n
Rojas Zorrilla, Francisco de 99n
Roman de la Rose: .... 44 & n
Romero Gualda, M.V. 96n
Roncero López, V. 32n
Rose, R.S. 32n
Rovatti, L. 35n, 52n, 63n, 67n, 73n, 86n
Ruiz Pérez, P. 43n
Ryan, C. 3n
Saavedra Fajardo, Diego 45n, 47, 52, 56n, 91
Salazar, Diego de 106n
Sales, François de 23n
Samonà, C. 1n
Sánchez Alonso, B. 42n
Sánchez de Badajoz, Garci 46
Sánchez de Viana, Pedro 3
San Martín de Madrid (convento) ...... 11, 21n, 28 & n, 101n
Sannazaro, Iacopo .... 105, 106 & n
Sansovino, Francesco 8, 101
Santiago Páez, E. 1n
Santillana, Marqués de .... 44 & n, 46 & n, 50, 51, 52, 71n, 90, 91, 92, 102
Santos de Rissoba, Bartolomé (obispo de León) 29n
Sanvisenti, B. 1n
Saturnino (heresiarca) 75
Schiff, M. 1n
Schildgen, B.D. 99n
Schwartz Lerner, L.   7n, 29, 36n, 44n, 57n
Scoto, Miguel 74
Seco Santos, E. 1n
Séneca 9n, 23n, 28n, 36, 37, 80, 82, 84n
Serrano Dolader, D. 96n

Sexto Pompeyo 45
Seyano 82–83
Sibila de Cumas 56, 92
Sieber, H. 47n, 73n, 90, 94n, 96n
Sigler, M.C. 24n
Simón Díaz, J. 1n
Simón Mago (heresiarca) 75
Snell, A.M. 96n
Sócrates 81, 82
Solón 81
Spitzer, L. 72n
Stéfano, Enrico: .... ver Estienne, Henri
Suetonio 80, 81
Tales 81
Tamayo de Vargas, Tomás 23n
Tansillo, Luigi 103n
Tarsia, Pablo Antonio de 23n
Tasso, Torquato 3n
Tavani, G. 1n
Tiberio 82
Tibulo ('Titulo') 45
Timpanaro, S. 24n
Tiresias 47, 74, 92
Toffanin, G. 3
Tollemache, F. 100, 101
Torre, Francisco de la 23n
Torre de Juan Abad, La 10
Vaíllo, C. 107n
Valla, Lorenzo 30n
Vallone, A. 8n, 37n
Varrón 45
Vega, Lope de 1
Vélez de Guevara, Luis 45
Vellutello, Alessandro .... vi, 7, 8 & n, 9, 10, 32n, 38, 80, 81, 83, 101, 105
Vigna, Piero della 82
Vilar, J. 65
Villalón, Cristóbal de 48
Villani, Nicola 41–42
Villena, Enrique de .... 24, 27, 76, 77 & n, 78, 79
Virgilio ... 27, 45n, 47n, 53n, 54, 55, 56, 57, 59n, 60, 61, 62n, 63n, 64 & n, 68, 71 & n, 73, 75n, 76n, 77n, 92, 93, 109
Vitoria, Baltasar de 3
Vives Coll, A. 42n
Webber, E.J. 90
Wills, G. 57n
Wilson, N.G. .... 23n, 24n, 30 & n
Wood, C. 95n
Zapata, Luis 1
Zenón 81
Zinano, Gabriele 3n

www.ingramcontent.com/pod-product-compliance
Lightning Source LLC
Chambersburg PA
CBHW081506040426
42446CB00017B/3416